Adrian Darmon

L'Index des peintres de natures mortes 1240-1840

Adrian Darmon

L'Index des peintres de natures mortes 1240-1840

Éditions Muse

Cover image: Stilleven, attributed to Osias Beert, 1600 – 1624 Source : https://www.rijksmuseum.nl/en/my/collections/16145–jeroen-vegter/stillevens-met-eten-17e-eeuw/objecten#/SK-A-2549,0

Publisher:
Éditions Muse
is a trademark of
International Book Market Service Ltd., member of OmniScriptum Publishing Group
17 Meldrum Street, Beau Bassin 71504, Mauritius

Printed at: see last page
ISBN: 978-620-2-29338-9

L'INDEX DES PEINTRES DE NATURES MORTES 1240-1840

Par Adrian Darmon

L'histoire de la nature morte dans les écoles flamande, hollandaise, française, italienne ou espagnole a débuté à partir de la fin de la première moitié du XVIe siècle et connu sa période la plus flamboyante cent ans plus tard.

Il est toutefois utile de rappeler que le genre de la nature morte n'est pas né avec la Renaissance mais bien avant avec les peintures murales de l'antiquité connues grâce aux fresques découvertes à Pompéi, à Herculanum et à Stabies dans les fouilles effectuées depuis la fin du XVe siècle. L'historien romain Dion Cassius rapporta notamment que l'empereur Hadrien (76-138) peignit une nature morte juste avant son accession au pouvoir.

On peut ajouter sans risque de se tromper que le genre fut créé par les artistes grecs de l'époque hellénistique célèbres pour leur représentation de divers objets ou vivres en peinture ou en mosaïque. On sait, suivant le témoignage de Pline, que la peinture de menus objets, appelée *rhyparographie,* était très prisée par les Grecs et que le plus grand artiste ayant laissé son nom à la postérité était un certain Piraeicus, peintre de victuailles, qui parvenait à vendre des petits tableaux à des prix plus élevés que ceux demandés pour des œuvres de grande dimension réalisées par des peintres plus réputés.

L'engouement dura longtemps comme en témoignent les fresques d'Herculanum et de Pompéi. Les plaisirs de la table, alliés à toutes les coutumes de la vie romaine, austères ou somptueuses, contribuèrent à maintenir cette inclination pour la peinture de natures mortes chez les artistes et leurs protecteurs.

A Pompéi, où la classe aisée était représentée par les viticulteurs, agriculteurs et marchands, la nature morte trouva simplement ses thèmes dans les fruits de la terre et dans les produits les plus appréciés des nantis : ceux de la chasse ou de la pêche.

Dans le décor mural pompéien, la nature morte avait une fonction complémentaire et ornementale, tandis que les scènes à figures ou aux paysages assumaient exclusivement la fonction de tableau central. Pourtant la présentation d'une nature morte durant l'antiquité n'était guère différente de celle du peintre du XVIIe siècle puisque les fruits, le gibier, les produits de la pêche étaient disposés en général sur de simples plans, la place d'honneur leur revenant habituellement.

La représentation en peinture de la nature morte disparut apparemment avant même la chute de l'empire romain, victime vraisemblablement de la perte progressive de sa puissance en Europe et de l'instabilité qui devint permanente à ses frontières après le IIIe siècle. Le chaos né des multiples guerres menées contre des tribus barbares rendit les conditions de vie des Romains plus difficiles et provoqua une dégradation des mœurs qui fit progressivement oublier le raffinement des années fastes. En outre, la chrétienté, en gagnant du terrain, imposa aux Romains des normes de vie différentes, et certainement plus austères.

Pendant plus de mille ans, la civilisation occidentale n'accepta plus la représentation des choses immobiles. C'est à dire qu'entre la chute de l'empire romain et la fin du XVe siècle, la peinture européenne, sous la férule de l'Eglise, ne trouva plus concevable d'élever la nature au rang d'un sujet digne d'être traité pour lui-même. Et pourtant, c'est à travers un sens généralement religieux que le genre fut plus tard remis à l'honneur pour atteindre son apogée au XVIIe siècle.

Durant l'antiquité, la nature morte trouva une juste définition de ses apparences courantes, celles de la forme et du milieu où elle se situait. Elle correspondait à une vision hédoniste du monde en ignorant toute allusion intellectuelle ou mystique. De cette manière, le trompe-l'œil, limité à des sensations optiques et tactiles, triompha durant des siècles.

Pendant la période hellénistique allant de la fin du IVe au IIe siècle avant notre ère des artistes peignirent toutes sortes de représentations, surtout des victuailles accompagnées d'animaux morts ou vivants. On fit de petits tableaux sur panneaux mobiles munis de volets de bois pour protéger la peinture et ce goût de la réalité s'associa naturellement à un art maniériste propre à l'esthétique hellénistique tout comme au XVIe siècle lorsque les maniéristes flamands mirent en valeur les amas de légumes et de viandes dans leurs compositions à figures.

Au premier siècle de notre ère, comme l'a souligné Charles Sterling, alors conservateur des peintures au musée du Louvre dans sa préface du catalogue de l'exposition sur la nature morte organisée au musée de l'Orangerie de Paris d'avril à juin 1952, le maniérisme, dont la règle fut de confondre le réel avec l'arbitraire, alla jusqu'au bout de l'illusion optique. Ce fut alors le règne du trompe-l'œil comme le révélèrent les maisons de Pompéi et d'Herculanum ou les descriptions de peintures de Pline, de Vitruve, de Lucien ou de Philostrate.

Au temps de Néron apparut une nouvelle forme de décor maniériste : les grotesques où une fantaisie débridée mêlait les fruits, les animaux et les objets dans un jeu d'artifice suprême.

Mais la nature morte, conçue comme tableau, décor ou élément de grotesques, disparut avec la décadence puis l'effondrement de la civilisation romaine sous les coups des barbares. Pourtant, durant un certain temps, les mosaïstes byzantins apportèrent ensuite une nouvelle dimension dans les vestiges de la nature morte. Malheureusement, ce semblant de renouveau, limité à la mosaïque, n'évita pas au genre d'être occulté pendant longtemps.

Il fallut attendre Giotto pour assister à un début, certes timide, de renaissance de la représentation en peinture des choses inanimées. Dans ses intérieurs apparurent pour la première fois depuis des centaines d'années des objets qui évoquaient la vie familière de son époque. Dès lors et petit à petit, d'autres peintres placèrent des objets comme accessoires dans leurs tableaux.

L'art de créer l'illusion se développa à partir du XIVe siècle, notamment en Italie où de nombreuses fresques en trompe-l'œil commencèrent à être produites et durant le siècle suivant lorsque les maîtres flamands Jan van Eyck et Robert Campin introduisirent des natures mortes dans leurs peintures. Toutefois, l'art de la nature morte ne commença à s'extérioriser réellement qu'à partir du début du XVIe siècle. A partir de là, la représentation de fleurs, d'animaux morts ou d'objets commença à être chargée de symboles car toute chose avait une signification religieuse d'après la Bible. Par exemple, les natures mortes de raisins, de pommes ou de poires représentaient le sang du Christ, son amour de l'Eglise ou la douceur de sa transformation en homme alors que le homard signifiait la résurrection.

Avant d'entrer dans le vif du sujet, il convient de signaler que la résurgence de la nature morte eut donc lieu en Italie puis le genre se transmit au Nord lorsque les miniaturistes flamands et français se mirent à peindre nombre d'intérieurs remplis d'objets d'usage quotidien. Ce fut ainsi que les Pays-Bas, qui appartenaient alors au Grand-duché de Bourgogne, manifestèrent un irrésistible attrait pour ce genre de représentation.

Des progrès significatifs intervinrent lorsque l'Italien Tomaso da Modena, qui alla travailler à Prague, fut un des premiers à prêter une intense attention à la nature morte, aux livres, aux écritoires et autres objets qu'il situa dans l'espace en les accompagnant de leur ombre portée comme dans la peinture antique. Les miniaturistes français et flamands allèrent ensuite plus loin en mettant des ombres partout dans leurs enluminures. L'artiste le plus conscient de la beauté des choses inanimées fut certainement Jan van Eyck qui donna à l'objet autant d'importance que tout autre partie de la composition. Pour sa part, le Maître de Flemalle donna un relief encore plus percutant et un rendu graphique encore plus accru aux objets et détermina avec van Eyck tout un courant de la peinture naturaliste en Europe entre 1435 et 1465.

D'autres artistes vinrent s'associer à ce courant comme le *Maître de l'Annonciation d'Aix* en France, le Maître du *Retable Tucher,* celui du *Retable de Polling,* Conrad Witz ou Juste Amman de Ravensburg dans les Etats allemands ou encore Collantonio et Antonello da Messina en Italie.

Les natures mortes se multiplièrent à l'envi dans des compositions religieuses et furent placées de telle sorte - groupées dans des niches ou des armoires ouvertes - qu'elles étaient destinées à capter l'attention du spectateur.

Les premiers artistes à se servir ainsi de la nature morte comme élément d'un tableau furent au XVe siècle Jan van Eyck, le *Maître de l'Annonciation d'Aix*, Petrus Christus, Hugo van der Goes et Hans Memling suivis au début du XVIe siècle par Jan Gossaert, Barthel Bruyn l'Ancien et Maerten van Heemskerck alors que Jacopo de Barbari peignit une véritable nature morte avec perdrix et gantelets en 1504.

En accord avec l'esprit du temps, certains objets, mêlés à d'autres empruntés à la vie quotidienne, avaient une signification symbolique. Dans un sujet comme *l'Annonciation à la Vierge* le broc et la serviette évoquaient la pureté de la Vierge et les livres sa piété. Dans les tableaux représentant un saint studieux dans sa cellule, les symboles étaient ceux de l'érudition sacrée : les livres, l'écritoire, la bougie, la lanterne, le sablier.

Dans le Nord, un troisième sujet se développa : la *Vanité* évoquant par un crâne ou un objet usé ou brisé la fragilité de l'existence et l'inexorable empire du temps sur la matière. La *Vanité* fut la première à s'isoler d'ailleurs en un sujet indépendant, à occuper à elle seule une composition. Dès le milieu du XVe siècle, Roger van der Weyden en plaça une au revers d'un volet du *Triptyque Braque.* On ne voyait donc que celle-ci lorsque ce triptyque était fermé.

Plus tard, vers 1470, les attributs de la Vierge (le bassin et la serviette) formèrent le sujet exclusif d'un panneau tandis que dans les bordures des scènes religieuses des manuscrits flamands, français ou bourguignons se multiplièrent des niches ou des bols de pharmacie, des jattes de fruits ou des verres avec des fleurs qui formèrent de belles natures mortes en trompe-l'œil.

A la fin du XVe siècle, la nature morte commença à se séparer de la composition religieuse mais elle n'en devint pas intrinsèquement indépendante du fait de son sens symbolique. Ce ne fut en fait qu'une fois qu'elles furent séparées de leur diptyque ou de leur triptyque que les niches ou les Vanités perdirent quelque peu de leur signification spirituelle.

On a longtemps placé les origines de la nature morte en tant que genre indépendant aux Pays-Bas du sud en insistant sur le rôle de van Eyck et de ses successeurs.

Toutefois, ce fut bien en 1504 qu'apparut une nature morte débarrassée de la tutelle religieuse, celle du Vénitien Jacopo de Barbari, *la Perdrix* du musée de Munich, un trompe-l'œil dû aux seules traditions italiennes.

Comme l'indiquait avec à propos Charles Sterling dans sa préface du catalogue de l'exposition de l'Orangerie, l'Italie avait connu dès 1461 des natures mortes pures dans les marqueteries du Dôme de Modène exécutées par les frères Lendinara et très proches dans la technique à celle de la peinture. Le style de ces marqueteries étant purement italien, on a pu en déduire que les artistes transalpins furent, avant ceux du Nord, les premiers à concevoir la nature morte comme un tableau indépendant à grande échelle.

Les décorations italiennes en trompe-l'œil influencèrent rapidement les peintres d'Allemagne du sud. A l'instigation des artistes de la péninsule, les niches à objets se libérèrent progressivement des compositions religieuses et s'offrirent seules à l'admiration des spectateurs comme en témoignent certaines œuvres allemandes montrant des armoires ouvertes garnies d'objets.

Il semble à présent acquis que la nature morte, à partir du XVIe siècle, trouva sa source dans les idées humanistes nées en Italie et à la découverte par les artistes des écrits de Vitruve, Pline, Lucien ou Philostrate qui étaient conservés dans les bibliothèques des monastères. D'autre part, les produits des fouilles archéologiques qui commencèrent à être effectuées au XVe siècle suscitèrent chez ceux-ci un intérêt considérable pour l'art antique.

Dès 1493, les peintures trouvées dans les ruines de la Maison Dorée de Néron furent notamment admirées et à la même époque un peintre de Feltre, appelé *Il Morto* à cause des nombreuses années qu'il passa sous terre à étudier les décorations découvertes dans les ruines, s'inspira de ces fresques étonnantes. Il copia ainsi toutes les mosaïques de la villa Adriana à Tivoli et nombre d'édifices remplis de peintures à Naples, Pozzuoli Trullo, Baia ou Mercato di Sabbato.

De ce fait, la peinture antique fut rapidement présente à l'esprit des artistes de la Renaissance et notamment les grotesques mais ceux-ci ne s'en inspirèrent pas au niveau du style. Ce fut néanmoins dans le domaine de la décoration que la nature morte se développa en Italie au XVIe siècle, notamment avec Giovanni da Udine qui peignit des vases contenant des plantes et ornés de masques à l'antique avec des animaux autour entre 1535 et 1555. Il influença probablement des artistes du Nord comme Georg Hoefnagel ou Lodewick van den Bosch ou espagnols tel Blas de Ledesma, mort tout à la fin du XVIe siècle. Pendant ce temps, les peintres des Pays-Bas se contentèrent encore des formes médiévales avant de se laisser emporter un peu plus tard par le courant maniériste italo-flamand.

De nombreux artistes néerlandais vinrent parfaire leur formation en Italie à partir de 1540 et manifestèrent dans leurs œuvres des dispositions avant-gardistes. Pieter Aertsen fut à ce titre le meilleur exemple, lui qui sut amasser dans ses compositions à personnages des légumes, des victuailles et des ustensiles domestiques à profusion, reléguant la scène humaine vers le fond en lui donnant cependant une signification religieuse. Pendant ce temps-là, un autre maniériste, Arcimboldo, s'amusa à former des visages humains avec les éléments de la nature morte, légumes ou fruits.

Quelques années plus tard apparurent des tableaux représentant des tables servies qui devinrent des sujets de tableaux de chevalet de plus en plus recherchés tandis que les thèmes se scindèrent pour déboucher sur une spécialisation spécifique. On vit des tableaux essentiellement composés de fruits ou de fleurs, de victuailles ou d'objets. La nouvelle prospérité des Pays-Bas, générée par son commerce et ses marins, donna un formidable essor à ce genre de peinture dans laquelle excellèrent nombre d'artistes.

A partir du début du XVIIe siècle, s'affrontèrent plusieurs écoles qui produisirent des œuvres variées et dont la lecture se fit selon les cultures. On peut déjà parler de l'opposition entre les Pays-Bas et les Flandres ou tout simplement entre le protestantisme et le catholicisme qui offre des interprétations différentes. On peut aussi mettre en avant la contribution de l'école italienne influencée par le caravagisme où l'éclairage joue un rôle primordial alors que la méticulosité l'emporte chez les Flamands et les Néerlandais.

Par le biais de l'influence du Caravage, des artistes comme Zurbaran, Velázquez ou Rembrandt démontrèrent que la nature morte était digne des plus grands maîtres.

Mais la nature morte, sous l'influence des peintres des Flandres et des Pays-Bas auxquels s'associèrent les Allemands et les Français, resta surtout cantonnée à une représentation uniforme des fruits, fleurs et objets de luxe tandis que l'esprit du Caravage perdit du terrain dans les pays du Sud. Elle devint à la fin du XVIIe siècle un genre mineur confirmé par le fait qu'aucun grand peintre français de l'époque ne s'y consacra. A un niveau moins élevé quelques artistes comme Largillière s'y essayèrent brièvement mais un seul, Baugin, sut allier l'intimité du Nord à la stylisation du Sud et s'affirma comme le précurseur de Chardin.

Ce fut surtout aux Pays-Bas que les peintures de natures mortes furent extrêmement abondantes mais jusqu'en 1650 on ne parla que de *pièces de fleurs, de fruits, « Fruytagies » de poissons ou de repas servis, « Banckets » ou « Ontbijties »*. Apparut ensuite le terme de *still-leven, still* signifiant immobile. En France, on ignorait celui-ci et on parlait de tableau en *vie coye* et ce ne fut que plus tard qu'on évoqua l'expression «*nature reposée*». Quant au terme italien *natura morta,* dérivé du latin, il fut probablement forgé dans les cercles académiques avec une certaine nuance de mépris.

En réalité, ce fut en France que l'expression *nature morte* apparut au XVIIIe siècle, plus précisément en 1756, en dérivant de l'expression *nature inanimée* employée par Diderot et les rédacteurs de l'Encyclopédie. Il fallut la maîtrise de Chardin pour obliger la critique d'alors à situer le genre par rapport au reste de la peinture et à lui donner enfin ses lettres de noblesse.

Pourtant, la peinture des choses en *vie coye* avait atteint une véritable maturité artistique au XVIIe siècle, à travers les oppositions de styles et de cultures, entre la conception bourgeoise et puritaine d'un Claes, d'un Heda ou d'un Steenwijck, la dévotion jésuitique d'un Seghers, le mysticisme d'un Sanchez Cotan, d'un Ménendez ou d'un Zurbaran ou les étalages de luxe pour les riches bourgeois d'un Willem Kalf, d'un Monnoyer ou d'un Cavalier Maltais ou encore d'une nature morte matérialiste, vouée au sens de la vue et du toucher d'un Snyders, d'un Fyt et de nombre de Néerlandais.

A ces oppositions s'ajoutèrent la rivalité entre les Flandres et les Pays-Bas, l'antagonisme entre la religion catholique et les tenants de la Réforme, la différence marquée entre le Nord et le Sud, l'interprétation religieuse des compositions et la notion de style purement décoratif qui s'imposa finalement en France et en Italie.

Chardin fut finalement une exception au XVIIIe siècle, mêlant l'austérité et le raffinement, la modernité et l'antique, l'esprit nordique et latin.

Mais à partir du moment où elle devint peinture de décor, la nature morte perdit de son aura et connut un net fléchissement dès le début du XIXe siècle. Néanmoins, plusieurs grands artistes s'y adonnèrent mais avec l'idée de se livrer à un exercice de style. Ce ne fut qu'avec Courbet puis Manet qu'elle revint à l'honneur avant de retrouver une nouvelle dimension grâce à Cézanne puis aux grands peintres cubistes du XXe siècle.

Depuis Cézanne, les artistes ont semble-t-il découvert dans la nature morte des trésors inépuisables pour exprimer à la fois une esthétique et une conception du monde du fait d'une déshumanisation de notre civilisation collective où l'individu sombre dans l'anonymat et de notre culture matérielle où la nature et l'homme se laissent envahir par une incroyable abondance d'objets. Pourtant, depuis les peintures de Pompéi et d'Herculanum jusqu'à celles de Braque, Matisse et Picasso les choses à peindre sont restées les mêmes : fleurs, fruits ou autres victuailles, récipients ou objets, toutes choses apprivoisées par l'homme depuis des siècles qui demeurent des symboles, sacrés jadis, plutôt matérialiste aujourd'hui.

Pour en revenir aux maîtres anciens, il est primordial de se rappeler que l'Europe vécut d'importants bouleversements sociaux et économiques dans les années 1550.

Avec l'apparition de la Réforme, les antagonismes idéologiques et religieux créèrent d'intenses divisions en Europe. Luther et Calvin mirent alors à jour l'étendue de la crise vécue par l'Eglise catholique dominée par les papes et les évêques vivant souvent en dehors des préceptes de la religion.

Puis, avec les progrès de l'imprimerie, la Réforme diffusa les idées de Luther et de Calvin dès la première moitié du XVIe siècle. Des pays comme l'Allemagne, la Scandinavie, l'Angleterre, l'Ecosse, la Suisse, les Pays-Bas et même la France y adhérèrent en partie sinon en totalité.

Les doctrines de l'Eglise catholique et du protestantisme divergèrent sur de nombreux points au niveau de l'interprétation des Ecritures, du culte et du système ecclésiastique. A partir de là, les écoles artistiques subirent des divisions, les unes restant fidèles à la traditionnelle iconographie catholique, les autres s'intéressant à des sujets touchant à la vie courante. Cela fut ainsi suffisant pour de nombreux peintres d'associer le divin aux fruits et aux fleurs pour évoquer en sous-main la beauté d'une nature morte.

Pour les protestants, la substance divine du Christ cohabitait avec le pain et le vin alors que pour les catholiques le pain et le vin étaient ceux du corps et du sang de ce dernier. Toutefois, en dehors des différentes interprétations religieuses, ce fut surtout l'essor économique de l'Europe qui permit l'émergence des peintres de natures mortes.

A partir de 1550, le Moyen Age fut définitivement enterré et l'Europe vécut déjà une grande phase de modernisation commencée depuis la découverte de l'Amérique laquelle favorisa de nouveaux débouchés commerciaux. Grâce à de nouvelles techniques agricoles et à la multiplication des échanges, le niveau de vie des Européens s'améliora considérablement. A l'abondance et aux nouvelles richesses s'ajouta la diffusion des idées et un développement extraordinaire du théâtre et de la littérature.

La nouvelle notion d'accumulation et aussi l'organisation résolument moderne qui se mit en place se marièrent alors idéalement avec la représentation de la nature morte et de sa lecture à travers deux courants religieux contraires.

Les principaux terreaux des bouleversements intervenus dans le monde de la peinture furent les Flandres et les Pays-Bas qui manifestèrent un remarquable dynamisme économique durant la seconde moitié du XVIe siècle.

Les progrès en agriculture se traduisirent alors par une représentation des travaux des champs mais aussi par celle des fruits de la terre dans les natures mortes en plein air, notamment dans les Flandres. En Hollande, où le protestantisme triompha, on préféra les montrer dans des intérieurs bourgeois comme pour exalter l'abondance chez les particuliers.

Les natures mortes invitèrent donc dès la fin du XVIe siècle à une double lecture, l'une religieuse et l'autre liée à la nouvelle prospérité économique de l'Europe.

Les artistes travaillèrent alors sur deux voies qu'ils combinèrent dans leurs œuvres, histoire de satisfaire les uns et les autres. La représentation ne fut le plus souvent qu'un prétexte et si le message resta c'est en filigrane, derrière la beauté des choses qui interpellait d'abord le spectateur.

De ce fait, les artistes purent sortir des sentiers battus en allant vers la réalité des choses sans vraiment trahir les préceptes religieux auxquels ils avaient été auparavant soumis.

Aux Pays-Bas apparut une classe bourgeoise à laquelle se rattachaient de nombreux marchands qui firent de ce pays un pôle commercial important en Europe. On y faisait le commerce de métaux précieux, des dentelles, des étoffes, des épices, de denrées et aussi de fleurs comme la tulipe qui provoqua d'incroyables engouements parmi la population. De là, les nombreuses natures mortes où cette fleur semblait reine.

Dans les Flandres, la peinture connut un bouleversement de taille avec les compositions rurales de Pierre Brueghel qui, parmi les premiers, célébra la nature et la vie des paysans. De nombreux artistes lui emboîtèrent le pas et de la représentation de la nature à la nature morte, il n'y eut pour ainsi dire qu'une porte qui fut aisée à franchir.

En peignant la nature, Brueghel se permit souvent de faire allusion aux thèmes religieux mais progressivement, la réalité s'imposa aux dépens des canons imposés par la religion ou des thèmes classiques de la mythologie. On produisit alors à foison des tableaux de fruits, de légumes et de fleurs qui furent surtout les symboles de l'abondance et de la prospérité dans les Flandres et les Pays Bas.

Pendant un certain temps, les artistes représentèrent les biens de la nature et les hommes ensembles puis à la fin du XVIe siècle, ils donnèrent le plus souvent la priorité à la seule nature morte devenue avant la lettre une sorte d'affiche publicitaire vantant les fruits de la terre et la richesse qui en découlait.

Certains peintres commencèrent à mettre en valeur des scènes de marchés tel Pieter Aertsen (1508-1579) comme pour bien souligner les progrès de l'agriculture enregistrés à partir de l'an 1500. Aertsen fut également un des premiers à ouvrir la voie vers la représentation de la nature morte tout en ne laissant pas sur la touche le symbole religieux ainsi que certains de ses tableaux le démontraient.

D'autres peintres comme Joachim Beuckelaer (1530 ?- 1573), neveu de Aertsen, délaissèrent les emprunts bibliques et mythologiques pour ne se concentrer que sur des thèmes contemporains et donner une importance accrue aux fruits et légumes produits par l'homme.

Le développement social et économique ne fit ensuite qu'amplifier la représentation exclusive des échantillons de la production agricole de cette époque.

Dans les Flandres, ce fut la richesse rurale qui était à l'honneur tandis qu'aux Pays-Bas, les citadins, et notamment les marchands, furent socialement aussi bien lotis que les paysans vers l'an 1600.

Ces deux catégories sociales furent souvent opposées, la première représentant la prospérité économique et la seconde la tradition, mais finalement, elles se complétèrent idéalement. Quoi qu'il en fut, de nouvelles activités économiques se développèrent grandement tant à Anvers qu'à Amsterdam.

A travers son expansion économique, l'Europe vint à subir de nombreux changements sociaux, mentaux et démographiques. Avec l'apparition des bourgeois et des marchands, la noblesse commença petit à petit à perdre de son influence sur le cours des choses.

En Hollande, le commerce avec les Indes et la Chine connut un boom extraordinaire qui fit la fortune de quantités de marchands et de nombreuses villes. A sa frontière, Anvers devint un centre d'affaires névralgique tout comme Amsterdam quelques années plus tard. De nombreuses entreprises commerciales, tout comme certains banquiers, devinrent alors des entités extrêmement puissantes. Cela ne fut donc pas un hasard si la peinture de la nature morte put connaître ses plus belles heures dans les Flandres et les Pays-Bas.

Des scènes en plein air, les peintres passèrent aux scènes d'intérieurs pour reproduire les natures mortes. La cuisine fut un instant un lieu de prédilection pour les représenter ainsi que pour traduire le mode d'existence, réel ou idéal, de leurs compatriotes.

Dans ces scènes se dégageait évidemment un souci d'esthétisme avec une abondance plutôt exagérée de victuailles qui donne aujourd'hui à penser à une volonté de donner une importance à la nourriture et aux bienfaits qu'elle procurait.

Cette vision matérialiste se manifesta surtout aux Pays-Bas devenus indépendants durant le dernier tiers du XVIe siècle alors que les Flandres restèrent sous domination espagnole. De là naquit la différence des styles de diverses écoles lorsque celles-ci entreprirent de produire exclusivement les natures mortes à partir de 1590-1600.

Le genre de la nature morte, avec les tables mises occupant toute la surface du tableau, prirent ainsi son plein essor. Toutefois, les peintres choisirent de traiter plusieurs thèmes selon leurs goûts comme les natures mortes de fruits, de fleurs, de petits déjeuners, de banquets ou d'instruments de musique ou scientifiques.

Les tables mises furent souvent des tableaux commandés par de riches bourgeois pour, par leur représentation, marquer en quelque sorte un rang social. Montrant des victuailles avec autour des coupes, des verseuses et des gobelets en or ou en argent, ces natures mortes traduisirent idéalement une réussite sociale.

Mais aussi, les peintres s'attachèrent à montrer des aliments déjà entamés comme pour provoquer chez les spectateurs des questions. Les couleurs également prirent de l'importance, qu'elles furent vives ou monochromes.

Cette tendance à la monochromie se développa en Hollande sous l'influence des préceptes austères de la religion protestante vers 1620-1630. En outre, l'abondance laissa la place à des sujets plus ordonnés quoi que les éléments précieux restèrent nettement présents dans de nombreuses œuvres.

Les représentations devinrent aussi de plus en plus multiples, comme pour mettre en exergue la variété des produits créés ou importés dans ce pays. Les artistes peignirent ainsi dans leurs natures mortes des bols chinois, des hanaps d'Allemagne, des tapis persans, des verres de Venise, de la dentelle française et des objets d'art fabriqués à travers toute l'Europe.

On put percevoir donc à travers ces tableaux tous les aspects économiques favorisant la prospérité de l'Europe du Nord en dépit de l'absence de toute représentation humaine. D'autre part, chaque ville eut sa spécificité économique qui se manifesta dans les natures mortes. Par exemple, les tableaux représentant des poissons étaient produits à La Haye, célèbre pour son marché des fruits de la pêche. Les natures mortes dites de petit déjeuner devinrent une spécialité à Haarlem tandis que celles de fleurs furent très en vogue à Utrecht.

En fait, les natures mortes furent l'expression des accomplissements de la nouvelle société qui s'était mise en place alors que les différences se manifestèrent surtout dans les styles devenus à la longue reconnaissables. Très vite, on put mesurer l'opposition des genres entre les œuvres créées par les écoles flamande, néerlandaise, allemande, française, italienne ou espagnole.

Les natures mortes exprimèrent également les changements de mentalités intervenus depuis la renaissance. Les idées humanistes, la prise de conscience par les hommes de leur rôle en tant qu'individus, l'étude de la mythologie classique et de la philosophie eurent alors une influence primordiale sur les comportements.

Le développement de la connaissance et du savoir se refléta bien entendu dans les natures mortes avec les représentations d'instruments scientifiques et autres, de livres, de mappemondes, de lunettes, de boussoles, de sabliers ou de montres.

Le début du XVIIe siècle vit en outre l'apparition de nouveaux collectionneurs qui amassèrent des objets archéologiques, des monnaies, des médailles, des curiosités du monde entier, des armes, des armures et des œuvres d'art dont la diversité démontra encore une fois dans certaines natures mortes une formidable envie de possession et de connaissance.

UNE PERCEPTION PARTICULIERE

Au-delà de la représentation des choses inanimées, il y eut bien évidemment une seconde lecture à faire dans la plupart des natures mortes qui présentaient au départ la nature dans toute sa splendeur.

Déjà, la perfection magnifiée par les natures morte était un contre-pied à la réalité car l'homme lui-même était déjà sans cesse en quête d'un idéal qu'il ne pouvait atteindre en ce bas monde.

Cette idéalisation outrancière de la nature impliquait donc un message qui signifiait que la perfection et l'accumulation pouvaient conduire aux excès.

L'opulence nouvellement en place dans les Flandres et les Pays-Bas multiplia également toutes sortes de désirs représentés dans les natures mortes. Certaines compositions reflétèrent l'avidité, la concupiscence, le plaisir, l'amour, le luxe, le vice, la vanité, la paresse, la vue, l'odorat, le goût, l'ouïe, le toucher, etc.

Les natures mortes de fleurs furent aussi autant de fables à découvrir à travers la beauté et l'éphémère de diverses variétés et au-delà de la valeur documentaire des tableaux.

La symbolique des fleurs, parallèlement à la passion manifestée par les amateurs de botanique, joua un rôle considérable dans la nature morte puisqu'on y vit une allusion claire à la religion et à l'existence de l'homme, aussi brève que celle d'une fleur par rapport au temps qui passe.

Contrairement aux Vanités et aux tables dressées qui ne furent à l'honneur qu'au XVIIe siècle pour les premières et jusqu'au milieu du XVIIIe siècle pour les secondes, le bouquet de fleurs traversa les siècles et les courants en étant le genre de loin le plus traité que ce fut par les grands ou les petits peintres.

Alors que les Vanités et les tables dressées furent souvent cause de perplexité pour tout amateur, les fleurs, elles, purent être spontanément appréciées de tous. Le bouquet de fleurs fut ainsi un des premiers motifs des natures mortes à se définir comme un genre à part entière tout en conservant un sens religieux caché.

Quant aux corbeilles de fruits, celles-ci furent souvent représentées dans les natures mortes, le fruit ayant été tour à tour interprété comme allégorie du goût ou des vanités du monde. Fruit défendu ou symbole eucharistique, il fut aussi représenté par ses qualités ornementales dans les natures mortes d'apparat ainsi pour que pour sa valeur nutritive.

Dans la peinture néerlandaise ou flamande, il y avait toujours une lecture symbolique à faire concernant la nature morte de fruits. Ainsi, des fruits en partie gâtés ou piqués de vers illustraient le caractère éphémère de la vie tout comme une corbeille avec de beaux fruits mais avec des coquillages et des insectes autour.

Souvent mentionnés dans la Bible, les fruits intégrèrent vite une iconographie chrétienne et furent donc porteurs d'une symbolique religieuse notamment dans le cas du fruit défendu comme symbole du mal (l'erreur fut de représenter très tôt Eve avec une pomme alors que l'arbre d'Eden était en réalité un figuier). Cette symbolique se manifesta encore lorsqu'on montra la chute de l'homme dans les scènes montrant Adam et Eve chassés du paradis ou lorsqu'on évoqua le fruit divin, symbole du Christ rédempteur et de la Résurrection, dans de nombreuses représentations figurant la Vierge et l'Enfant dans un jardin ou un verger.

La corbeille de fruits, avec un bouquet de fleurs, fut ainsi le motif qui servit à faire de la nature morte un poème visuel pour chanter la beauté et le goût représenté par ceux-ci.

A travers les symboles dont elle fut truffée et aussi par sa qualité picturale qui rendirent ces fleurs, ces fruits, ces insectes et ces ustensiles si réels, la nature morte eut certainement pour but de tromper le spectateur au-delà de la réalité qu'elle était censée représenter.

Elle démontra, surtout au XVIIe siècle, que l'homme avait tendance à vouloir dominer et maîtriser la nature mais qu'au bout du compte, il n'était - et ne reste toujours - qu'un vainqueur provisoire même s'il pouvait apporter des améliorations au niveau de la production agricole.

Par la disposition des victuailles, des objets ou des tentures, les natures mortes impliquèrent aussi des questions sinon une curiosité exacerbée. Bref, personne ne niera qu'elles tendaient à vouloir dire quelque chose.

Il y eut donc dans chaque nature morte une symbolique à découvrir qui servit à induire une sorte de jeu et une réflexion philosophique sur le sens de la vie.

En plus de cette symbolique, il resta souvent une signification religieuse comme à travers la représentation de la viande voulant dire une menace à la foi, la chair faible ou le sacrifice rituel d'un animal.

Les objets eurent souvent de leur côté une signification comme les Vanités qui interpellaient l'homme au sujet de sa présence sur terre. Chez les protestants, ces objets se rapportaient à Dieu et signifiaient que leur accumulation était vaine. La vie débouchait obligatoirement sur la mort comme l'indiquaient les jeux de cartes, les sabliers, les montres, les crânes, les fleurs ou les instruments de musique.

Les richesses étalées dans les tableaux voulaient dire que le matérialisme était vain. Une montre était synonyme du temps qui passe et de l'inutilité de toute fortune financière face à la mort.

Les tableaux austères de Willem Claesz Heda ou Pieter Claesz invitèrent à la réflexion et où un violon rappelait la brièveté de la vie et un crâne annonçait la mort irrémédiable amenant directement au dépouillement.

Les livres et les instruments de musique faisaient référence à la culture, au savoir et au plaisir mais aussi à leur vanité, surtout lorsqu'un crâne les accompagnait, tandis qu'un verre renversé signifiait l'instabilité des choses.

Les huîtres furent souvent interprétées comme des vagins tandis que le sucre indiquait la bonne spiritualité mais aussi la luxure. On n'oubliera pas cependant de rappeler que la nature morte avait aussi quelque signification dans l'ancienne Grèce lorsque Zeuxis peignait des raisins que des oiseaux, trompés par une réalisation parfaite, tentaient de picorer et que d'autres artistes représentaient des objets, des fruits, des fleurs, des insectes et des animaux qui suscitaient l'admiration et aussi bien des interrogations il y a plus de 2000 ans.

Les scènes de cuisine eurent également plusieurs significations liées au dernier repas du Christ, à la fortune, au gâchis ou à l'érotisme selon la représentation des victuailles, des objets ou des domestiques et autres personnages inclus dans les tableaux.

Dans les natures mortes où une femme était représentée à côté de fruits ou de légumes, cette présence féminine signifiait notamment un lien avec la fécondité, elle-même productrice des richesses naturelles. Cette notion de fécondité pouvait également s'appliquer aux autres richesses comme le savoir, la musique et l'abondance matérielle.

Toute la symbolique des natures mortes déboucha naturellement sur les sens comme l'envie de goûter aux victuailles et de les sentir, d'écouter les sons produits par les instruments, de toucher la vaisselle d'or ou d'argent, de boire le vin des coupes, de caresser les tissus des nappes ou des tentures, d'admirer des sculptures, de lire les livres ou de parcourir des yeux ces mappemondes qui invitaient au voyage.

L'abus engendré par les sens se manifesta ainsi dans les Vanités, le spectateur risquant ainsi de se laisser tenter mais devant prendre garde de ne pas trop céder à la tentation.

En attendant, plus de deux milliers de peintres, dont près de mille rien qu'aux Pays-Bas et dans les Flandres, traitèrent le thème de la nature morte en Europe entre 1570 et 1840, ce qui prouve que les commandes furent nombreuses pour un genre devenu fort apprécié à partir du tout début du XVIIe siècle, période charnière du boom économique intervenu à travers le continent.

A la lecture de cette liste d'artistes, on découvrira les noms de grands maîtres qui ont apporté à la peinture ses lettres de noblesse. On aura également un aperçu de la valeur de certaines œuvres qui dépassent parfois la somme mirifique de dix millions de francs.

Extrêmement populaires au XVIIe siècle, les natures mortes, chargées de légendes et de tant de symboles en dehors de leur côté décoratif, ont provoqué un vif engouement dans les Flandres, aux Pays-Bas et dans d'autres pays européens. On ne sera donc pas surpris d'apprendre qu'elles se vendaient alors parfois à prix d'or. On sait qu'un artiste comme Ambrosius Bosschaert reçut un jour la somme de 1000 florins pour un tableau de fleurs alors que le prix d'un portrait se situait à 60 florins vers 1620.

La liste de ces peintres, dressée alphabétiquement, pays par pays, est la plus exhaustive publiée à ce jour. Elle comporte également des indices de cotes mini et maxi pour les artistes dont les œuvres ont été adjugées dans les ventes publiques de ces dix dernières années.

Ces indices de prix, exclusivement calculés pour les natures mortes produites par ces artistes, sont basés sur des formats 65 x 50 cm ou 15 figures avec pour chaque peintre concerné un prix minimum pour les tableaux jugés mineurs et un prix maximum pour les œuvres maîtresses.

*. ***Signifie pas de cote connue***

Les indices de prix sont indiqués en € (1 €= 6,55957 FF) .

A partir de 152.450 €, les indices de prix sont imprimés en gras.

PAYS-BAS:

A

A retenir dans cette première liste les noms de Willem van Aelst, Bartholomeus Abrahamsz Assteyn et Balthasar van der Ast.

Dirck **van der AA** (1731-1809) (7650/11.500 €). Peintre de fleurs.

Floris **Adriaensz** (Actif vers 1620)*. Natures mortes diverses. Serait en fait Floris van Dyck (voir van Dyck)

Evert **van Aelst** ou **Aalst** (1602-1657) (15.250/24.500 €). Peintre de fruits, de fleurs, de crustacés, de gibier et de pièces d'orfèvrerie. Travailla à Delft à la manière de Pieter Claesz.

Willem **van Aelst** dit **Guilielmo d'Olanda** (1627-1683 ?) (30.500/**160.000 €**). Peintre de fleurs, de fruits, d'insectes, d'oiseaux, de gibier, d'instruments de chasse et autres accessoires ainsi que de natures mortes de déjeuner. Élève de son oncle Evert van Aelst Travailla à Delft, à Amsterdam, en France et en Italie.

Dirck **Aertsen** (Actif à la fin du 16e et au début du 17e siècle) Fils de Pieter Aertsen. Natures mortes très rares.

Geert **Aertsen** (Actif 1ere moitié du 17e siècle)*. Petit-fils de Pieter Aertsen. Natures mortes très rares.

Pieter **Aertsen** ou **Aertzsen** dit **Lange Pier** (1507/1508- 1575) (8385/35.000 €). Peintre de fruits, de légumes et autres natures mortes ainsi que de scènes de cuisine et de marchés.

Pieter **Aertsen** dit **de Jonge** (Actif 2e moitié du 16e, début du 17e siècle)*. Natures mortes très rares.

François **van Aken** initiales **F.V.A** (1671 ?- Après 1734) (6100/12.300 €) Peintre de fleurs et de fruits.

Jan **van Alen** (1651-1698)*. Imitateur de Melchior d'Hondecoeter. Peintre de volailles.

Abraham **Allard** (1676 ?-1725)*. Planches de botanique, d'insectes et d'oiseaux.

Anthoni **Ambrosius** (Actif au début du 17e siècle)*. Élève d'Abraham Bloemaert en 1611 à Utrecht. Natures mortes très rares.

Anthony **Andriessen** (1746-1813) (5350/7650 €). Natures mortes de poissons notamment.

Philips **Angel** (1616-1685) (6900/25.200 €). Natures mortes aux volailles notamment. Travailla à Middelburg.

Pieter **van Anraadt** ou **Anraedt** (Actif entre 1635 et 1678) (10.000/13.750 €). Natures mortes rares. Travailla à Deventer et à Amsterdam.

Nicolaas **Anslijn** (1777-1838)*. Gravures et dessins d'histoire naturelle.

J. **Arends** (Actif durant la 1ere moitié du 17e siècle)*. Peintre d'oiseaux. Natures mortes rares.

Bartholomeus Abrahamsz **Assteyn** ou **Asteyn** (1607 ? - Après 1667) (27.450/118.950 €). Peintre de fruits, d'insectes et de fleurs. Travailla en Autriche.

Balthasar **van der Ast** (1593 ?-1657 ?) (99.000/**4.000.000 €**). Peintre de fleurs, d'insectes, de lézards, de coquillages, d'oiseaux et de fruits. Beau-frère et élève d'Ambrosius Bosschaert le Vieux, il travailla avec un souci exacerbé du détail à Middelburg puis à Utrecht jusqu'en 1632 et ensuite à Delft. Il produisit souvent des œuvres de petites dimensions sur cuivre ou sur panneau. Une nature morte représentant des fleurs, des coquillages et des insectes sur un entablement a atteint le prix record de 2,617,250 livres sterling (frais compris) lors d'une vente organisée à Londres par Christie's le 3 juillet 2012.

Jan **Augustini** (1725-1773)*. Peintre de fleurs. Travailla notamment à Haarlem.

B

Les peintres les plus importants : Johannes Baers, Abraham Jan Begheyn, Abraham van Beijeren, Matthys Bloem, Abraham Bloemaert, Arnoldus Bloemers, Maerten Boelema der Stomme, Hans Bollongier, Johannes Borman, Pieter van den Bos, Ambrosius Bosschaert le Jeune, Johannes Bosschaert, Johannes Bouman, Elias van den Broeck et Paul Theodorus van Brussel.

Abraham Bloemaert (1564-1651) étudia à Paris à l'âge de 16 ans et revint trois ans plus tard à Utrecht où il reçut l'influence de Goltzius et de Spranger. Célèbre de son vivant, il ne peignit que de rares natures mortes. Arnoldus Bloemers (1786-1844) travailla surtout à Amsterdam. Maerten Boelema de Stomme (Actif au 17e siècle) fut élève de Willem Claesz Heda à Haarlem et vécut surtout à Louvain. Hans Bollongier (1600 ?- après 1644) vécut à Haarlem de 1623 à 1642 et fut très considéré comme peintre de fleurs. Johannes Borman (Actif au 17e siècle) travailla à Leyde et vint à Amsterdam en 1659. Il fut notamment connu comme peintre de fruits. Pieter van den Bos (1613 ? -1663) vécut à Amsterdam et fut un peintre de genre et de natures mortes. Ambrosius Bosschaert le jeune (1609-1645) était le fils aîné d'Ambrosius Bosschaert l'ancien qui émigra en Hollande pour des raisons religieuses. Peintre de fleurs, il travailla en Hollande. Johannes Bosschaert ou Busschaert (1610/11 - après 1628) travailla à Haarlem puis à Dordrecht. Johannes Bouman (1602 ?- ?) naquit à Strasbourg et alla s'établir à Amsterdam en 1622. Il fut essentiellement un peintre de natures mortes, notamment de fruits. Elias van den Broeck (1650-1708) fut l'élève à l'âge de 15 ans de Cornelis Kick et vraisemblablement de Jan de Heem et de Ernst Stuven. Il alla ensuite s'établir à Anvers mais ses ennemis ayant répandu le bruit qu'il ne peignait pas ses papillons mais les collait vivants sur sa toile, il perdit sa clientèle et dut partir pour Amsterdam. Il fut un peintre de fruits, de fleurs, de poissons et d'insectes. Paul Theodorus van Brussel(1754-1795) fut un des meilleurs peintres de fleurs et de fruits de son époque.

Catharina **Backer** (1689-1766?)*. Peintre de fleurs et de fruits à Leyde. Probablement identique à Catharina Court née Backer (voir Court).

Johannes **Baers** (Actif au 17e siècle) (26.000/68.600 €). Peintre de fleurs. Actif à Utrecht.

David **Bailly** (1584-1657 ?) (53.400/91.500 €). Peintre de Vanités. Natures mortes rares.

Jan **Baptist** (Actif vers 1630)*. Peintre de fleurs. Travailla à Amsterdam.

Karel **Batist** (Actif au 17e siècle)*. Peintre de fleurs. Travailla à Amsterdam.

Anthonie Marynisse **Beauregaert** (Actif à Delft vers 1645). Peignit notamment des natures mortes avec crustacés et fruits (3.000/6000 €)

Jasper **Becx** (?-1647)*.

S.**van Beeck** (Actif vers 1710)*. Élève de Mattheus Terwesten à La Haye.

A.**van Beeke** (Actif 2e moitié du 17e siècle)*. Peintre de fleurs et de fruits.

Sybrand **van Beest** (1610 ? -1674) (7650/13.750 €). Scènes de marchés avec natures mortes, peintures avec pièces d'orfèvrerie. Travailla à La Haye et à Amsterdam.

A.H **van Beesten** (Actif 2e moitié du 17e siècle)*. Peintre de fleurs.

Abraham Jan **Begheyn** ou **Begeyn** dit **Bega** (1637-1697) (9150/61.000 €). Natures mortes assez rares. Peignit des plantes à la manière de Marseus van Schrieck. Travailla à Haarlem, Naples, Amsterdam et La Haye.

Abraham **van Beijeren** ou **Beyeren** (1620-1675/90 ?) (30.500/**381.150** €). Natures mortes de Vanités, de fruits, de crustacés, de poissons et de tables mises avec pièces d'orfèvrerie.

N. **van Berchem** (Actif vers 1635-1645) (5350/11.450 €). Natures mortes rares.

Pieter Claesz **Berchem** (1620-1683)*. Gendre de J.B Weenix. Travailla à Haarlem et en Italie.

Gillis Gillisz **de Bergh** ou **Berch** (1600 ?-1669 ?) (6900/10.000 €). Peintre de fruits et autres natures mortes. Travailla à Delft.

Christoffel **van den Berghe** (Actif au début du 17e siècle) (38.150/ **213.450 €**). Peintures de bouquets de fleurs dans des niches notamment. Travailla à Middelburg.

Gillis **van Berleborch** ou **Berckborch** (Actif entre 1645 et 1660) (10.000/33.550 €). Peintre de fruits et autres avec pièces d'orfèvrerie. D'origine flamande, travailla à Amsterdam.

N. **Berninck** (Actif fin du 18e siècle)*. Peintre de fleurs et de fruits.

Willem **Beurs** (1656- ?)*. Peintre de fleurs et de fruits. Travailla notamment à Zwolle à partir de 1692.

J.B.V **Beverts** (Actif vers 1630-1650) (5000/8000 euros) Natures mortes de pièces de viande, de fruits et de plats de Delft.

K. **van Bie** (Actif au 18e siècle)*. Peintre mal connu.

Katharina-Wilhelmina **Bilderdijk** (1777-1831)*. Peintre de fleurs. Travailla à Haarlem

Cornelius **Biltius** ou **Bilcius van der Bilt** (1635-Après 1685) (6900/15.250 €). Souvent confondu avec Jacobus. Peintre d'oiseaux et de trophées de chasse. Travailla à Cologne et à Bonn

Jacobus **Biltius** dit Jacob **van der Bilt** (1633-1681) (6900/18.300 €). Peintre de gibier et d'oiseaux. Etudia à La Haye et travailla à Anvers.

Abraham **Bisschop** (1670-1731) (10.700/36.000 €). Peintre d'oiseaux et de volailles. Travailla à Middelburg.

Matthys ou Mattheus **Bloem** (Actif au 17e siècle) (21.350/83.850 €). Natures mortes au gibier. Travailla à Amsterdam.

Abraham **Bloemaert** (1564-1651) (30.500/99.100 €). Natures mortes de chasse. Œuvres rares. Travailla à Utrecht et à Amsterdam.

Arnoldus **Bloemers** (1786-1844) (6900/90.249 €). Peintre de fleurs, de fruits et d'oiseaux. Travailla à Amsterdam.

Andries **van Bochoven** (1609-1634) (6100/11.450 €). Natures mortes diverses.

Gerrit **van Boclandt** (Actif au 17e siècle) (12.250/25.950 €). Natures mortes diverses.

Pieter **van Boeckel** (Actif au 17e siècle) (10.700/15.250 €). Vraisemblablement confondu avec P. Boucle.

Maerten **Boelema der Stomme** (Actif au 17e siècle) (12.250/73.200 €). Travailla à Louvain. Peintre de natures mortes de déjeuner, aux fruits et pièces d'orfèvrerie notamment.

Ferdinand **Bol** (1616-1680) (22.900/129.600 €). Scènes avec instruments scientifiques ou de musique et coupes de fruits. Travailla à Amsterdam.

Hans **Bollongier** (1600-1644 ? ou 1656 ?) (30.500/**182.950 €**). Peintre de fleurs et de fruits. Travailla à Haarlem.

Horatius **Bollongier** (?-1681)*. Souvent confondu avec Hans Bollongier.

Jan **de Bondt** (?-1653) (5350/10.000 €). Vécut de 1639 à 1649 à Utrecht. Natures mortes rares.

Bonnecroy (Actif entre 1630 ? et 1684)*. Confusion possible avec Sébastien Bonnecroy (voir Flandres) qui travailla à La Haye.

Jan ou Jemant **Boogaert** ou **Bogaerts** (?-1656) (5350/8400 €). Travailla à La Haye puis à Middelburg.

Anton **van der Borcht** (Actif au milieu du 17e siècle)*. Aquarelles d'insectes

Christoph **van der Borcht** (Actif au début du 17e siècle)*. Peintre d'oiseaux.

Hendrik **van der Borcht** (1583-1660)*. Natures mortes très rares (une au musée de l'Ermitage de Saint-Pétersbourg). Travailla en Allemagne et en Italie.

Johannes **Borman** (Actif au milieu du 17e siècle) (10.700/57.200 €). Natures mortes aux fruits notamment. Travailla à Leyde puis à Amsterdam.

Anthonie **van Borssom** ou **Borssum** (1630 ?-1677) (18.300/87.700 €). Peintre de volailles, d'insectes et de plantes. Travailla à Amsterdam.

Paulus **van den Bos** ou **Bosch** (1615 ?- Après 1655) (10.000/19.100 €). Peintre de fleurs et de fruits. Travailla à Amsterdam.

Pieter **van den Bos** ou **Bosch** (1613 ?- Après 1663) (13.000/41.200 €). Natures mortes aux fruits, aux poissons, huîtres, pièces d'orfèvrerie et Vanités. Actif à Amsterdam.

Jacob **van den Bosch** (1636-1676)*. Peintre de fleurs et de fruits.

Johannes **de Bosch** (1713-1785) (6100/9200 €). Peintre amateur de fleurs et d'insectes. Travailla à Amsterdam.

Lodewyck-Jansz **van den Bosch** de son vrai nom **Valkenborgh** (Actif au 17e siècle)*. Peintre de fleurs.

Bernard **Bosman** (1740 ?-1807)*. Peintre de fleurs.

Ambrosius **Bosschaert l'Ancien** (1573-1621) : Voir **Flandres**.

Ambrosius **Bosschaert le Jeune** (1609-1645) (36.600/**518.350 €**). Peintre de fleurs, de fruits et de natures mortes avec nautile et pièces d'orfèvrerie. Travailla à Utrecht.

Johannes **Bosschaert** ou **Busschaert** (1610/11-Après 1628) (38.150/**480.250 €**). Fils d'Ambrosius le Vieux. Natures mortes de fleurs et de fruits. Actif à Utrecht dès son plus jeune âge puis à Middelburg.

Johannes **Bouman** (1602 ? – Après 1642) (13.750/76.250 €). Peintre de fruits et de papillons. Né à Strasbourg, il se fixa à Amsterdam en 1622.

J. **Bourjinon** ou **Bourgeois** (Femme peintre ? Active vers 1660) (13.750/30.500 €). Peintre de fleurs et de fruits. Travailla à Amsterdam. (Cité comme peintre masculin dans le Bénézit)

Richard **Brakenburgh** (1650-1702) (15.250/95.890 €).Natures mortes, notamment de fruits dans diverses scènes. Travailla à Haarlem.

L. **Brand** (Travailla durant la 2e moitié du 17e siècle)*. Natures mortes très rares.

P. **Branders** (Actif à la fin du 17e siècle)*. Peintre de fleurs.

Brandis (Travailla au 17e siècle) (3100/6900 €). Natures mortes diverses

Jan Hendrik **Brandon** (? -1716)*. Gravures de fleurs et de plantes. Né à Sedan, il émigra en Hollande et travailla à La Haye et à Utrecht.

Albertus-Jonasz **Brandt** (1788-1821) (9150/22.900 €). Peintre de fleurs, de fruits, d'écrevisses et de gibier. Exposa à Amsterdam à partir de 1813.

P. M **Brasser** (? - Après 1778)*. Dessins d'insectes. Travailla à La Haye et à Middelburg.

Dirck **de Bray** (1620-1678) (30.500/129.600 €). Peintre de fleurs. Travailla à Haarlem.

Jan **de Bray** (1626-1697) (15.250/ **442.102** €). Natures mortes très rares, fleurs en particulier. Travailla à Haarlem.

Joseph **de Bray** (? -1664) (6100/11.450 €). Natures mortes très rares.

J. **van Bree** (Travailla durant la 2e moitié du 17e siècle) (3100/6100 €). Natures mortes très rares. Tableaux avec reptiles et insectes notamment.

J. D. **van Bree** (Actif vers 1775 ?) (4600/9200 €). Peintre de fruits notamment. (Vente du 6 mai 1998, Sotheby's Amsterdam. La date 1*74 (1774 ou 1674 ?) pourrait prêter à confusion car il s'agit, d'après la reproduction de la composition, d'une œuvre typique de la seconde moitié du 17e siècle. Auquel cas, le peintre serait en réalité le précédent cité dans cette liste. On peut estimer qu'il s'agit du précédent)

van Breen (Travailla entre 1780 et 1800)*. Peintre de fleurs à La Haye.

Quiringh Gerritsz **van Brekelenkam** (1620 ? - 1668) (15.250/61.000 €). Natures mortes rares. Intérieurs de cuisine notamment. Travailla à Leyde.

J. **Breuningk** (Travailla durant la 2e moitié du 17e siècle)*. Travailla à la manière de Willem van Aelst. Tableaux de fruits notamment.

H. **Briels** (Travailla à la fin du 17e siècle) (6100/11.450 €). Natures mortes diverses.

Cornelis **Brizé** ou **Brisé** (1622-Après 1670) (22.900/35.100 €). Ustensiles de chasse notamment et tableaux en trompe l'œil. Travailla à Amsterdam.

Elias **van den Broeck** (1650-1708) (26.700/**228.700 €**). Peintre de fleurs, de fruits, de poissons, d'insectes, d'oiseaux, de lézards, de reptiles, d'escargots et de coquillages. Élève de Cornelis Kick, de Mignon, de Jan de Heem et d'Ernst Stuven, il travailla à Anvers et à Amsterdam. Ses ennemis l'avaient notamment accusé de coller ses papillons sur la toile au lieu de les peindre.

Hendrik **Bronckhorst** (Actif à la fin du 17e et début du 18e siècle)*. Dessinateur d'oiseaux.

Jan Gerritsz **van Bronckhorst** (1603-1677 ?) (10.700/50.350 €). Peignit surtout des aquarelles d'oiseaux, de fleurs et d'insectes. Travailla à Arras, à Paris, à Amsterdam et à Utrecht.

Johannes **Bronckhorst** ou **Bronkhorst** (1648-1726-27 ?) (15.250/57.200 €). Peignit surtout des aquarelles de fleurs, d'oiseaux et d'insectes. Travailla à Hoorn.

Jan **Brouwer** (Actif à la fin du 17e siècle)*. Natures mortes rares. Travailla à La Haye.

Justus **Brouwer** (1646- ?)*. Natures mortes rares. Intérieurs de cuisine notamment.

W. **van Bruggen** (Travailla à la fin du 18e et au début du 19e siècle) (2750/5350 €). Peintre dont on ignorait l'existence jusqu'en 1997.

Louis **van Brussel** (Actif à la fin du 16e siècle)*. Natures mortes très rares. Elève de Frans Floris.

Paul Theodorus **van Brussel** (1754-1795) (24.400/**375.000 €**). Peintre de fleurs et de fruits. Travailla notamment à Haarlem et Amsterdam.

Cornelis **de Bruyn** (1768-1801) (9150/30.500 €). Peintre de fleurs. Travailla à Middelburg.

Cornelis Johannes **de Bruyn** (1800-1844) (6900/45.750 €). Peintre de fleurs et de fruits à Utrecht.

R. **van Burgh** (Travailla à la fin du 17e ou au début du 18e siècle)*. Natures mortes aux poissons notamment.

Jan Jansz **van Buesem** (1600 ?- Après 1649) (9150/30.500 €). Natures mortes dans des scènes d'intérieurs (chaudrons, oignons, carottes, autres légumes et pots)

Hendrik **Busch** (Actif au milieu du 17e siècle)*. Peignit des fleurs sur des tables de marbre. Travailla à Leeuwarden.

Jacobus **Buys** (1724-1801) (6100/15.250 €). Travailla notamment à Amsterdam.

C

A signaler dans cette liste : Pieter Claesz, Evert Collier, Adriaen Coorte et Laurens Craen. Pieter Claesz fut un des meilleurs représentants de la peinture de natures mortes néerlandaises. Il ne traita que des tables dressées dont les objets variaient peu. Sur la nappe se trouvent pichet d'étain, verres à cabochons ou flûtes de Venise, fruits, jambons, poissons, pain, fromages et épices avec parfois une montre ou une pipe pour signaler une table abandonnée. A partir de 1640, ses œuvres furent plus colorées. Collier vécut à Leyde jusqu'en 1680 et peignit des natures mortes de Vanités, avec des livres, des instruments de musique, des globes terrestres que les experts d'aujourd'hui ont peu de mal à lui attribuer avec certitude. De son côté, Coorte travailla à Delft vers 1694 et produisit de remarquables natures mortes de fruits.

Adrian **van der Cabel** ou **Kabel** (1631-1705) (4600/9200 €). Natures mortes rares. Travailla à La Haye, à Rome et à Lyon.

Abraham Pietersz van **Calraet** : Voir Kalraet.

Govert Dircksz **Camphuysen** (1624 ?-1672) (8400/27.450 €). Natures mortes très rares. Plutôt intérieurs de cuisine. Travailla à Amsterdam et à Stockholm.

Anthony **Claesz** (1592-1635 ?) (13.750/38.150 €). Peintre de fleurs et autres natures mortes. Travailla à Amsterdam et produisit également des aquarelles (1250/7650 €).

Anthony **Claesz II** (1616-1652 ?) (13.750/33.550 €). Peintre de fleurs, de fruits et de coquillages. Travailla à Amsterdam. Produisit également des aquarelles (1250/11.450 €).

Anthony **Claesz III** (Actif au milieu du 17e siècle)*. Natures mortes très rares. Travailla à Amsterdam.

Pieter **Claesz** (1597-1661) (57.200/**2.500.000 €**). Peintre de tables dressées, de fruits, de fruits de mer, de poissons, de crustacés, de volailles, d'instruments de musique, d'ustensiles, de verres et de pièces d'orfèvrerie ainsi que de natures mortes de Vanités. Claesz travailla à Haarlem et fut un des plus grands représentants de la peinture de natures mortes en Hollande. Le 1er février 2019, une nature morte aux citrons et olives, roemer et verre vénitien sur panneau datée de 1629 (44,5 x 61 cm) a été adjugée pour 2,535,000 dollars chez Sotheby's à New York.

Charles **de Cnodder** (Actif vers 1700)*. Peintre de fleurs.

Evert ou Edwaert **Collier** ou **Colyer** (1640 ?-1707 ?) (15.250/ **300.000 €**). Natures mortes de fleurs, de fruits, d'oiseaux, de fruits de mer, de Vanités, de livres et d'instruments de musique notamment. Produisit également des trompe l'œil. Travailla à Leyde, à Harlem, à Amsterdam et à Londres à partir de 1696. Il retourna en Hollande quelques années plus tard. Un trompe l'œil représentant des lettres, une gravure, des clefs, une plume, des ciseaux, un coquillage, une loupe, des lunettes, une montre et d'autres objets placés dans un cadre (67 x 84,7 cm) a atteint 204,650 livres sterling lors d'une vente organisée par Sotheby's le 9 juillet 2002 à Londres.

Gregorius **Coninck** (1631 ?-1677 ?)*. Travailla à Amsterdam. Natures mortes diverses.

Gillis **van Coninxloo** (1544-1607) (30.500/76.250 €). Peintre de fleurs. Natures mortes rares. Né à Anvers, travailla à Paris et à Orléans vers 1565, puis en Italie et à Francfort avant de s'installer à Amsterdam.

Pieter **van Coninxloo II** (1604 ?-1648)*. Peintre d'oiseaux tout comme son frère Hans III (1589 ?- ?). Travailla à Amsterdam.

Adriaen **Coorte** (1660?- Après 1707) (45.750/ **4.000.000 €**). Natures mortes de fruits et d'insectes. Travailla à Middelburg (Une nature morte de fraises sur un entablement, huile sur papier marouflé sur panneau, 13,5 x 16,5 cm, vendue pour 2.050.000 dollars frais compris le 22 avril 2015 chez Sotheby's à New York)

Barent **Cornelisz** (1610 ?- Après 1661)*. Natures mortes rares.

Gerrit **van den Cort** ou **Coert** (Actif vers 1645-1665)*. Natures mortes rares. Travailla à Amsterdam.

Hendrick **Coster** (Actif de 1642 à 1659)*. Peintre d'oiseaux. Travailla à Arnhem.

Jan **Coster** (Actif au 17e siècle)*. Peintre d'oiseaux. Travailla à Arnhem. Une seule œuvre connue à ce jour.

Catharina **Court van der Voort** née **Backer :** Voir **Catharina Backer** (1689-1766 ?).

Pieter **Cousin** ou **Cousyns** (?- Après 1670)*. Peintre de fleurs. Élève de Pieter Nason en 1647 à La Haye puis de P. Willebeck à Anvers l'année suivante. Il abandonna la peinture après s'être installé à Middelburg.

Laurens **Craen** (Travailla au 17e siècle) (10.700/**213.450 €**). Peintre de fruits, de crustacés et de victuailles notamment. Signalé actif dès 1645. Fut admis dans la Gilde de Middelburg en 1655. Ses natures mortes ont atteint des prix conséquents dans des ventes à partir de 1995.

Albert ou Aelbert **Cuyp** ou **Kuip** (1620-1691) (122.000/**457.350 €**). Natures mortes très rares. Un tableau, pêches dans un plat (attribué à l'artiste) est au musée Granet d'Aix-en-Provence. Travailla à Dordrecht.

Christiaen **Cuyp** (Actif au 17e siècle)*. Biographie incertaine.

Jacob Gerritsz **Cuyp** (1594-1651) (38.150/**228.700 €**). Natures mortes rares. Scènes avec tulipes et marchés aux poissons notamment. Travailla à Dordrecht et à Amsterdam.

D

Les peintres les plus représentatifs sont : Isaac Denies, Heyman Dullaert et Floris van Dyck. De son côté, Gérard Dou n'a produit que très peu de natures mortes. Denies travailla à Delft et à Amsterdam et fut notamment un peintre d'oiseaux apprécié.

Jan II **van Dalen** (1611 ?- Après 1677) (3850/5350 €). Natures mortes diverses.

Johan ou N. **van Dalen** (?- Après 1719)*. Peintre de fleurs et de fruits. Travailla à Bois-le-Duc.

Wouter **Dam** (1726-1786)*. Peintre d'oiseaux.

Guillam **Dandoy** (Actif entre 1625 et 1655) (7650/13.750 €). Natures mortes avec fruits, crustacés et pièces d'orfèvrerie. Oeuvres rares.

Dirk **van Delen** (1605 ?-1671) (99.100/**1.524.500 €**) Natures mortes excessivement rares. Ce peintre, qui travailla Arnemuyden, Middelburg et Anvers produisit surtout des scènes d'architecture. Une nature morte à la tulipe dans un vase de céramique avec des coquillages sur un entablement, datée de 1637, a été vendue à Drouot le 20 décembre 2000.

Cornelius Jacobsz **Delff** ou **Delft** (1571-1643) (8400/49.000 €). Natures mortes de fleurs et de fruits, aux bougeoirs et cuivres ainsi que d'intérieurs de cuisine notamment. Travailla à Haarlem et à Delft.

Isaac **Denies** ou **Denys** ou **de Niese** (?-1690) (7650/61.000 €). Imitateur de Willem van Aelst. Peintre de fruits et d'oiseaux. Travailla à Delft et à Amsterdam.

P. **Deymans** ou **Vandeymans** (Travailla au 17e siècle)*. Natures mortes très rares. (Une toile au musée de La Fère)

Jan **Dicht** (Actif au 17e siècle)*. Peut-être le même que T. Dicht. Peintre d'accessoires de cuisine notamment.

T. **Dicht** (Travailla au 17e siècle)*. Natures mortes aux pièces d'orfèvrerie. Travailla à la manière de Willem Kalf.

Ch. **van Dielaert** (Travailla durant la 2e moitié du 17e siècle)*. Une de ses natures mortes figure au musée d'Amsterdam. Œuvres très rares.

Helena Margaretha **van Dielen** plus tard Mme **van Romondt** (1774-1841)*. Peintre de fleurs à Utrecht.

Abraham **Dissius** (Actif au 17e siècle) (11.450/25.950 €). Une de ses natures mortes figure au musée de Gotha. Peignit des fleurs et des fruits notamment. (Considéré comme Flamand par le Bénézit)

A. **Doeff** (Travailla au milieu du 17e siècle)*. Natures mortes de poissons.

Adriaen **Doesjan** (1740-1817) (3100/7650 €). Aquarelles en trompe-l'œil notamment. Travailla à Hoorn.

Jacob **van Dorsten** (?-1674)*. Travailla à Amsterdam comme peintre de natures mortes.

Gerard **Dou** (1613-1675) (91.500/**914.700 €**). Scènes avec natures mortes et tableaux de Vanités. Travailla à Leyde.

J. **van Droost** (1638-1694)*. Dessins d'oiseaux.

Catharina **Dubois** (?-1776)*. Peintre de fleurs et de fruits à La Haye.

Johannes Baptist **Dubus** ou **du Bus** (Actif au 17e siècle)*. Peintre de fleurs à La Haye.

Isaak **Ducart** ou **Dusart** (1630 ?-1694 ou 97)*. Peintre de fleurs à Haarlem et en Angleterre.

Karel **Dujardin** (1622?-1678) (15.250/**243.950 €**). Ce peintre de genre, de sujets allégoriques, de portraits, d'animaux et de compositions religieuses, peignit quelques scènes de marché et d'autres avec des natures mortes.

Heyman **Dullaert** (1636-1684) (38.150/83.850 €). Peintre d'intérieurs de cuisine et de tableaux en trompe-l'œil. Natures mortes de volailles avec fruits, instruments de musique et pain Elève de Rembrandt.

Nicolaes **Dupré** (1734-1786)*. Peintre d'oiseaux. Travailla à Utrecht.

Isaac or Jan **van Duynen** (1628?-1688) (6900/13.750 €). Né à Anvers. Peintre de fruits, de poissons, de crustacés, de coquillages ; natures mortes avec pièces d'orfèvrerie. Travailla à La Haye.

J. **van Duystern** (Travailla au milieu du 17e siècle)*. Natures mortes très rares.

Sten ou Steven **van Duyven** (Actif entre 1668 et 1683) (6100/22.900 €). Intérieurs avec natures mortes. Travailla à Kampen.

Floris **van Dyck** (1575-1651) (76.250/**533.600 €**). Peintre de fleurs et de fruits ainsi que de natures mortes de déjeuner notamment avec fromages et noix. Travailla à Haarlem et en Italie.

Floris **van Dyck le jeune** (1648- ?)*. Peintre de fleurs et de fruits.

E-F

Les peintres les plus importants sont Franchoys Elout, Albert van den Eckout, Jan-Baptist van Fornenburgh et Hendrick de Fromantiou.

Albert **van den Eckhout** ou **Eeckhout** (1610 ?-1666) (22.900/**213.450 €**). Peintre de gibier et de plantes. Travailla en Saxe puis pour le prince de Nassau et au Brésil.

Eelke Jelles **Eelkema** (1788- 1839) (2900/4600 €). Peintre de fleurs, de fruits et d'oiseaux. Travailla à Leeuwarden, Haarlem et en Angleterre.

Adriaen **van Eemont** (1627 ?-1662) (15.250/22.900 €). Peintures d'oiseaux. Travailla à Dordrecht.

Pieter J. **Elinga** : Voir Pieter **Janssens Elinga**.

Franchoys **Elout** ou **Eloutsz** ou **Elaut** (1589 ou 1597- 1635 ou 1641 ?) (15.250/144.826 €). Peintre de fruits, de jambons, de viandes, d'huîtres, d'ustensiles et de récipients notamment. Travailla à Haarlem. Ses œuvres ont longtemps été confondues avec celles de Pieter Claesz ou Willem Heda. Il se spécialisa dans le genre de la peinture monochrome.

Johannes **Esman** (1793- ?)*. Peintre de fleurs.

Jan **van Everdingen** (?-1656)*. Natures mortes diverses. Travailla à Alkmaar.

Willem **Eversdyck** (?-1671)* Scènes avec fruits et volailles. Elève de Cornelis de Vos à Anvers en 1633, il vécut à Middelburg à partir de 1652.

Jacobus **van Eynden le Jeune** (1733-1824) (6100/9200 €). Peintre de fleurs et de fruits. Travailla à Nimègue.

Carel **Fabritius** (1622-1654) (6100/18.300 €). Natures mortes aux oiseaux. Oeuvres rares. Travailla à Delft. Certaines œuvres autres que des natures mortes vendues jusqu'à 5.500.000 FF (838.469 €)

Jan **Fabritius** (Actif au 17e siècle)*. Peintre de fleurs et de fruits. (Une œuvre au musée de La Fère).

Samuel **Fallours** (Actif au début du18e siècle)*. Peintre d'insectes, de coquillages et de poissons, travailla aux Îles Moluques. Produisit également des aquarelles (457/1550 €).

Jan ou Giovanni **Fiammingo** : voir **Jan**

Andries **Fick** (Actif au 17e siècle)*. Peintre de Vanités.

Tobias **Flessiers** (Actif au milieu du 17e siècle)*. Natures mortes diverses. Travailla à Londres de 1652 à 1653.

Pieter **Forbes** (1637 ?- ?) (9150/13.750 €). Travailla à Amsterdam.

Jan Baptist **van Fornenburgh** (1600 ?-1649 ou 1656 ?) (15.250/**259.200** €). Peintre de fleurs, de fruits, de coquillages, d'insectes et de reptiles. Travailla notamment à La Haye.

Willem **de Fouchier** (Après 1674- Avant 1739)*. Peintre de fleurs. Travailla à Amsterdam.

Johann Willem **Franck** ou **Frank** (1720 ?-1762) (6900/19.850 €). Peintre de fleurs, fruits, oiseaux et autres natures mortes. Travailla à La Haye.

Jan **Fransen** (1605 ?-1646 ?)*. Natures mortes diverses. Travailla à Amsterdam.

Johannes Hendrik **Fredriks** (1751-1822) (12.250/70.100 €). Peintre de fleurs, de fruits, d'oiseaux et de gibier. Travailla à Breda, Haarlem et La Haye.

Jan **Fris** (1627 ?-1672) (10.700/**120.000** €). Natures mortes diverses très dépouillées de petites dimensions, notamment avec miche de pain, pichet, crevettes et pipe sur fond sombre. Œuvres rares sur le marché. Travailla à Amsterdam.

Hendrik **de Fromantiou** dit **Fernandeau** (1633 ?-1694 ?) (10.700/53.400 €). Peintre de fleurs, d'oiseaux, de gibier et d'équipement de chasse. Travailla à La Haye.

G

Les peintres les plus cotés sont Jasper Geerards, Nicolaes van Gelder, Dirck Govaert, Willem Grasdorf ainsi que Jacques Grief dit de Claeuw.

Pieter **Gaal** (1785 ? -1819) (4600/7650 €). Natures mortes diverses. Etudia à La Haye et travailla à Paris, à Londres, en Suisse, en Allemagne, en Italie et à Middelburg.

Thomas **Gaal** (1739-1817)*. Peintre de fleurs. Travailla à Middelburg.

Adriaen **van Gaesbeeck** (1621-1650) (15.250/49.000 €). Scènes de cuisine avec natures mortes. Travailla à Leyde.

Pieter **Gallis** (1633-1697) (5350/61.000 €). Peintre de fleurs, de fruits, de coquillages, d'huîtres, d'insectes et de tables dressées. Travailla à Enkhuyzen et à Hoorn.

Jasper **Geerards** (1620 ?-1649 ou 1654 ?) (26.000/87.700 €). Tableaux de fruits, de pièces d'orfèvrerie, d'huîtres, de crustacés et de quartiers de viande avec verres. Dans certaines de ses œuvres, l'artiste représenta son portrait se reflétant sur une verseuse en argent. Geerards travailla à Anvers et à Amsterdam.

Nicolaes **van Gelder** (1620 -1677 ?) (15.250/137.250 €). Natures mortes de déjeuner, de fleurs, de fruits, d'oiseaux et de volatiles. Travailla à Leyde et Amsterdam ainsi qu'à Stockholm.

Laurens **Gelderblom** (1748-1778 ?)*. Peintre de fleurs. Élève de Joris Ponse.

Simon **Germyn** (1650-1719 ?)*. Peintre de fleurs et de fruits. Travailla à Dordrecht.

Jacob **de Gheyn II** (1565-1629) : Voir **Flandres**

Philips **Gijsels** (Actif à La Haye vers 1650) (15.250/45.750 €) Natures mortes de fruits, de crustacés et d'huîtres notamment. Ce peintre peu connu fut enregistré à la Gilde de Saint Luc à La haye en 1650 et a été souvent confondu avec le Flamand Pieter Gijsels.

Jacob **Gillig** ou **Gellig** (1636 ? -1688 ? ou 1701 ?) (8400/13.000 €). Peintre de poissons. Travailla à Utrecht.

Nicolas **Gillis** (Actif au début du 17e siècle)*. Natures mortes de déjeuner. Travailla notamment en Allemagne.

Philips **Gillisz** (Actif au 17e siècle)*. Peintre de fruits. Travailla à Rotterdam.

Gijsbert **van Glabbeeck** (Actif entre 1630 et avril 1648) (13.000/26.700 €). Peintre de tables dressées avec des fruits et des bols chinois notamment. Ce peintre travailla à Utrecht.

van Glashorst (Actif au 18e siècle)*. Peintre de fleurs et de fruits.

Arent **Glaude** (Actif au milieu du 17e siècle)* Natures mortes diverses

Jan **Goedard** (1620 ? -1668 ?) (26.700/129.600 €). Peignit également des aquarelles d'oiseaux et d'insectes. Travailla à Middelburg.

Goutsblom (Actif vers 1650)* Natures mortes diverses. Œuvres rares

Dirck **Govaerts** ou **Govertsz** ou **Goverts** (Actif 1ere moitié du 17e siècle) (22.900/30.500 €). Peintre de natures mortes diverses, d'oiseaux et de scènes avec natures mortes.

Jacob **van der Gracht** (1593-1652)*. Natures mortes très rares.

Willem **Grasdorf** (1678-1723) (15.250/**152.450** €). Peintre de fleurs, de fruits et autres natures mortes. Élève d'Ernst Stuven. Travailla à Amsterdam.

Maria **de Grebber** (Après 1600- ?)*. Natures mortes diverses. Travailla à Haarlem.

Pieter Martinus **Gregoor** (1786-1846) (2900/5350 €). Natures mortes diverses. Élève de Schouman, travailla à Anvers et à Dordrecht.

Jacques **Grief** dit **de Claeuw** (1623 ?- Après 1676) (38.150/**381.200** €). Peintre de natures mortes de Vanités, de fruits, d'ustensiles et de pièces d'orfèvrerie. Travailla à Dordrecht, La Haye et Amsterdam.

Jan **Griffier le Vieux** (1652 ou 1656-1718) (30.500/91.500 €). Peintre de fleurs. Travailla à Amsterdam et à Londres.

Pieter **van Gunst** (1659-1724 ?)*. Spécialiste de peintures en trompe-l'œil. Travailla à Amsterdam.

Franciscus **Gysbrechts** (Actif 2e moitié du 17e siècle) (5800/22.150 €). Natures mortes de Vanités, de pièces d'orfèvrerie et autres. Travailla à Leyde dès 1674.

H-I

Les peintres les plus remarquables sont Willem Claesz Heda qui eut de nombreux suiveurs, connus ou anonymes, Gerrit Willemsz Heda, Nicolas van Haeften, Johannes Hannot, Jan van den Hecke le Vieux, David Cornelis de Heem, David Davidsz de Heem, Jan Davidsz de Heem, Jan de Heem, Wybrandt Hendricks, Jan van den Heyden, Melchior d'Hondecoeter, Jan van Huysum, Justus van Huysum, Abraham Danielsz Hondius et Balthazar Huys.

Franciscus **Haage** ou **Haagen** (Actif vers 1675-1690)*. Peintre d'oiseaux et de fleurs. Travailla à Delft.

David **de Haan** ou **Haen** (1602- 1659 ou 1674 ?)*. Natures mortes diverses, notamment de gibier. Travailla à Rome et à Utrecht.

Nicolas **van Haeften** ou **Haften** dit **Walraven** (1663-1715) (13.750/70.100 €). Scènes de cuisine notamment. Travailla à Anvers et à Paris.

Abraham **de Haen** (Actif 2e moitié du 17e siècle) (4600/9200 €). Peintre de volailles.

Johannes **de Haes** (? -1666) (3100/5350 €). Natures mortes diverses. Travailla à Delft.

Jacobus **van der Hagen** ou **Verhagen** (Actif 2e moitié du 17e siècle) (4600/15.250 €). Natures mortes diverses, notamment de fruits et d'oiseaux. Travailla à Haarlem.

Herman **van Hahn** (Actif 1ere moitié du 17e siècle)*. Natures mortes diverses. Biographie incertaine. Peut-être confondu avec H. Hahn (1570 ?-1628), peintre allemand qui travailla en Flandres.

Frans Franszoon **Hals le Jeune** (1618-1669) (6900/12.250 €). Natures mortes diverses. Travailla à Haarlem.

Johannes ou Jan **Hannot** (1633-1685) (18.300/**30.650** €). Natures mortes de petit déjeuner, de fruits et autres. Travailla à Leyde et produisit également des tableaux avec Jan Davidsz de Heem.

Carel **Hardy** (Actif au 17e siècle) (3100/7650 €). Natures mortes de poissons, de volailles et autres. Travailla à La Haye.

A. **Hase** (Travailla vers 1670)*. Natures mortes diverses.

Margaretha **Haverman** (1703?-1795 ?)*. Peintre de fleurs. Élève de Jan van Huysum. Travailla à Paris à partir de 1722.

Gerrit Willemsz **Heda** (1620 ?- Avant 1702) (15.250/122.000 €). Natures mortes de déjeuner et avec pièces d'orfèvrerie. Travailla à Haarlem. Fils de W. C. Heda.

Willem Claesz **Heda** (1594-1680 ?) (91.500/**914.700** €). Natures mortes de tables mises, de Vanités, de fleurs, fruits, huîtres, victuailles, pièces d'orfèvrerie et d'étain, de poissons et de gâteaux. Longtemps ignoré des amateurs, cet artiste qui travailla à Haarlem est aujourd'hui parmi les plus recherchés.

Cornelis Jansz **de Heem** (1631-1695) (76.250/**457.350** €). Peintre de fleurs, de fruits, de légumes, d'huîtres et de homards. Travailla à Leyde, à Utrecht, à La Haye et à Anvers.

David **de Heem le Vieux** (1570 ?-1632 ?)*. Peintre de fleurs, de fruits et de papillons. Travailla à Utrecht.

David Cornelisz **de Heem** (1663-1718) (22.900/53.400 €). Fils de Cornelis de Heem. Natures mortes diverses. Travailla à Anvers et à La Haye.

David Davidsz **de Heem** (1610 ?- Après 1669) (53.400/91.500 €). Peintre de fleurs et de fruits. Travailla à Utrecht.

David Jansz **de Heem** (1628- ?)*.

Jan Davidsz **de Heem** (1606-1684 ?) (100.000/**4.000.000** €). Natures mortes de déjeuner, de Vanités, de fleurs, de fruits, d'insectes, de fruits de mer, de crustacés, d'oiseaux et de livres notamment. Élève de David de Heem, de B. van der Ast et de Bailly à Leyde. Travailla à Anvers et à Utrecht. Il bénéficia d'une réputation considérable de son vivant et fut certainement un des plus grands peintres de natures mortes en Hollande.

Jan J. **de Heem** (1650-1715 ?) (30.500/99.100 €). Peintre de fleurs, de fruits et autres natures mortes. Travailla à Londres après 1684.

Johannes ou Jan **de Heem** (1603 ?- Après 1659 ?)*. Peintre de fleurs, de fruits et autres natures mortes. Travailla à Amsterdam.

Hendrik Cornelisz **van Heemskerck** (Actif au 17e siècle) (4600/10.000 €). Natures mortes diverses, surtout dans des scènes. Travailla à Leyde.

Maerten **van Heemskerck** (1498-1574)*. Natures mortes rares. Travailla en Italie, à Alkmaar, à Haarlem et à Amsterdam.

Jabez **Heenck** (1752-1782)*. Natures mortes diverses. Travailla à La Haye et à Leyde.

Margarethe **de Heer** (Active au milieu du 17e siècle) (3100/10.000 €). Aquarelles. Surtout connue pour ses aquarelles d'insectes.

Hendrik **Heerschop** (1620 ?-1672 ?) (4600/7650 €). Fut l'élève de Willem Claesz Heda. Travailla à Haarlem et à Amsterdam.

P. **Hellebuyck** (?- Avant 1648)*. Natures mortes diverses. Travailla à Leyde.

J. C. **Helst** ou **Hilst** (Travailla au début du 18e siècle)*. Imitateur des de Heem.

Jacob **Hendrik** (1693-1733)*.

Wybrand **Hendricks** (1744-1831) (21.350/122.000 €). Peintre de fleurs et de fruits. Travailla à Amsterdam et à Haarlem.

David **Hennekijn** (Actif durant le troisième quart du 17e siècle) (30.500/76.250 €). Fils de Paulus Hennekin. Natures mortes de fleurs et de fruits souvent dans des niches avec verre de vin et pièces d'orfèvrerie. Œuvres cependant assez rares sur le marché. Travailla à Amsterdam sous l'influence de jan Davidsz de Heem.

Paulus **Hennekin** ou **Hennekyn** (1611-Après 1671) (2750/4600 €). Natures mortes diverses. Travailla à Amsterdam.

Herman **Henstenburgh** (1667-1726) (7650/30.500 €). Surtout connu comme aquarelliste de fleurs, de fruits et d'insectes. Travailla à Hoorn.

François **Hermans** (Actif 2e moitié du 18e siècle)*. Peintre de fruits. Travailla à Maastricht.

Louis **Hermans** (1750-1833)*.Peintre de fleurs et de fruits. Frère de François, travailla à Maastricht.

Abraham **de Heusch** (Actif 2e moitié du 17e siècle)*. Natures mortes diverses. Travailla à Utrecht.

Nicolaes **Heussen** dit **Claes** (Actif au début du 17e siècle)*. Peintre de fleurs et de fruits. Travailla à Haarlem.

G. **van den Heuvel** (Actif durant la 2e moitié du 18e siècle)*. Peintures d'oiseaux. Travailla à La Haye.

Jan **van den Heyden** ou **Hyde** (1637-1712) (15.250/**167.700 €**). Natures mortes rares. Scènes avec instruments d'astronomie, livres et tentures. Travailla à Amsterdam. Plus de **6.000.000 FF (900.000 €**) pour des vues de villes.

Johannes **Heymans** (1757-1809 ?)*. Natures mortes diverses. Travailla à La Haye.

J.C. **Hilst** (Actif au 18e siècle)*. Peintre de fleurs et de fruits. Imitateur des de Heem.

H.D. **Hoet** (Travailla au 18e siècle)*. Natures mortes diverses.

Hendrik Jacob **Hoet** (1693 ?-1733)*. Peintre de fleurs et de fruits dans le style de van Huysum. Travailla à La Haye.

Pieter **Hofman** (1755-1837)*. Peintre de fruits. Travailla à Dordrecht.

Elisabeth Georgine **van Hogenhuyzen** (1776-1794) (10.700/27.450 €). Peintre de fleurs et de fruits. Travailla à La Haye.

Pieter **Holsteyn le Jeune** (1612 ?-1687) (1400/3500 € pour des aquarelles). Connu pour ses aquarelles d'oiseaux. Travailla à Haarlem, Zwolle et Munster.

Pieter **Holsteyn le Vieux** (1580 ?-1662)*. Aquarelles d'insectes. Travailla à Haarlem.

Gysbert Gillisz **d'Hondecoeter** (1604-1653) (8400/18.300 €). Peintre d'oiseaux et de volailles. Travailla à Amsterdam.

Melchior **d'Hondecoeter** (1636-1695) (21.350/**230.000** €). Peintre de plantes, d'oiseaux, de volailles, de trophées de chasse et autres. Travailla à La Haye et à Amsterdam.

Abraham Danielsz **Hondius** (1625 ou 1630 ?-1695) (9150/40.350 €). Scènes de marchés, travailla à Londres.

W. J. **Hooft** (Travailla au début du 19e siècle)*. Natures mortes diverses. Travailla à Amsterdam.

Samuel **van Hoogstraten** (1627-1678) (13.000/33.550 €). Natures mortes diverses, notamment tableaux en trompe-l'œil. Travailla à Amsterdam, à Vienne, à Londres, à La Haye et à Dordrecht.

Bartholomeus **Horn** (Actif au 17e siècle)*.

Dirck **de Horn** (Actif au 17e siècle ?) (4600/9200 €). Natures mortes diverses. Travailla à Groningue.

Gerrit Willemsz **Horst** (1612 ?-1652) (6900/13.750 €). Peintre de fruits et autres. Travailla à Amsterdam.

Jan **van der Horst** (Actif vers 1572)*. Imitateur de Pieter Aertsen.

Cornelis **Houtman** (?-1806)*. Peintre de fleurs et de fruits. Travailla à Utrecht.

M. **Houtman** (Travailla au début du 19e siècle)*. Peintre de fleurs. Travailla à Utrecht.

Carel **van Hullegarden** (Actif vers 1645-1655)*. Natures mortes de cuisine. Travailla à La Haye.

Johannes **Hulscher** (Actif vers 1645)*. Natures mortes diverses. Travailla à La Haye.

G. **Hulseboom** (1784- ?)*. Natures mortes diverses. Travailla à Vaasen.

Friedrich **van Hulsen** (1580-1665 ?)*. Gravures de botanique.

Lewin **van Hulsen** (Actif 1ere moitié du 17e siècle)*. Gravures de botanique.

Caspar **van Huysum** (Actif 2e moitié du 17e siècle)*. Natures mortes rares.

Jacob **van Huysum** (1686 ?-1740)*. Peintre de fleurs. Travailla en Angleterre à partir de 1721.

Jan **van Huysum** (1682-1749) (99.100/**1.978.700 €**). Peintre de fleurs, fruits et oiseaux. Travailla à Amsterdam et à Haarlem. Il produisit des tableaux pour les grandes cours d'Europe tant sa réputation était légendaire. Il fut sans conteste un des plus importants représentants de la nature morte néerlandaise et d'un talent de loin supérieur au peintre français Monnoyer que Mariette porta aux nues avec un chauvinisme exacerbé. Aujourd'hui, certains tableaux de van Huysum dépassent allègrement la barre des dix millions francs dans des ventes publiques alors que les œuvres de Monnoyer atteignent difficilement celle des 400.000 francs (61.000 €).

Justus **van Huysum** (1659-1716) (18.300/45.750 €). Peintre de fleurs et de fruits. Travailla à Amsterdam.

Michiel **van Huysum** (Actif entre 1729 et 1759)*. Peintre de fleurs. Travailla à Amsterdam.

I-J-K

Les peintres les plus intéressants de cette liste sont : Willem Kalf, Jan van Kessel III, Cornelis Kick, Roelof Koets, Andries de Koninck, Philips van Kouwenbergh et Cornelis Kruys.

Anthony **Iseendoorn** ou **Ysendorn** (1625 ?- ?)*. Natures mortes diverses. Travailla à Delft.

Adrianus **van Isselsteyn** ou **Ysselsteyn** (?-1684) (2450/4600 €). Probablement confondu avec A. F Essesteyn. Peintre d'oiseaux, de volailles et autres. Travailla à Utrecht.

Nicolas **Iuwell** (Actif vers 1690)*. Aquarelles et gouaches de plantes sur vélin.

Gerke Jans de **Jager** (748?-1822) (15.500/ 45.150 €). Peintre de fleurs, notamment avec des bannières, des cartes géographiques, des livres, des tentures et des urnes . Né à Leeuwarden, il mourut à Groningen

Giovanni **Jan** ou **Fiammingo** (Actif à la fin du 15e et au début du 16e siècle)*. Peignit des fruits et des fleurs pour Raphaël à Rome.

Pieter **Janssen** (Actif entre 1620 et 1640)*. Peintre de fleurs. Imitateur de Balthasar van der Ast et de Bosschaert.

Pieter **Janssens Elinga** (Actif au 17e siècle) (12.250/16.800 €). Natures mortes de fruits, de coquillages et autres.

Johannes **Jelgerhuis** (1770-1836)*. Scènes de marchés aux poissons notamment. Travailla à Leyde, à Amsterdam et à Delft.

Rienk **Jelgerhuis** (1729-1806)*. Peintures d'instruments de musique. Travailla à Leeuwarden et à Amsterdam.

Willem **Kalf** (1619-1693) (26.700/**335.400 €**). Natures mortes aux objets précieux, aux fruits et au gibier. Travailla à Amsterdam et aussi à Paris entre 1642 et 1646.

Abraham **van Kalraet** ou **Kalraat** ou **Calraet** (1642/1643-1721/1722) (13.750/45.750 €). Peintre de fleurs et de fruits. Travailla à Utrecht et Dordrecht.

Jan **Kelderman** (1741-1820)*. Peintre amateur de fleurs, fruits et oiseaux. Travailla à Dordrecht.

Frans **Kerckhoff** (Actif 2e moitié du 17e siècle)*. Natures mortes diverses. Travailla à Groningue.

Jan **van Kessel III** (1641-1680) (30.500/91.500 €). Natures mortes rares. Peintre de gibier notamment. Travailla à Amsterdam.

Willem **de Keyser** (1603-1674 ?)*. Peintre de fleurs. Travailla à Londres et à La Haye.

Cornelis **Kick** ou **Kik** (1635-1681) (21.350/100.000 €). Peintre de fleurs et de fruits. Influencé par Jan Davidsz de Heem. Travailla à Amsterdam.

Kinderman dit **Tulipano** (Actif au début du 18e siècle)*. Peintre de fleurs. Travailla à La Haye et à Rome.

Isaac **van Kipshaven** (Actif au 17e siècle) (9150/15.250 €). Natures mortes diverses. Travailla à Amsterdam.

Isaak **Kleynhens** (1634-1701)*. Peintre de fleurs et de fruits. Travailla à Haarlem.

Henriette Gertrude **Knip** (1783-1842) (12.250/22.900 €). Peintre de fleurs. Travailla à Paris et à Haarlem.

Nicolaes Frederik **Knip le Vieux** (1742-1809) (9150/27.450 €). Peintre de fleurs et de fruits. Travailla à Tilburg.

François Cornelis **Knoll** (1771/2-1827)*. Natures mortes diverses. Travailla à Rotterdam et à Utrecht.

Johann Herman **Knoop** (1700 ?-1769)*. Gravures de plantes et de fruits.

Leender ou Leonard **Knyff** (1650-1721) (26.700/3850 €). Peintre de volailles. Travailla à Londres.

Andries **Koets** (Actif au 17e siècle)*. Natures mortes diverses. Travailla à Haarlem et à Amsterdam.

Roelof **Koets le Vieux** (1592 ? -1655) (15.250/69.950 €). Natures mortes de fruits et de déjeuner. Travailla à Haarlem dans un style proche de celui de Pieter Claesz.

Andries **de Koninck** (Actif au 17e siècle) (15.250/57.930 €). Natures mortes diverses. Travailla à Rotterdam.

Philips **de Koninck** ou **Koningh** (1619-1688) (76.250/**684.950** €). (Principalement pour des paysages). Natures mortes rares. Travailla à Amsterdam et à Rotterdam.

Konrad ou **Konraed** (1678-1747)*. Peintre de fleurs à La Haye.

Christiaen Gillisz van **Kouwenbergh** ou **Couwenbergh** (1604-1667) (6100/12.250 €). Scènes avec natures mortes.

Philips **van Kouwenbergh** ou **Couwenberg** (1671-1729) (9150/42.000 €). Natures mortes diverses.

Adriaen J. **Kraen** ou **Craen** (Actif vers 1640) (7650/24.400 €). Natures mortes diverses. Oeuvres rares. Travailla à Haarlem.

Jan **Kraey** ou **Kray** (1730-1806)*. Peintre de fleurs et d'insectes. Travailla à Hoorn.

Johann **Kröger** (Actif à la fin du 17e siècle) : Voir le Pseudo Roestraeten

Cornelis **Kruys** ou **Cruys** (? - Avant 1660) (21.350/57.200 €). Peintre de fleurs, fruits et autres natures mortes. Travailla à Haarlem.

Johannes **Kuveenis** (Actif au 17e siècle) (12.250/25.000 €). Natures mortes diverses. A signaler une vente de Christie's le 28 novembre 1989 d'une nature morte représentant un bassin en bois, avec des cannes à pêche, un panier et divers ustensiles sur une table en bois.

Jacques **Kuyper** (1762-1808) (3100/6100 €). Natures mortes avec fleurs, fruits, oiseaux ou gibier notamment. Actif à Amsterdam.

L

A signaler : Nicolas Lachtropius, Willem van Leen, Johannes Linthorst, Harmen Loeding, Antoni de Lust et Simon Luttichuys.

Nicolas **Lachtropius** ou **Lactorius** ou **Lacterius** (? - Après 1687) (16.800/70.100 €). Peintre de fleurs, de papillons, de reptiles, de gibier et autres natures mortes. Travailla à Alphen sur le Rhin.

Catherine Adrienne **de La Court van den Voort** (? - Avant 1754 ?)*. Confusion probable avec Catharina Court van der Voort née Backer (voir Court).

Jacob **Ladmiral** ou **L'Admiral II le Jeune** (1700-1770)*. D'origine française, peintre d'histoire naturelle. Travailla à Amsterdam.

Jan ou Johannes **Ladmiral** ou **L'Admiral** (1698-1773)*. D'origine française, peintre d'histoire naturelle. Travailla à Amsterdam et à Londres.

Maria Margherita **Lafargue** ou **La Fargue** (1743-1813)*. Scènes de marchés avec natures mortes. Travailla à La Haye notamment.

Reinier **de La Haye** (1640 ? - Après 1684) (3850/6900 €). Natures mortes diverses, notamment de fleurs et de fruits. Travailla à La Haye, Anvers et Utrecht.

Jacques ou Jacob **de Lairesse** (1640-1690)*. Peintre de fleurs. Travailla à Liège et à Amsterdam.

Jan Gerard **de Lairesse** (1661- ?)*. Peintre de fleurs et de fruits. Travailla à Amsterdam.

Lamair (Travailla au 18e siècle)*. Peintre d'insectes, de reptiles et de plantes. Travailla à Nimègue à la manière de Otto Marseus van Schriek.

Arie **Lamme** (1748-1801)*. Peintre de fleurs et d'oiseaux. Travailla à Utrecht.

Jan Anthonie **Langendyk** (1780-1818) (3850/6900 €). Scènes de marchés avec natures mortes. Travailla à Rotterdam, La Haye, Bruxelles et Amsterdam.

Marcellus **Laroon** (1653-1702)* Natures mortes diverses, notamment avec un chat. Travailla à La Haye et en Angleterre où il mourut.

Antonius ou Anthonie **Leemans** (1631-1673 ?) (6900/22.900 €). Peintre de gibier, d'instruments de musique et autres natures mortes. Spécialiste de peintures en trompe-l'œil avec cage d'oiseaux et instruments de chasse notamment. Travailla à La Haye et à Utrecht.

Johannes **Leemans** (1633 ? -1688) (11.450/24.400 €). Spécialiste de peintures en trompe-l'œil, notamment aux instruments de chasse, et d'intérieurs de cuisine. Travailla à La Haye.

Willem **van Leen** (1753-1825) (12.250/58.000 €). Peintre de fleurs, de fruits, de confiseries et d'oiseaux. Né à Dordrecht, il travailla notamment à Paris où il se lia avec Gérard van Spaendonck.

Gerrit Jan ou Johan **van Leeuwen** ou **Leuven** (1756-1825) (9150/29.000 €). Peintre de fleurs et de fruits. Travailla à Arnhem.

Johannes **Le Francq van Berkley** (1729-1812)*. Peintre de fleurs à Leyde.

Jan Adriaen Antonie **de Lelie** (1788-1845)*. Natures mortes diverses. Peintre de fruits notamment. Travailla à Amsterdam.

Cornelis **Lelienbergh** ou **Lilienbergh** (1625-Après 1676) (6100/100.000 €). Natures mortes au gibier, volailles, trophées de chasse, fruits et aux oiseaux morts sur une table. Travailla à La Haye dans le genre de Weenix.

Jacob Marhes **Lely** (Actif vers 1750)*. Peintre de volailles.

Lodewyck **Le Petit** ou **Petyt** (Actif au 17e siècle)*. Peintre de vanités et autres. Natures mortes rares. Travailla à La Haye.

Judith **Leyster** ou **Molenaer** (1600 ? -1660)*. (30.500/**274.450 €**). (Plus particulièrement pour des portraits). Peintre de fruits dont les œuvres sont extrêmement rares (un tableau représentant une corbeille de fruits, un pichet d'étain et un verre sur une nappe bleue est passé en vente chez Sotheby's le 28 janvier 2000 à New York) et dessinatrice de fleurs en particulier. Travailla à Haarlem et à Heermstedt.

Gottfried **Libalt** (Actif vers 1660) (3100/27.450 €). Natures mortes de fruits, de légumes (choux surtout) et d'oiseaux.

Paul ou Paulus **van Liender** (1731-1797)*. Peintre de fleurs. Travailla à Haarlem.

Josse **van Liere** ou **Lierre** (1530-1583)*. Peintre de fleurs. Travailla à Anvers, Frankenthal et Swyndrecht. Natures mortes très rares.

Johannes Jacobus **Linthorst** (1745 ou 1755 ? -1815) (11.450/**111.900 €). ** Peintre de fleurs et de fruits. Travailla à Amsterdam.

Gerrit **List** (1795- ?)* Natures mortes diverses.

Harmen **Loeding** ou **Luyding** ou **Lodting** ou **Loddingh** (1637 ? - Après 1673) (13.750/91.500 €). Peintre de fruits, d'insectes et autres. Travailla à Leyde.

Hendrick **Lofvers** ou **Loguers** (1739-1805)*. Peintre de fleurs. Travailla à Groningue.

J. **Lofvers** (1768-1814)*. Natures mortes rares.

Peter **van Loo** ou **Loon** (1731-1784) (3850/7650 €). Peintre de fleurs, de fruits et d'oiseaux. Travailla à Haarlem et produisit des toiles et des aquarelles.

Van Loon (1717-1787)*. Peintre de fleurs, de fruits et d'oiseaux. Travailla à Amsterdam.

Gerrit **Lundens** (1622-Après 1677) (6100/12.250 €). Peintre de fleurs. Natures mortes rares. Travailla à Amsterdam et probablement à Anvers.

Adriaen ou Antoni **de Lust** (1630-1669) (7650/35.100 €). Peintre de fleurs, de fruits et autres. Cité comme travaillant à Paris vers 1650.

Simon **Luttichuys** ou **Lutkenhuysen** (1610-1662 ?) (16.800/74.700 €). Natures mortes de déjeuner. Travailla à Amsterdam et à Londres.

A. **van Lynden** (Travailla au milieu du 17e siècle)*. Natures mortes diverses.

Pieter **Lyonet** ou **Lyonnet** (1708-1789)*. Gravures d'insectes. Travailla notamment à La Haye.

M

Les meilleurs peintres de cette liste : Nicolaas Maes, Bernardus van der Meer, Johannes Mortel et Herman van der Myn.

Nicolaas **Maes** (1634-1693) (22.900/61.000 €). Natures mortes rares. Scènes de cuisine et autres avec natures mortes. Travailla à Dordrecht, Amsterdam et Anvers.

Hooghen **Manert** (Actif au 17e siècle)*. Natures mortes diverses.

Jacob **Marrel :** Voir **Allemagne**.

Mars (Actif au 17e siècle)*. Présenté comme le frère de Karel Vogelaer. Natures mortes diverses. Travailla en Suède.

Otto **Marseus** ou **Marcellis** (1619-1678) Voir **van Schrieck**.

Barend ou Bernardus **van der Meer** (1659- Après 1700) (15.250/61.000 €). Peintre de fruits, oiseaux, victuailles, crustacés et fruits de mer à Haarlem.

Jan **Matham** (1600-1648)*. Natures mortes diverses. Travailla à Haarlem.

Nicolaas **Meerburch** (1734-1814)*. Gravures et aquarelles de botanique.

A. B. **van Meertens** née **Schilperoort** (? -1852)*. Peintre de fleurs à Gouda.

Abraham **Meertens** ou **Meerten** (1757-1823) (2900/5650 €). Peintre de fleurs, d'oiseaux et autres variétés. Travailla à Middelburg.

Jacob Fransz **van der Merck** (1610-1664) (15.250/29.000 €). Plus connu comme portraitiste. Travailla à Delft, La Haye, Dordrecht et Leyde.

Thomas **Mertens** (Actif au milieu du 17e siècle) (12.250/90.000 €). Natures mortes de fruits, d'objets précieux, de crustacés et autres. Cet artiste mourut à Anvers après 1669.

Jan Adriaensz **Messian** (Actif vers 1660-1670)*. Peintre de fruits notamment. Travailla à Leyde, à Amsterdam et à Dordrecht.

A. S. **Methorst** (Active de 1797 à 1820)*. Cette artiste travailla à Vreeland. Peintures de fleurs et d'oiseaux.

Gabriel **Metsu** ou **Metzu** (1629-1667) (106.750/**533.600 €**). (Principalement pour des scènes de genre). Natures mortes assez rares. Peintures de volailles et de poissons ainsi que de scènes avec natures mortes. Travailla à Leyde et à Amsterdam.

Jacobus **van Meurs** (1760 ? -1824)*. Peintre de fruits et autres. Travailla à Amsterdam.

Michae-Bechtel (Actif vers 1655-1665)* Natures mortes diverses. Le musée de Draguignan possède une œuvre signée de cet artiste sur lequel on ne sait pas grand chose.

Louis **Michielsen** ou **Michel** ou **Michiel** (Actif 2e moitié du 17e siècle)*. Peintre de fleurs à La Haye.

Frans **van Mieris le Jeune** (1689-1763) (22.900/91.500 €). (Scènes de genre en général). Quelques scènes avec natures mortes. Travailla à Leyde.

Frans **van Mieris le Vieux** (1635-1681) (99.100/**609.900 €**). (Pour des scènes de genre). Scènes avec natures mortes. Travailla à Leyde.

Willem **van Mieris** (1662-1747) (91.500/**243.950 €**). (Scènes de genre en général). Natures mortes rares, plutôt des scènes avec natures mortes. Travailla à Leyde.

Jacobus **Millies** (1767-1813)*. Gravures d'insectes. Travailla à Deventer, à Amsterdam et à La Haye.

Jan Baptist **Mol** (Actif au 17e siècle)*. Natures mortes diverses.

Carel de **Moor** (1656-1738) (4.000/30.000 €). Peignit des personnages avec des fleurs. Travailla à Leyde et à La Haye notamment.

Johannes **Moninckx** (1655 ? -1708-9) (15.250/27.450 €). Natures mortes diverses.

Maria ou Machtel **Moninckx** ou **Monincks** (Active 1ere moitié du 17e siècle)*. Peintre de fleurs. Travailla principalement à La Haye.

Pieter **Moninckx** (1605 ? - Après 1672) (7650/15.250 €). Peintre d'oiseaux, de gibier, d'insectes et de Vanités. Travailla en Italie et à La Haye.

Izak Vaerzon **Morel** (1803-1876) (2.500/ 5000 €). Peintre de fleurs et de crustacés.

Jan-Evert **Morel** (1777-1808) (7650/32.000 €). Peintre de fleurs et de fruits. Travailla à La Haye. Elève de Jacobus Linthorst.

Anna **Moritz** née **Reyerman** (Active au début du 19e siècle)*. Peintre de fleurs. Travailla à La Haye notamment.

Jan ou Johannes **Mortel** (1650 ? -1719) (15.250/**130.000 €**). Peintre de fleurs, de fruits, de reptiles, d'insectes et de natures mortes de déjeuner. Imitateur de J.D de Heem et d'Abraham Mignon. Travailla à Leyde.

Jan **Muller** (Actif au 17e siècle) (4600/11.450 €). Natures mortes diverses

Abraham **Muntinck** ou **Munting** (1626-1683) (950/2750 €). (Dessins). Dessins de fleurs et de plantes.

Albert **Muntinck** ou **Munting** (? -1694)*. Fils du précédent. Dessins de fleurs et de plantes.

Arnout **de Muyser** (Actif au 17e siècle)*. Scènes de marchés avec natures mortes.

Agatha **van der Myn** (Active au début du 18e siècle) (1550/4000 €). Peintre de fleurs, de fruits et de gibier. Sœur d'Herman van der Myn, elle travailla en Angleterre.

Andreas **van der Myn** (1714- Après 1769) (1550/3850 €). Peintre de fruits. Fils d'Herman van der Myn, il travailla en Angleterre.

Cornelia **van der Myn** (1710- ?)*. Peintre de fleurs. Fille d'Herman van der Myn, elle travailla à Londres.

Frans **van der Myn** (1719 ? -1783) (2750/9200 €). Peintre de fruits notamment. Fils d'Herman van der Myn, il travailla à Londres.

George **van der Myn** (1723 ? -1763) (12.250/33.550 €). Natures mortes diverses, notamment de gibier. Fils d'Herman van der Myn, il travailla à Londres et à Amsterdam.

Herman **van der Myn** (1684-1741 ?) (30.500/68.600 €). Peintre de fleurs, fruits et légumes. Travailla à Anvers, à Düsseldorf, à Paris et à Londres.

Robert **van der Myn** (1724- Après 1765)*. Peintre de fleurs , de fruits et d'oiseaux. Fils d'Herman van der Myn, il travailla à Londres.

N

Les peintres à mettre en exergue : Matthys Naiveu, Martinus N. Nellius et Jan van Noordt.

Matthys **Naiveu** ou **Neveu** (1647-1721) (12.250/25.950 €). Natures mortes diverses. Travailla à Leyde et à Amsterdam.

Pieter **Nason** (1612-1688 ou 1690 ?) (4600/18.000 €). Peintre de fruits et de scènes avec des natures mortes entre autres. Travailla à La Haye puis à Berlin entre 1666 et 1688.

Eglon Hendrick **van der Neer** (1634-1703) (38.150/**457.350 €**). (Principalement pour ses scènes de genre). Peintre de fleurs. Oeuvres cependant rares. Travailla à Amsterdam, Rotterdam, La Haye, Bruxelles et Madrid.

Martinus N. **Nellius** (Actif entre1670 et 1706) (26.000/44.250 €). Natures mortes de fleurs, de déjeuner et de fruits entre autres. Travailla à La Haye et à Leyde.

Theodorus **Netscher** ou **de Fransche Netscher** (1661-1732)*. Peintre de fruits, de fleurs et de tentures. Fils aîné et élève de Caspar Netscher, il travailla à Paris durant une vingtaine d'années et également à La Haye et en Angleterre.

Jacobus **van Neys** (? -1701)*. Peintre d'oiseaux et autres natures mortes. Travailla à La Haye.

Maria Jacoba **van Nickele** ou **Nikkelen** épouse **Troost** (1690 ? - ?) (6.000/15.240 €). Peintre de fleurs, de fruits et de gibier. Epouse de Willem Troost.

Jan Hendrick **Nicolay** (1766-1829)*. Natures mortes diverses. Travailla à Leeuwarden.

J. **Niels** (Travailla au 17e siècle)*. Peintre de fleurs.

Jacob **van Nieulandt** (1592 ?-1634)* Cet artiste peignit notamment une oeuvre intitulée "Poissonnerie". Frère d'Adriaen van Nieulandt, il travailla à Amsterdam.

Barbara **van Nijmegen** ou **Nymegen** (Active 1ere moitié du 18e siècle)*. Peintre de fleurs. Travailla à Rotterdam.

Dionys **van Nijmegen** ou **Nymegen**(1705-1789) (6100/50.000 €). Peintre de fleurs. Travailla à Rotterdam.

Elias **van Nijmegen** ou **Nymegen** (1667-1755) (12.250/16.800 €). Peintre de fleurs. Travailla à Leyde.

Tobias **van Nijmegen** ou **Nymegen** (1670- ?)*. Peintre de fleurs. Travailla à la cour de l'Electeur palatin.

Willem **van Nijmegen** ou **Nymegen** (1636-1698) (4000/29.000 €). Spécialiste de peintures en trompe-l'œil

Jan **van Noordt** (1620-1680) (4600/22.900 €). Natures mortes très rares. Travailla à Amsterdam.

Pieter **van Noort** ou **Noordt** (1602-Après 1648) (4600/9200 €). Peintre de gibier, d'oiseaux et de poissons dans le genre de Gillig. Travailla à Leyde et à Zwolle.

Hermanus **Numan** (1744-1820) (7650/15.250 €). Peintre de fleurs. Travailla à Haarlem et à Paris.

Pieter **de Nys** (1624-1681) (6.000/20.000 €). Natures mortes diverses. Travailla notamment à Amsterdam, en France, à Anvers et à Londres.

O

Quelques grands noms à retenir : Maria van Oosterwijck, Catharina Oostfries, Johannes van Os et Isaak Ouwater. Maria van Oosterwijck, élève de Jan Davidsz de Heem, eut comme illustres clients Louis XIV, le roi Jan Sobieski de Pologne, le roi Guillaume d'Angleterre et l'empereur Léopold 1er et l'Électeur de Saxe.

Anthony **Oberman** (1781-1845) (3850/35.000 €). Peintre de fleurs et de fruits. Travailla à Amsterdam.

Jakob **Ochtervelt** ou **Uchtervelt** (1635 ? -1708 ou 1710) (22.900/57.200 €). Scènes avec natures mortes. Travailla à Rotterdam et à Amsterdam. Prix nettement supérieurs pour ses scènes de genre.

Willem **van Odekerken** ou **Odekercke** (? -1677) (5350/26.700 €). Travailla à La Haye vers 1631 puis à Delft à partir de 1643. Oeuvres rares. Natures mortes aux étains ou aux ustensiles de cuisine.

Pieter **Oets** ou **Outs** (1720-1790 ?) (2900/4600 €). Natures mortes diverses. Travailla à Rotterdam et en Angleterre.

Johannes **Offermans** (1646- Après 1696) (2750/34.000 €). Natures mortes diverses, notamment d'oiseaux et de trophées de chasse.

Jan **Olis** (1610 ? -1676) (7650/100.000 €). Natures mortes avec verres, pichets et fruits. Oeuvres rares

Adriaen **van Oolen** (? -1694) (6100/13.000 €). Peintre d'oiseaux et de volailles. Travailla à Amsterdam.

Jan **van Oolen** (1651-1698) (10.000/22.000 €). Peintre de gibier et de trophées de chasse en trompe l'oeil. Imita Melchior d'Hondecoeter. Travailla à Amsterdam.

Maria **van Oosterwijck** ou **Osterwijck** (1630-1693) (57.200/**274.450 €**). Peintre de fleurs, de fruits et parfois d'huîtres. Elève de Jan Davidsz de Heem à Utrecht, elle travailla à Delft à partir de 1675 et reçut des commandes du roi Louis XIV, de l'empereur Léopold, du Stadhouder Guillaume et du roi de Pologne. Ses œuvres sont plutôt rares car elle travaillait lentement.

Catharina **Oostfries** (1636-1708) (6100/33.550.€). Natures mortes diverses. Travailla à Alkmaar.

Willem **Ormea** (Actif entre 1635 et 1660) (6900/19.850 €). Peintre de fleurs, de fruits et de poissons. Travailla à Amsterdam et à Utrecht.

Georgius Jacobus Johannes **van Os** (1782-1861) (18.300/90.000 €). Peintre de fleurs, de fruits et d'oiseaux. Travailla à Amsterdam et à Paris, notamment à la manufacture de porcelaine de Sèvres.

Jan **van Os** (1744-1808) (38.150/**900.000** €). Peintre de fleurs, de fruits et d'oiseaux. Elève d'Aert Schouman, travailla à La Haye.

Maria Margrita **van Os** (1780-1862) (2900/6500 €). Peintre de fleurs et de fruits. Travailla à La Haye.

Pieter Gerardus **van Os** (1776-1839) (3000/40.000 €). Peintre de fleurs, de fruits et d'oiseaux. Travailla à Amsterdam et à La Haye.

Daniel Christian **Ostertag** (Actif vers 1755-1765)* Peintre de fleurs. Travailla de 1759 à 1762 à la manufacture de Furstenberg.

Isaak **Ouwater** (1747 ou 1750 ? -1793) (15.250/53.400 €). Travailla à Utrecht, Haarlem et Amsterdam. Natures mortes rares.

Jacobus **Ouwater** (Actif vers 1750-1760) (3500/6000 €). Peintre de fleurs. Travailla à La Haye et à Middelburg.

Pieter **van Overshee** ou **Overschie** ou **Overzee** (Actif au milieu du 17e siècle) (5350/13.750 €). Peintre de déjeuner, de fruits, de fleurs, d'instruments de musique, de homards, d'huîtres, d'oiseaux et de Vanités. Travailla à Anvers. Imitateur de David de Heem.

P

Les meilleurs artistes : Egbert Lievensz van der Poel, Christian van Pol, Joris Ponse, Christian van Pol, Willem de Poorter, Hendrick Pot et Pieter Symonsz Potter.

Luise Frederike **Panhuys,** née **van Barkhaus Wiesenhüffen** (1763-1844)*. Peintre de fleurs, de plantes et d'insectes. Travailla notamment au Surinam.

Abraham **de Pape** (1620 ? -1666) (6100/22.850 €). Peintre de fruits, de légumes et de scènes de cuisine. Natures mortes rares. Travailla à Leyde.

Crispin **de Passe (de Oude)** (1564 ?-1635 ou 1637 ?)*. Dessins et gravures de plantes.

Horatius **Pauly** ou **Paulin** (1644 ? -1686 ?)*. Natures mortes diverses.

Nicolas Lodewyk **Penning** (1764-1818) (6100/15.250 €). Natures mortes diverses. Travailla à La Haye.

Nicolas Louis **Peschier** (Actif 2e moitié du 17e siècle) (61.000/**350.650 €**). Natures mortes de gibier et de Vanités.

Nicolas ou Jacob **Peuteman** ou **Penteman** ou **Penzeman** (1650 ? ou 1657 ?-1692)*. Natures mortes diverses, notamment d'instruments de musique. Ne ferait qu'un avec un certain Pierre Peuteman (1650 ?-1692) actif comme lui à Rotterdam.

Pierre **Peuteman** ou **Peutemans** (1650 ?-1692)* Voir avec le précédent.

Christoffel **Pierson** (1631-1714) (6100/15.250 €). Peintre de gibier et d'instruments de chasse notamment. Travailla en Allemagne, à Gouda et à Schiedam.

Geertje ou Gertrude **Pietersz** (? - Après 1722) (6100/12.250 €). Peintre de fleurs et de fruits. Fut la servante puis l'élève de Maria van Oosterwijck. Travailla à Delft.

Adriaen Lievensz **van der Poel** (1626-1685) (4600/15.250 €). Natures mortes diverses. Travailla à Leyde et à La Haye.

Egbert Lievensz **van der Poel** (1621-1664) (30.500/76.250 €). Natures mortes en plein air. Travailla à Delft et à Rotterdam.

Dirck **van Poelenburgh** ou **Poeleburch** (? -1646)*. Peintre de fleurs à Haarlem.

Christian **van Pol** (1752-1813) (45.750/106.750 €). Travailla en France à partir de 1782. Peintre de fleurs et de fruits.

Joris **Ponse** (1723-1783) (30.500/49.000 €). Peintre de fleurs et de fruits. Elève de Aert Schouman, travailla à Amsterdam et à Dordrecht.

Octavio **del Ponte** (? -1646)*.Artiste vraisemblablement d'origine italienne. Aurait changé son nom en Verbrugge ou van der Brugge. Était à Utrecht dès 1628. Natures mortes diverses.

Willem **de Poorter** (1608-1650 ?) (22.900/61.000 €). Vanités et natures mortes aux armes. Oeuvres dans le genre plutôt rares. Travailla à Haarlem et à Wyck.

Pieter **Porreth** ou **Porret** ou **Perret** (1606-1671) (6100/9200 €). Natures mortes diverses. Travailla à Genève et à Leyde.

Hendrick **Pot** (1585-1657) (68.600/**197.900 €**). Natures mortes rares. Travailla notamment à Amsterdam.

Johan **Pothenok** (1626-1669)*. Peintre de fruits et autres. Travailla à Leyde.

Pieter Symonsz **Potter** (1597 ?-1652) (13.750/45.750 €). Vanités avec livre et globe terrestre notamment. Egalement des scènes de cuisine. Travailla à Leyde et à Amsterdam.

Pieter Ernst Hendrick **Praetorius** (1791-1876) (3100/6900 €). Peintre de fruits. Produisit des aquarelles ainsi que quelques toiles.

Balthasar **Prins** (Actif vers 1625-1640)*. Natures mortes rares.

Pieter **de Putter** ou **Puter** (1600 ? -1659) (2750/10.700 €). Natures mortes avec poissons. Travailla à La Haye.

Christoffel **Puytlinck** ou **Putelin** surnommé **Trechter** (1638/40-1680 ?) (4600/19.850 €). Travailla en France et en Italie. Peintre de volailles, de gibier, de fruits, d'oiseaux et autres.

Q-R

Les plus grands représentants du genre : Hubert van Ravesteyn, Rembrandt Harmensz van Rijn, Coenraet Roepel, Pieter Gerritsz Roestraeten, Jakobus Rootius, Jan Albertsz Rootius, Rachel Ruysch, Salomon van Ruysdael et Frans Ryckhals.

Pieter-Jansz **Quast** (1606 ?-1647) (22.900/76.250 €). (Scènes de genre principalement). Peintre de fleurs. Natures mortes rares. Travailla à Amsterdam.

Ae. **van Rabel** (Actif au milieu du 17e siècle)*. Natures mortes de déjeuner. Travailla à Haarlem.

Harmen **van Ravesteyn** (Actif vers 1640-1650)*. Natures mortes diverses. Travailla à La Haye.

Hubert **van Ravesteyn** (1638-1691 ?) (6100/**197.900 €**). Peintre de fruits, de poissons et autres. Travailla à Dordrecht.

Pierre **Recco** (1765-1820)*. Peintre de fleurs, de fruits et autres. Travailla à Bruxelles et à Bâle.

Johannes **Reekers** (1790-1858) (7650/15.250 €). Peintre de fleurs et de fruits. Natures mortes cependant rares. Travailla à Haarlem.

Rembrandt Harmensz **van Rijn** (1606-1669) (**1.067.150/3.811.250 € pour des tableaux autres** que des natures mortes). Natures mortes très rares (le bœuf écorché). Travailla à Leyde et à Amsterdam.

Jan **Rentinck** (1798 ?-1846)*. Natures mortes diverses. Travailla à Hilversum.

Pieter **de Ring** ou **Ryng** (1615 ? -1660) (24.400/**304.450 €**). Peintre de fleurs, de fruits, de crustacés, de pièces d'orfèvrerie, d'instruments de musique, de déjeuner et de Vanités. Elève de Jan Davidsz de Heem, il travailla à Leyde.

P. A. **Robart** (Actif au 18e siècle) (3100/6100 €). Natures mortes diverses. Travailla en Allemagne.

Johannes Christianus **Roedig** (1751-1802) (10.700/21.350 €). Peintre de fleurs, de fruits et d'insectes à La Haye.

Coenraet **Roepel** (1678-1748) (30.500/61.000 €). Peintre de fleurs, de fruits, de homards et d'insectes. Travailla à La Haye et à Düsseldorf.

Pieter Gerritsz **Roestraeten** ou **Roestratts** (1627 ? -1698) (10.700/106.750 €). Natures mortes de déjeuner, de fleurs, de pièces d'orfèvrerie, de porcelaines, d'instruments de musique et autres. Travailla à Haarlem et à Londres.

Le Pseudo **Roestraeten** (Actif à la fin du 17e siècle) (7650/27.450 €). Récemment identifié sous le nom de Johann Kröger, actif aux Pays-Bas à la fin du 17e siècle. Travaillait à la manière de Roestraeten. Natures mortes avec pièces d'orfèvrerie, partitions de musique, globes terrestres, sablier, fleurs et autres. Travailla également en Angleterre.

Hendrick Maertensz **Rokes** dit **Sorgh** ou **Sorg** (1611 ? -1670) (7650/21.350 €). Scènes de marchés avec fruits, légumes ou poissons. Intérieurs de cuisines. Travailla à Rotterdam et à Anvers.

Balten **Romeyn** (Actif de 1660 à 1680)*. Natures mortes diverses. Travailla à Dordrecht.

Jakobus **Rootius** ou **Rotius** ou **Rootsius** ou **Roodtseus** (1619, 1631 ou 1644 ? -1681) (30.500/68.600 €). Peintre de fleurs et de fruits. Travailla probablement à Hoorn.

Jan Albertsz **Rootius** ou **Rotius** (1615 ou 1624 ? – 1666 ou 1674 ?) (21.350/53.400 €). Natures mortes de déjeuner, de fleurs, de fruits et d'oiseaux.
Johannes **Rosenhagen** ou **Rosnaegel** (1640 ? -1668) (1500/4000 €). Peintre de fleurs et de fruits. Travailla à La Haye à la manière de D. de Heem.
Anna Elisabeth **Ruysch** (? - Après 1741) (13.750/45.750 €). Sœur de Rachel. Peintre de fleurs et de fruits. Aurait été active de 1680 à 1741.
Fredericus **Ruysch** (1638-1731)*. Peintre de fleurs amateur. Travailla à Amsterdam. Père de Anne et de Rachel.
Rachel **Ruysch** Epouse Juriaen **Pool** (1664-1750) (53.400/**1.200.000 €**). Peintre de fleurs, de fruits, d'oiseaux et d'insectes. Elève de W. van Alst, elle travailla à La Haye et à Düsseldorf.
Salomon **van Ruysdael** (1600-1670) (91.500/**838.500 €**). (Surtout pour ses paysages et effets de ciel). Natures mortes au gibier, peintures d'oiseaux. Travailla à Amsterdam.
Jacobus de **Ruyt** (1771-1848)*. Peintre de fleurs. Travailla à Amsterdam et à Alkmaar.
Cornelia de **Ryck** ou **Rijck** (1656- ?)*. Peintre de volailles à Delft.
Nicolaes van **Ryck** ou **Rijck** (? -1666)*. Peintre de fruits et de sujets de chasse. Travailla à Delft et Waelivyck.
Pieter Cornelisz **van Ryck** ou **Rijck** (1568-1628 ou 1635 ?)*. Scènes de cuisine. Travailla à Haarlem.
Frans ou Francoys **Ryckhals** (Actif 1600-1647) (15.250/**106.750 €).** Natures mortes d'apparat et intérieurs de cuisine. Travailla à Anvers, Middelburg et Dordrecht.
Andreas **Rymsdyck** (? -1786)*. Natures mortes diverses. Travailla à Londres à partir de 1767.

S

Les peintres les plus intéressants : Cornelis Safteleven, Jacob Saverij 1, Roelandt Jacobsz Saverij, Hendrik Schoock, Floris Gerritsz van Schooten, Otto Marseus van Schrieck, Theodor Smits, Jan Adriansz van Staveren, Jan Havicksz Steen, Hendrik van Steenwyck, Harmen van Steenwyck, Hendrik van Streek, Jurian van Streek et Abraham Susenier.

Jan Pietersz **Saenredam** (1565-1607)*. Natures mortes très rares.
Pieter Jansz **Saenredam** ou **Zaenredam** (1597-1665)*. Dessins de plantes. Travailla notamment à Utrecht, Haarlem, La Haye, Alkmaar et Rotterdam.
Cornelis **Safteleven** ou **Sachtleven** (1607-1681) (6900/**243.950 €**). Natures mortes plutôt rares. Travailla à Rotterdam. Aucune nature morte sur le marché.
Herman **Saftleven** ou **Sachteleven** (1609-1685) (61.000/**243.950 €**). (Pour des paysages principalement). Natures mortes rares. En de hors des paysages, intérieurs de cuisine principalement. Travailla à Rotterdam et à Utrecht.
Sara **Saftleven** (Après 1633- ?)*. Aquarelles de fleurs. Travailla à Utrecht.
Salomon **van de Sande** (? - Avant 1665)*. Peintre de fleurs à Amsterdam.
Hans **van Sant** (Actif entre 1630 et 1653) (13.750/45.750 €). Peintre actif à Harlem. Natures mortes aux fruits, fromages et römer notamment. Un **V.S Sant** cité dans le Bénézit ne serait en fait que le même artiste.
F. **Sant Acker** (Travailla au 17e siècle)*. Natures mortes avec gibier à plumes. Oeuvres rares cependant.
Dirk **Sants** (1635-1707) (10.700/30.500 €). Natures mortes diverses.
C. **Sartori** ou **Sartorius** (Travailla durant la 2e moitié du 17e siècle)*.Peintre de fleurs.
Th. **Sauts** (Actif à la fin du 17e siècle) (6100/10.700 €). Natures mortes diverses. Travailla à La Haye.
Jacob **Saverij 1** (1545 ?-1602) (30.500/**243.950 €**). Natures mortes rares. Peignit notamment des fleurs. Né en Flandres, travailla à Amsterdam.
Roelandt Jacobsz **Saverij** (1576-1639) (68.600/**1.369.900 €**). Peintre de fleurs, de lézards et d'insectes. Natures mortes rares. Né à Courtrai, cet artiste qui fut considéré comme un des pionniers de la nature morte de fleurs, travailla à Amsterdam, à Paris, à la cour de Rodolphe II à Prague et à Utrecht.
Bon C. P **Schaak** ou **Schaek** (Actif au 17e siècle)*. Natures diverses, de Vanités notamment. Actif à Rotterdam.

C. J **Schaalje** (Travailla à la fin du 18e et au début du 19e siècle) (6100/21.350 €). Peintre de fleurs et de fruits. Travailla à Leyde entre 1790 et 1806.

Catharina **Schaef** (Active première moitié du 17e siècle)*. Aquarelles d'oiseaux. Travailla à La Haye.

Pieter **van Schaeyenborgh** ou **Schaffenburg**(?-1657) (5350/7650 €). Peintre de natures mortes aux poissons. Travailla à Alkmaar.

Godfried **Schalcken** ou **Schalken** (1643-1706) (68.600/**152.450 €**). Natures mortes rares. Peignit des fruits notamment. Travailla à Dordrecht, La Haye et Londres.

Bernardus **van Schendel** ou **Scheyndel** (1649-1709) (9150/21.350 €). Scènes de marchés aux poissons. Travailla à Haarlem.

Hendrick Petrus **Schindelaer** (Actif vers 1770)*. Peintre de fleurs et de fruits. Travailla à La Haye.

Jan Philipp **van Schlichten** (1681-1745)*. Travailla en Allemagne à partir de 1720. Natures mortes rares.

Izaak **Schmidt** (1740-1818)*. Natures mortes très rares. Travailla à Amsterdam.

Hendrik **Schoock** ou **Schook** (1630- Après 1707) (15.250/68.600 €). Peintre de fleurs et de fruits. Actif à Utrecht

Abraham **van der Schoor** (Actif entre 1640 et 1650) (5350/18.300 €). Peintre de Vanités et de poissons notamment. Travailla à Amsterdam.

Floris Gerritsz **van Schooten** ou **Schoten** ou **Verschoten** (1587-1665 ?) (30.500/88.300 €). Peintre de fleurs, de fruits, de volailles, de jambons, de gâteaux et de tables mises. Travailla à Haarlem. Il fut un des premiers artistes à participer à l'épanouissement de la nature morte en Hollande.

Franciscus **van Schooten** (1581-1646)*. Peintre de fleurs et de fruits. Frère de Joris.

Petrus **Schotanus** (Actif 2e moitié du 17e siècle) (13.750/18.300 €). Natures mortes diverses, notamment de Vanités avec globe et livres, et peintures en trompe-l'œil. Travailla à Leeuwarden.

Aert **Schouman** (1710-1792) (5350/18.300 €). Peintre d'oiseaux, de volailles et de viandes. Travailla à La Haye et à Dordrecht.

Otto **Marseus** ou **Marcellis van Schriek** surnommé **Snuffelaer** (1619-1678) (27.450/95.000 €). Natures mortes aux fleurs, plantes, insectes et reptiles. Travailla à Rome, en France, en Angleterre et à Amsterdam.

Jacob **van Schuppen** ou **Souppen** (1670-1751) (6100/9200 €). Natures mortes diverses. Travailla à Paris, en Lorraine et à Vienne.

Hendrik **Schwegman** (1762-1816)*. Peintre de fleurs et autres à Haarlem.

G. **Seemans** (Travailla au 17e siècle) Peintre d'oiseaux.

Hercules **Seghers** ou **Zegers** (1590 ?-1638 ?) (6100/15.250 €). Peintre de légumes et autres. Natures mortes cependant rares. Travailla à Haarlem, Amsterdam et Utrecht.

Jan Christiaen **Sepp** (1739-1811) (3100/6100 € pour des aquarelles). Peintre d'insectes et d'oiseaux à Amsterdam.

Gerard ou J. **Sibelius** (?-1785)*. Planches de botanique. Travailla en Angleterre à partir de 1775.

Michiel **Simons** ou **Simions** (1620 ?-1673) (13.750/55.000 €). Peintre de fruits, de fleurs, de gibier, d'accessoires, de homards et autres à Utrecht.

Diederich Jan **Singendonck** (1784-1833) (6100/15.250 €). Peintre amateur à Utrecht. Natures mortes diverses.

Karel **Slabbaert** (1619 ?-1654) (61.000/**243.950 €**). Natures mortes rares. Slabbaert fut plus connu comme peintre de genre et portraitiste. Natures mortes avec verre, tabac ou pipe sur une table notamment. Slabbaert travailla à Leyde en 1641 et également à Amsterdam.

J. **van Slechtenhorst** (Travailla au 17e siècle)*. Natures mortes diverses.

Pieter Cornelisz **van Slingeland** ou **Slinglandt** (1640-1691) (29.000/79.200 €). Intérieurs de cuisines avec ustensiles et natures mortes. Travailla à Leyde.

Anthonie **de Smets ou Smedts** (Actif au milieu du 17e siècle)*. Natures mortes diverses. Travailla à La Haye en 1665.

F. **Smets** (Travailla au 17e siècle) (4600/10.700 €). Natures mortes diverses. Non mentionné au Bénézit.

Johannes **Smits** ou **Smidts** (Actif vers 1660)*. Natures mortes très rares.

T. ou D. (Dirck) **Smits** (1635 ?- Après 1659)*. Peintre d'écrevisses, de crabes, d'huîtres et autres à La Haye. Souvent confondu avec Gaspar Smitz dit Théodorus Hartcamp.

Gaspar **Smitz** ou **Smith** ou **Smits** dit Theodorus **Hartcamp** (1635 ?-1707) (15.250/49.000 €). Peintre de fleurs, de fruits, d'écrevisses et d'huîtres. Travailla surtout en Angleterre et en Irlande.

Maria-Geertruda **Snabilie** ou **Snabille** (1776-1838) (7650/18.300 €). Peintre de fleurs et de fruits à Haarlem.

Peter **Snijers** (1681-1752) (15.000/40.000 €) Peintre de légumes dans des intérieurs. Travailla à Anvers. Parfois confondu avec Cornelis Saftleven.

Hendrina **Sollewyn** (1784- ?)*. Peintre de fleurs et de fruits. Elève de W. Hendricks. Travailla à Haarlem.

Hendrick **van Somer** ou **Someren** ou **Zomeren** (1615-1684/85)*. Peintre de fleurs et de fruits à Amsterdam.

Johannes **Sonnenberg** ou **Sonnenberg-Gallant** (1740- Après 1793)*. Tableaux de fleurs, oiseaux et fruits. Travailla à Leyde et à La Haye.

Isaac **Soreau** (Actif entre 1620 et 1638) : Voir **Flandres.**

Jan **Spanjaert** (Actif entre 1632 et 1665) (6100/11.450 €). Scènes d'intérieurs avec ustensiles de cuisines notamment. Actif à Delft.

Adriaen **van der Spelt** (1630-1673) (7650/15.250 €). Travailla à Leyde, Berlin et à Gouda. Natures mortes de fleurs avec tentures de soie notamment. Peintures en trompe-l'œil également.

Anna **Splinter** (Active vers1645-1655) (30.500/144.850 €). Epouse de Pieter Quast puis de Jacob van Spreeuwen. Peintre de fleurs. Oeuvres rares.

Johan **Splinter** (Actif au 17e siècle)*. Fils de R.J Splinter. Aucune œuvre connue à ce jour.

Robert Jansz **Splinter** (1594-1655)*. Peintre de fleurs très peu connu, élève d'Abraham Bloemaert. Aucune œuvre connue à ce jour. Travailla à Anvers.

Jan ou Johannes **Spruyt** (1627-28-1671)*. Natures mortes avec volailles, oiseaux et gibier d'eau. Travailla à Amsterdam.

Jacob ou Giacomo **van Staverden** (Actif au 17e siècle) (5350/9200 €). Vécut en Italie. Entré au service du Pape en 1675. Peintre de fleurs et de fruits.

Gijsbert **van Staveren** ou **Steveren** (1790 - Après 1840)*. Peintre de fleurs et de fruits. Travailla à Gouda.

Jan Adriansz **van Staveren** ou **Staverden** (1625 ?-1668) (9150/45.750 €). Scènes de cuisine ou de marchés avec fruits et légumes. Travailla à Leyde.

Petrus **Staveren** ou **Staverenus** (Actif vers 1635)*. Natures mortes aux poissons notamment. Oeuvres rares. Travailla à La Haye.

Jan Havicksz **Steen** (1626-1679) (30.500/**274.450** €). (Principalement pour des scènes de genre). Natures mortes très rares. Scènes de cuisine. Tableaux avec poissons, gibier et fruits. Travailla à Leyde, La Haye et Delft.

Abraham **Steenwyck** (1640 ?-1698)*. Natures mortes diverses, notamment de Vanités. Travailla à Breda.

Hendrik **van Steenwyck** (Actif au 17e siècle) (30.500/114.350 € pour des scènes différentes du genre de la nature morte). Oeuvres très rares.

Herman ou Harmen **van Steenwyck** (1612-Après 1656) (22.900/68.600 €). Natures mortes de fruits, de poissons, de crustacés, de gibier, de déjeuner et de Vanités. Travailla à Delft.

Nicholas **Steenwyck** (1640-1698)*. Peintre de poissons notamment. Travailla à Breda.

Pieter **van Steenwyck** ou **Steenwijck** (Actif entre 1632 et 1654) (5350/14.500 €). Peintre de natures mortes de Vanités à Leyde et à La Haye.

Stevens (Travailla au 17e siècle)*. Natures mortes diverses. Oeuvres rares.

Jan **van der Stock** (Actif au 17e siècle)*. Natures mortes diverses. Biographie incertaine.

Maerten **Stoop** (1620 ?-1647) (6900/13.000 €). Peintre de fruits notamment. Travailla à Utrecht.

Johannes Josephus - Ignatus **van Straaten** (1766-1808)*. Peintre de fleurs, de fruits et de gibier à Utrecht.

Hendrik **van Streek** (1659-1719) (30.500/**250.000 €).** Natures mortes de déjeuner, de fruits, de coquillages et autres. Actif à Amsterdam.

Jurian **van Streek** (1632 ?-1687 ?) (10.000/61.000 €). Natures mortes avec porcelaines chinoises. Travailla à Amsterdam.

Kristiaen Jansz **Striep** (1634-1673) (13.750/22.900 €). Peintre de fleurs et de fruits, natures mortes de déjeuner et de pièces d'orfèvrerie. Travailla à Amsterdam.

Abraham **van Stry** (1753-1829) (7650/11.450 €). Peintre de fleurs et de fruits à Dordrecht.

Abraham **Susenier** (1620 ?-1677) (10.700/56.450 €). Natures mortes de déjeuner, de fruits, de poissons, de crustacés, de livres et de Vanités. Actif à Leyde.

Jeronimus **Sweerts** (1603-1636)*. Peintre de fleurs à Amsterdam. Epousa la fille d'Ambrosius Bosschaert.

Emmanuel **Sweerts** (1552-1612)*. Dessins et aquarelles de fleurs. Actif à Amsterdam.
Michael ou Michiel **Sweerts** ou **Swartz** ou **Swertz** (1624-1664) (76.250/**457.350 €**). Scènes avec fleurs. Actif à Rome, en Hollande, à Bruxelles et à Goa dans les Indes.
Johannes Cornelisz **van Swieten** (Avant 1637-1661)*. Scènes avec natures mortes.

T

Le meilleur artiste : Jacob Toorenvliet.

Conraet Jacob **Temminck** (1778-1858)*. Peintures et gravures d'oiseaux.
Hendrik **Ten Oever** (1639- Après 1705) (5350/8400 €). Natures mortes rares. Actif à Amsterdam et surtout à Zwolle.
Hendrick **Ter Bruggen** (1588-1629)*. Natures mortes rares. Peintre de fleurs et de scènes avec des natures mortes. Travailla en Italie et à Utrecht.
Augustin **Terwesten le Vieux** dit **Snip** (1649-1711) (5350/9200 €). Scènes avec fleurs et fruits. Natures mortes rares. Travailla en Italie, en France, en Angleterre, en Hollande et à Berlin.
Elias ou **Terwesten** dit **Paradys Vogel** (1651-1724-29 ?)*. Peintre de fleurs et de fruits. Finit sa carrière à Rome.
Matthaüs **Terwesten** dit **Arents** ou **Arend** (1670-1757) (7650/15.250 €). Travailla à Berlin, La Haye et Rome.
Pieter **Terwesten** (1714-1798)*. Peintre de fleurs et de fruits. Elève de C. Roepel. Travailla à La Haye.
Jan **Teyler** (Actif 2e moitié du 17e siècle)*. Natures mortes diverses. Oeuvres rares.
Van Thienen (Actif au 17e siècle)*. Peintre de fleurs et de volailles. Travailla à La Haye et à Breda.
Barend Hendrick ou Bernhard Heinrich **Thier** (1751-1814) (5350/8400 €). Peintre de fleurs et de fruits à Leyde et à La Haye.
Theodor **van Thulden** (1606-1669) (6100/11.450 €). Natures mortes diverses. Oeuvres rares cependant. Travailla à Bois-le-Duc, à Anvers et à Bruxelles.
J.R **Tiddens** (1793- ?)* Natures mortes diverses.
Arent **van Tongeren** (Actif entre 1680 et 1690)*. Peintre de fleurs à La Haye.
Jacob **Toorenvliet** ou **Toornvliet** dit **Jason** (1635 ou 1641 ?-1719) (26.000/45.750 €). Scènes avec natures mortes, notamment du gibier. Travailla à Leyde.
Jan Simonsz **Torrentius** dit **van der Beeck** (1589-1644) (8400/18.300 €). Natures mortes diverses. Travailla à Amsterdam, Leyde et Haarlem puis alla à Londres. Revenu à Amsterdam et accusé d'être à la tête des Rose-Croix, il mourut des suites de tortures durant son procès.
Jan Jansz ou Janson **Treck** (1606?-1652) (50.000/**200.000 €**). Peintre de déjeuner et de natures mortes aux vaisselles d'étain ou d'argent, de bougeoirs, de bols de porcelaine, de jeux de cartes et de pots en grès. Beau-frère de Jan Jansz den Uyl. Actif à Amsterdam, fut notamment admiré par P.P Rubens. Œuvres très rares sur le marché.
Sandrina Christina Elizabeth **van Troyen née Enschedé** (1794-1871)* Peintre de fleurs active à Haarlem.

U

Le peintre principal à signaler : Hermanus Uppink

Izaac **Uittenbogaerd** ou **Uytenbogaert** (1767-1831)*. Natures mortes diverses. Actif à Amsterdam.
Hermanus **Uppink** (1753-1798) (12.250/30.500 €). Peintre de fleurs et de fruits. Travailla à Amsterdam.
C. **Den Uyl** (Travailla au 17e siècle)*. Peintre de fleurs.
Jan Jansz **van den Uyl le Vieux** (1595 ?-1639-40 ?) (38.150/**203.100** €) Natures mortes de déjeuner et autres, notamment avec pièces d'orfèvrerie. Actif à Utrecht et à Amsterdam.
Jumffer **Uylenburg** (Active au 17e siècle)*. Peintre de fleurs.
Wouter **Uytter Lemming** ou **Limmege** (1730-1784)*. Peintre d'oiseaux à Dordrecht et à La Haye.

V

De cette nombreuse liste, il convient de mettre en exergue Dirk T. Valkenburg, Jan Jansz van de Velde, Pieter van de Venne, Pieter Harmensz Verelst, Simon Peetersz Verelst, Jan Vermeulen, Jan Laurensz van der Vinne II, Karel Vogelaer, Elias Vonck et Gerrit van Vucht.

Jan **van der Vaardt** ou **Vaart** (1647-1721) (3850/6100 €). Natures mortes diverses, notamment de trompe-l'oeil. Travailla à Londres.

Wallerant **Vaillant** (1623-1677) (12.250/38.150 €). Spécialiste du trompe-l'œil. Travailla à Anvers, Middelburg, Paris et Amsterdam.

Johannes **Valkenaer** (Actif 2e moitié du 17e siècle)*. Peintre d'instruments de musique notamment. œuvres rares cependant.

Lucas **van Valkenborch** (1530 ou 1535 ?-1597)* Natures mortes dans scènes. Travailla à Malines, à Anvers, à Aix-la-Chapelle, à Liège et à Francfort.

Dirk Theodor ou Gillis **Valkenburg** ou **Valckenborch** (1675-1727) (13.750/**152.450 €**). Peintre de fruits, de gibier, d'oiseaux, de volailles et autres. Elève de Jan Weenix, il travailla à Amsterdam, à Vienne et au Surinam où il se rendit en 1706. Une nature morte aux fruits du Surinam, huile sur panneau de 22,5 x 28 cm, a été notamment vendue 73.200 € à la Flèche le 21 novembre 1999.

Gerardus **van Veen** (Actif 2e moitié du 17e siècle) (610/1550 € pour des dessins).Dessins d'oiseaux

Jacob **Veen** ou **Vaenius** ou **Venius** (1608 ?-1640 ?)*. Peintre de fruits.

Rochus **van Veen** (?-1706) (3100/6100 €). Peintre d'oiseaux et d'insectes à Haarlem.

Anthony **van de Velde II** (1617- 1672)*. Peintre de fruits, de gibier et autres. Travailla à Amsterdam.

Jan Jansz **van de Velde** (1620 ?- 1662) (36.600/**950.000 €**). Peintre de fleurs, de fruits, de crustacés, d'huîtres et de natures mortes de déjeuner, compositions avec pichet ou verre, pipe et tabac sur un entablement. Travailla à Haarlem. Une nature morte au pichet de grès, feuille contenant du tabac et pipe sur un entablement (36 x 28 cm) vendue le 22 juin 2018 à l'Hôtel Drouot au prix record de 842.860 euros.

Huybreg **van de Venne** (1634-35-1675)*. Peintre de grisailles, notamment de vases, à La Haye.

Pieter **van de Venne** (?-1657) (15.250/61.000 €). Peintre de fleurs à La Haye.

Pieter **Verbeek** (Actif entre 1664 et 1674)*. Peintre de poissons et de crustacés à La Haye.

Adriana **Verbruggen** (1707- ?)*. Peintre de fleurs et de fruits. Imita Rachel Ruysch. Active à La Haye.

Cornelis **Verelst** (1667 ?-1734) (7650/15.250 €). Peintre de fleurs. Travailla en Angleterre.

Herman **Verelst** (1641-42 ?-1690 ?)*. Peintre de fleurs à La Haye, à Amsterdam, à Rome, à Vienne et à Londres.

Jan ou Johannes **Verelst** (1648- ?) (3850/6100 €). Natures mortes diverses. Travailla à Londres.

Pieter Harmensz **Verelst** ou **Van der Elst** ou **Verheelst** (1618 ?-Après 1668 ou 1678 ?) (68.600/**182.950 €**). Peintre de fleurs et autres. Natures mortes de cuisine notamment. Travailla à Dordrecht et à La Haye.

Simon Peetersz **Verelst** ou **Varelst** ou **Ver Elst** (1644-1721 ?) (21.350/**228.700 €**). Peintre de fleurs et de fruits. Travailla à La Haye et à Londres à partir de 1669.

Heindrich ou Hendrik **Vergazon** ou **Vergazoon** (?-1705 ?)*. Peintre de fleurs. Travailla à Londres.

F. **Verhagen** (Travailla au 17e siècle)*. Natures mortes rares.

Franck Pietersz **Verheyden** (1655?-1711)*. Peintre de volailles à La Haye.

Constantin **Verhout** ou **Voorhout** (Actif entre 1663 et 1668)*. Natures mortes rares. Tableaux de Vanités notamment. Travailla à Gouda.

Elias **Verhulst** (Actif à la fin du 16e siècle)*. Peintre de fleurs. Oeuvres très rares.

Pieter **Verhulst** (Actif 2e moitié du 17e siècle)*. Peintre de fruits, de fruits et d'insectes à la manière de van Schrieck. Actif à Dordrecht. Identique peut-être à Peter van der Hulst (1583 ?-1628 ?) qui travailla à Dordrecht.

Jan **Verkolye** (1650-1693) (7650/**914.700 €**). Scènes avec armures ou instruments de musique. Travailla à Amsterdam et à Delft.

Nicolaas **Verkolye** ou **Verkolje** (1673 ?-1746) (7650/22.900 €). Scènes de marchés avec légumes. Actif à Amsterdam.

Jan **Vermeer de Delft** (1632-1675)*. Natures mortes très rares. Peignit souvent des ustensiles et autres objets dans ses tableaux.

Jacobus **Vermeulen** (Actif 2e moitié du 18e siècle). Natures mortes diverses. Confusion vraisemblable avec Jacobus Vermoelen (Voir : Flandres)

Jan ou Johannes **Vermeulen** (Actif de 1638 à 1674) (19.850/76.250 €). Monogramme I.V.M. Natures mortes de d'instruments de musique et scientifiques, de livres, de globes terrestres, de Vanités et de trompe-l'oeil. Travailla à Haarlem.

Frans **Vervloet le Vieux** (1765-1830 ?)*. Natures mortes diverses.

Johann **Verwer** (Actif vers 1645-1650)*. Peintre de plantes à Haarlem.

Paulus **van Vianen** (Avant 1613-1652) (3100/7650 € pour des dessins).Etudes de plantes. Travailla à Prague et à Utrecht.

Paulus Willemsz **van Vianen** (1570 ?-1613/14) (6100/12.250 €). Natures mortes rares. Travailla à Munich et en Italie.

Jacomo ou Jacobus **Victors** (1640-1705) (3100/19.850 €). Peintre d'oiseaux et de volailles.

Jan ou Johann **Victors** ou **Victor** (1620-1676) (9150/45.750 €). Natures mortes rares. Plutôt scènes de marchés avec légumes et fruits. Actif à Amsterdam.

Guiliam **de Ville** (1614 ?-1672)*. Natures mortes diverses. Travailla à Amsterdam.

Jacques **de Ville** (1589 ?- Après 1665)*. Natures mortes diverses. Œuvres introuvables sur le marché. Actif à Amsterdam.

Jan **van der Vinne III** (1734-1805) (1550/3500 €). Peintre de fleurs à Haarlem.

Jan Laurensz **van der Vinne II** (1699-1753) (12.250/35.100 €). Peintre de fleurs.

Laurens Jacob **van der Vinne** dit **le Jeune** (1712-1742) (6900/15.250 €). Peintre et dessinateur. de fleurs à Haarlem.

Laurens Vincentsz **van der Vinne** dit **le Vieux** (1658-1729)*. Peintre de fleurs et de fruits à Haarlem.

Vincent Laurensz **van der Vinne I** (1629-1702) (10.700/22.900 €). Peintre de fleurs, de fruits et de Vanités. Natures mortes rares. Travailla à Haarlem et dans de nombreuses villes d'Europe.

Vincent Laurensz **van der Vinne II** (1686-1742)*. Peintre de fleurs et de plantes à Haarlem.

Jan **van Violsdonck** (Actif au début du 17e siècle)*. Peintre de fruits notamment.

Neeltje ou Eltie **de Vlieger** (1630 ?- ?)*. Peintre de fleurs.

Karel Borchaert **Voet** (1670-1743) (6100/12.250 €). Peintre de fleurs, de fruits, de plantes, de volailles, de Vanités et d'insectes. Travailla surtout à La Haye.

Karel **Vogelaer** dit **Distelbloom** ou **Carlo dei Flori** (1653-1695) (13.000/50.000 €). Natures mortes de fleurs, de fruits et de gibier. Né à Maastricht, il travailla à Paris, Lyon et Rome à partir de 1675.

Bernart **Vollenhove** (1633 ?-1694) (4600/7650 €). Portraits avec natures mortes, notamment de livres avec globe terrestre. Travailla à Kampen.

Herman **van Vollenhove** ou **Vollenhoven** (Actif au début du 17e siècle)*. Peintre d'oiseaux. Natures mortes rares. Actif à Utrecht à partir de 1611.

Elias **Vonck** ou **Vonk** (1605 ?-1652) (6900/45.750 €). Natures mortes aux poissons, aux fruits, aux fleurs, aux gibiers, volailles et oiseaux morts. Travailla à Amsterdam.

Jacobus **Vonck** ou **Vonk** (?-1773) (45.750 €). Peintre d'oiseaux et autres à Middelburg.

Jan **Vonck** ou **Vonk** (1630- Après 1660?) (7650/24.400 €). Peintre de volailles, poissons, crustacés, trophées de chasse et de gibier à Amsterdam.

Johannes I **Voorhout** (1647-1723) (2228/4600 €). Scènes avec natures mortes. Travailla à Amsterdam et à Hambourg.

Pieter Cornelisz **van der Voort** (1599?-1624) (10.700/19.100 €). Peintre de fleurs, de fruits et autres à Amsterdam.

Alexander **de Vos** (Actif au début du 18e siècle) (9150/15.250 €). Natures mortes diverses, notamment de fruits et de fleurs. Travailla vers 1728 à Haarlem.

Jan **Vos** (Actif au début du 19e siècle) (6100/22.900 €). Peintre de fleurs et de fruits à Amsterdam entre 1814 et 1818.

Nicolaes **de Vree** (1645-1702)*. Peintre de fleurs, de plantes et d'insectes à Alkmaar.

Dirck ou Theodorus Frisius **de Vries** (Actif à la fin du 16e et au début du 17e siècle) (6900/15.250 €). Peintre de fleurs notamment. Travailla en Frise et à Venise entre 1590 et 1609.

Frederick **de Vries** (Actif à la fin du 16e et au début du 17e siècle)*. Natures mortes très rares. Actif à Haarlem.

Isaak **Vromans** ou **Vroomans** dit **Slangenschislder** (1655 ?-1719) (15.250/22.900 €). Peintre de plantes, de fleurs, de fruits, de reptiles et d'insectes.

Frederik Hendriksz **Vroom** (1600 ?-1667)*. Natures mortes diverses. Actif à Haarlem.

Gerrit **van Vucht** ou **Vugt** (1610 ?-1697 ?) (9150/53.400 €). Natures mortes de fleurs, de légumes, de jambons, de poissons, d'huîtres avec ustensiles ou instruments de musique et de Vanités avec crâne et livres notamment. Travailla à Schiedam à partir de 1648.

W

Les peintres les plus représentatifs sont : Jakob van Walscapelle, Jan Weenix, Jan-Baptist Weenix, Jacob Campo Weyerman, Peeter Willebeek, Johann Amandus Wink, Matthias Withoos, Jacob Wouters, Joachim Anthonisz Wtewael et Peter Wtewael. Van Walscapelle, actif à Amsterdam et visiblement influencé par Jan Davidsz de Heem, s'est distingué par la minutie du détail et le rendu des couleurs dans ses natures mortes de fleurs.

Jakob **van Walscapelle** ou **Walskappel** (1644-1727) (38.150/**381.200 €**). Peintre de fleurs et de fruits. Actif à Amsterdam et influencé par Jan Davidsz de Heem, il peignit des tableaux de fleurs présentées en abondance avec un souci exacerbé du détail.

C. M. **Warnsinck** née **Haackman** (?-1834)*. Peintre de fruits et de fleurs à Arnhem.

Heinrich **van Waterschoodt** ou **Wasserschot** ou **Waterschoot** (Actif au 18e siècle)*.Travailla à Munich de 1644 à 1773. Peintre de fleurs et de gibier à plumes.

Jan **Weenix** ou **Weeninx** ou **Woenix** (1640 ?-1719) (41.950/**243.950 €**). Peintre de fleurs, de fruits, de gibier, d'instruments de chasse, d'oiseaux et de volailles. Travailla à Amsterdam.

Jan Baptist **Weenix** ou **Weeninx le Vieux** (1621-1663) (26.000/45.750 €). Natures mortes de fruits, de gibier, d'ustensiles de cuisine et de volailles. Travailla à Amsterdam, Utrecht et Rome.

Henricus **van Weerts** ou **Weert** (Actif 2e moitié du 17e siècle)*. Peintre de fleurs. Travailla à Amsterdam.

Willem Frederik **Weidner** (?-1850)*. Natures mortes diverses. Actif à Haarlem.

Maria **Weris** (Travailla au 17e siècle)*. Peintre de fleurs.

Huybert **van Westhoven** (1643 ?- avant 1687) (13.750/33.550 €). Natures mortes diverses. Actif à Amsterdam.

Jacob Willemsz **de Wet** dit **le Vieux** (1610 ?-1671-72 ?) (3850/6900 €). Natures mortes diverses. Oeuvres cependant rares. Travailla à Haarlem.

Jacob Campo **Weyerman** (1677-1747) (5350/45.750 €). Peintre de fleurs à Breda et à La Haye.

J. **Wick** (Travailla entre1815 et 1835 ?) (7650/15.250 €).Natures mortes diverses

Bartholdt **Wiebke** ou **Wibekes** (Actif entre 1675 et 1685)*. Peintre d'oiseaux, de fruits et d'insectes notamment. Actif à Hoorn.

Henricus Franciscus **Wiertz** (1784-1858) (1250/2750 €). Peintre de plantes à Amsterdam et à Nimègue.

Jan Willemsz **van der Wilde** (1586-1636 ?)*. Natures mortes diverses. Actif à Leyde et à Leeuwarden.

Adam **Willaerts** ou **Willarts** ou **Willers** (1577-1669) (11.450/19.850 €). Scènes de marchés avec poissons. Travailla à Anvers et à Utrecht.

Isaac **Willaerts** (1620 ?-1693) (7650/11.450 €). Natures mortes rares. Peintre de poissons notamment. Actif à Utrecht.

Peeter **Willebeeck** (Actif vers 1630- Après 1652) (22.900/**152.450 €**). Peintre de fleurs, de fruits, de coquillages avec ustensiles, pipes ou autres. Actif à Anvers à partir de 1632, maître en 1647. Ses œuvres sont rares sur le marché.

Gillis ou Aegidius **de Winter** (1650 ?-1720) (3850/7650 €). Spécialiste de scènes de marchés avec poissons ou légumes. Natures mortes rares. Actif à Amsterdam.

Jochem **Wisboem** ou **Wisboom** (1768-1813)*. Natures mortes diverses. Actif à Hardinxveld.

Denis **de Wit** (Travailla vers 1775)*. Peintre de fleurs à Amsterdam.

Jacob **de Wit** ou **Witt** (1695-1754) (4600/7650 €). Natures mortes rares. Actif à Amsterdam.

Jan **de Wit** (Actif au 17e siècle)*. Peut-être identique à Jacob de Wet le Vieux.

Alida **Withoos** (1659 ?- Après 1715) (6900/21.350 €). Peintre de fleurs, de plantes, de papillons et de reptiles. Active à Hoorn.

Franz **Withoos** (1657-1705)*. Plantes, insectes et fleurs à l'aquarelle. Actif à Hoorn.

Jan **Withoos** (1648-1685)*. Principalement aquarelles de plantes et d'insectes. Travailla en Hollande, à Rome et à la cour de Saxe.

Maria **Withoos** (Active à la fin du 17e et au début du 18e siècle)*. Aquarelles de fleurs et de plantes.

Matthias ou Matthaüs **Withoos dit Calzetta Bianca** (1621 ou 1627-1703) (7650/42.700 €). Peintre de fleurs, d'insectes, de plantes, de coquillages et de Vanités. Travailla à Hoorn.

Peter ou Pieter **Withoos** (1654-1693) (3100/7650 €). Peintre d'oiseaux, d'insectes, de fruits et de fleurs à Amsterdam.

Klaes Jansz **van Witmont** ou **Wyttmont** (1619- ?)*. Peintre de fleurs à Amsterdam.

J. **Van Der Wits** (Actif au début du 19e siècle) (2000/5000 €). Peignit des trompe l'œil à l'aquarelle.

Emmanuel **de Witte** (1617-1692) (7650/19.850 €). Scènes de marchés aux poissons et d'intérieurs de cuisines. Elève d'Evert van Aelst. Travailla à Alkmaar, Rotterdam, Delft et Amsterdam.

J. A **Witte** (Travailla au 17e siècle)*. Natures mortes diverses.

Petronella **van Woensel** (1785-1839) (13.000/21.350 €). Peintre de fleurs, de fruits et d'insectes à La Haye.

Jacob ou Jacques **Wouters** ou **Vouters dit Wosmaer** (1584-1641) (15.250/**152.450 €**). Peintre de fleurs et de fruits. Travailla en Italie et à Delft.

Joachim Antonisz **Wtewael** ou **Uytewael** ou **Uytenwael** (1566?-1638) (**228.700/1.524.500 €**). Natures mortes rares. Scènes de cuisine notamment. Travailla à Utrecht.

Peter **Wtewael** (1596-1660) (26.700/83.850 €). Natures mortes très rares.

Thomas **Wyck** ou **Wijck** (1616 ?-1677) (6100/15.250 €). Scènes de marchés.

Oswald **Wynen** (1736-1790) (3100/7650 €). Aquarelles et gouaches de fleurs et de fruits.

Dirck **Wyntrack** ou **Wijntrank** (Avant 1625-1678) (6100/11.450 €). Peintre de volailles, de gibier d'eau, d'oiseaux et de scènes de cuisine. Travailla notamment à La Haye.

Mattheus **Wytmans** (1650 ?-1689 ?)*. Peintre de fleurs et de fruits à Utrecht.

X-Y-Z

Franciscus **Xavery** (Actif au 18e siècle) (4600/7650 €). Peintre de fleurs à La Haye et à Amsterdam.

Jacob **Xavery** (1736-Après 1769) (3850/6100 €). Peintre de fleurs, élève de Jan van Huysum. Vint à Paris après 1769.

Carel **van der Yssel** ou **Issel** (Actif au 18e siècle)*. Natures mortes diverses. Travailla à Utrecht.

Jan Hendricksz **Zuylen** (Actif au milieu du 17e siècle)*. Natures mortes diverses. Actif à Utrecht.

ESPAGNE :

A-B

Les peintres les plus importants sont : Juan de Arellano et Francisco Barrera.

Jose **de Arellano** (Actif à la fin du 17e et au début du 18e siècle)*. Peintre de fleurs. Serait le fils de Juan de Arellano.

Juan **de Arellano** (1614-1676) (76.250/**853.750 €**). Peintre de fleurs et de fruits. Elève de Juan de Solis. Influencé par Mario di Fiori. Travailla à Madrid.

Juan-Bauttista **Arguello** (Actif à la fin du 16e et au début du 17e siècle)*. Natures mortes diverses. Actif à Séville.

Ignacio **Arrias** (Actif au 17e siècle) (30.500/76.250 €). Natures mortes avec bols, pichets, fruits et légumes sur des tables. Les œuvres de ce peintre peu connu sont rares.

Josefa **de Ayala** dite Josefa **de Obidos** (1630 ?-1684) (13.750/27.450 €). Peintre de fleurs et de fruits. Travailla au Portugal et à Obidos.
J. **Baguero** (Travailla au début du 19e siècle)*. Spécialiste de peintures en trompe-l'œil à l'aquarelle.
Francisco **Barranco** (Actif au milieu du 17e siècle) (27.450/61.000 €). Peintre de cuisines et de natures mortes avec oignons, crustacés, poissons et huîtres. Actif à Séville vers 1640-1660. Il fut influencé par Zurbaran et aussi par l'école de Madrid. Ce peintre n'a été redécouvert que très récemment.
Francisco **Barrera** ou **Barbera** (Actif entre 1627 et 1657) (18.300/83.850 €). Peintre de fleurs, de fruits, de gibier, d'oiseaux et de bodegones dans le style de Juan van der Hamen. Il fut membre de la Guilde de Saint-Luc à Madrid.
Blas de Ledesma : Voir Blas del Prado.
Francisco **Burgos y Mantilla** (1609-1612 ?-1672)*. Natures mortes diverses. Elève de Velázquez.

C-D

Les artistes les plus intéressants sont : Pedro de Camprobin et Mateo Cerezo. Le premier, actif au 17e siècle à Séville, peignit des fleurs et des fruits. Le second, né à Burgos en 1635, mort à Madrid en 1685, peignit peu de natures mortes et se consacra surtout à des thèmes religieux.

Pedro **de Camprobin Passano** (1605-1674) (7650/**350.000 €**). Peintre de fleurs, de fruits, de Vanités et d'instruments de musique. Spécialiste du bodegon, il travailla à Séville dès 1630.
Juan **de Cardenas** (Actif 1ere moitié du 17e siècle)*. Peintre de fleurs et de fruits. Travailla à Valladolid vers 1620.
Mateo **Cerezo Junior** (1635-1685) (30.500/99.100 €). Bodegones de poissons. Travailla à Burgos et à Madrid.
Antonio **Colecho** (Actif à la fin du 18e et au début du 19e siècle)*. Peintre de fleurs. Travailla à Valence.
Marcos **Correa** (Actif entre 1665 et 1676)*. Peintures en trompe-l'œil. Travailla à Séville.
Andres **Deleytos** (Actif dernier tiers du 17e siècle) (6100/13.750 €). Natures mortes diverses. Probablement le même que Andres Leyto.

E-F

Les peintres les plus recherchés sont : Benito Espinòs, Juan-Bautista Espinosa, Juan de Espinosa, Juan Esteban et Juan Fernandez.

Benito **Espinòs** (1748-1818) (19.056/**130.000 €**). Peintre de fleurs et de fruits. Travailla à Valence.
Juan Bautista **Espinosa** (1590-1643) (38.150/**457.350 €**). Peintre de fleurs et de fruits.
Juan **de Espinosa** (Actif entre 1670 et 1700)*. Souvent confondu avec le suivant. Travailla en Navarre.
Juan **de Espinosa** (Actif entre 1640 et 1680) (18.300/76.250 €). Peintre de fleurs et de fruits. Souvent confondu avec Juan Bautista Espinosa, l'identité de cet artiste n'a été établie qu'à partir de 1978. Il fut actif à Madrid à partir de 1645 et jusqu'en 1677 au moins. On sait qu'il fut très estimé à son époque. Il peignit notamment des fruits, et tout particulièrement des raisins.
Juan **Esteban** (Actif entre 1597 et 1611) (13.750/27.450 €). Natures mortes rares. Bodegones aux gibiers, fruits et légumes. Actif à Madrid.
Joaquin **Eximeno le Jeune** (1674-1754)*. Peintre de poissons, d'oiseaux, de fleurs et de fruits. Travailla à Valence.
Joaquin **Eximeno le Vieux** (1645 ?- ?)*. Peintre de poissons, d'oiseaux, de fleurs et de fruits. Travailla à Valence.
Juan **Fernandez el Labrador** dit **le Laboureur** (Avant 1629 - Après 1657) (30.500/**259.200 €**). Peintre de fleurs, de fruits et de bodegones.
Jose **Ferrer** (1746-1815)*. Peintre de fleurs.
Jose **Fortea** (1700 ? -1751)*. Peintre de fleurs et de fruits. Travailla à Valence.

G-H-I

Francisco Goya n'a produit que peu de natures mortes et dans le genre, c'est surtout Juan van der Hamen y Leon et Francisco Herrera qui sont les plus représentatifs du genre.

José **Garcès** (? -1802)*. Peintre de fleurs à Madrid. Il fut reçu membre de l'Académie de San Fernando en 1772.
Bernardo **German y Llorente** (1680 ?-1759)* Natures mortes en trompe l'œil. Actif à Séville.
Francisco José **de Goya y Lucientes** (1746-1828) (**457.350/2.134.300 €**). (Pour des tableaux de genre principalement). Natures mortes rares, notamment aux darnes de saumon, fruits, bouteille et pain. Travailla à Madrid, Parme, Rome, Saragosse, Cadix et Bordeaux.
Blas **Grifo** (1777- ?)* Peintre de fleurs à Valence
Francisco **Grifol** (? -1766)*. Peintre de fleurs. Travailla à Valence.
Salvator **Gutierrez** (Actif au 18e siècle) (10.000/16.800 €).
Juan **van der Hamen y Leon** (1596-1632 ?) (38.150/**534.200 €**). D'origine flamande. Fils de Jan van der Hamen, il travailla comme peintre de fleurs, de bodegones de fruits, de victuailles et de gibier. Actif à Madrid.
Francisco **Herrera le Vieux** (1576 ? -1636)*. Peintre de bodegones à Madrid et à Séville.
Francisco **Herrera** dit **El Mozzo** ou **El Joven** (1612 ou 1622 ?-1685) (45.750/83.850 €). Peintre de poissons et de fleurs. Travailla un temps à Rome où on le surnomma « Spagnolo degli pesci » et à Madrid.
Antonio **Hidalgo** (Actif à la fin du 17e siècle)*. Peintre de fleurs à Séville.
Ignacio **de Iriarte** (1621-1685) (6900/12.250 €). Peintre de fleurs et de fruits. Travailla à Séville.

J-L

Gabriel de la Corte, Francisco Lacoma et Alexandro de Loarte sont les noms à retenir dans cette courte liste.

Francisco **Jubany y Carreras** (1787-1852)*. Peintre de fleurs et de fruits. Actif à Lyon dans les années 1820
F. F **Jimenez** ou **Ximenes** (Actif au 17e siècle)*. Natures mortes diverses.
Juan **Labrador** (?-1600)*. Peintre de fleurs, de fruits, de crustacés et de gouttes d'eau. Travailla à Badajoz et à Madrid. Actif dès la première moitié du 16e siècle.
Francisco José Pablo **Lacoma** (1784-1849) (11.450/29.000 €). Peintre de fleurs et de fruits. Travailla à Barcelone et à Paris et étudia avec Spaendonck.
Gabriel **de La Corte** (1648-1694) (10.700/38.150 €). Peintre de fleurs, de fruits et de guirlandes de fleurs entourant des personnages peints par d'autres peintres. Actif à Madrid.
Alejandro **de Loarte** (Actif au début du 17e siècle) (8400/21.350 €). Peintre de poissons, de gibier, de volailles. Bodegones de cuisine. Actif à Madrid et à Tolède. Serait mort en 1626.
Enguidanos Jose **Lopez** (1760-1812)*. Natures mortes diverses. Actif à Madrid.
Felix **Lorente** (1712-1787)*. Natures mortes diverses. Travailla à Valence.

M-N-O

Luis Melendez et Salvador Molet sont les deux artistes les plus intéressants dans cette liste.

Miguel **March** ou **Marc** (1633-1670) (12.250/18.300 €). Spécialiste du bodegon à Valence.
Juan Bautista Martinez **del Mazo** (1612 ?-1667)*. Natures mortes diverses. Travailla à Madrid avec Velazquez.
Bernardo **Medina del Pomar** (Actif de 1778 à 1800)*. Natures mortes diverses. Actif à Valence.

Luis **Melendez** ou **Menendez** (1716-1780) **(152.450/640.286 €).** Peintre de fruits, de récipients et de bodegones. Travailla à Madrid et à Naples.

Francisco **Millan** (1778- ?)*. Peintre de fleurs à Valence.

Antonio **Mohedano** (1560 ?-1625)*. Peintre de fleurs, de fruits et autres natures mortes. Travailla à Lucena, Grenade et Séville.

Salvador **Molet** (1773-1836) (11.450/45.750 €). Peintre de fleurs à Barcelone.

Gaspar **Molina y Zaldivar Marquès de Urena** (1741-1806)*. Peintre de fleurs à Madrid.

Bartolome **Montalvo** (1769-1846) (5350/8400 €). Peintre de gibier, de poissons et de victuailles à Madrid.

Lorenzo **Montero** (1656-1710)*. Plus connu comme aquarelliste. Peintre de fleurs, de fruits et autres natures mortes. Travailla à Madrid et à Séville.

Juan Simon **Navarro** (Actif au milieu du 17e siècle)*. Peintre de fleurs et de fruits. Travailla à Madrid.

Jeronimo **Navases** (1787- ?)*. Peintre de fleurs à Valence.

Pedro **Nunez** (?-1654)* Le musée de Bruxelles conserve de lui une nature morte intitulée « Fruits et légumes ». Œuvres très rares dans ce genre. Travailla à Madrid.

O-P

Les peintres les plus importants : Luis Paret y Alcazar, Antonio de Pereda, Bartolomé Perez, Antonio Ponce et Blas de Ledesma.

Marcos **Obregon** (1640-1720)*. Gravures d'oiseaux. Actif à Madrid.

Francisco **Pacheco** (1564-1654)*. Peintre de fleurs. Actif à Séville.

Francisco **de Palacios** (1623 ?-1652 ou 1676 ?) (13.000/35.000 €). Bodegones de friandises. Natures mortes de fruits, de poissons et d'ustensiles de cuisines. Actif à Madrid.

Luis **Paret y Alcazar** (1746-1799) (10.700/61.000 €). Natures mortes rares. Travailla à Madrid.

Miguel **Parra** (1780-1846) (5000/7000 €). Peintre de fleurs et de fruits à Valence et à Madrid.

Antonio **de Perea** ou **Pereda y Salgado** (1599 ou 1611 ?-1669 ou 1678 ?) (22.900/38.150 €). Peintre de bodegones, de Vanités, de fleurs, fruits, pâtisseries et instruments de musique. Travailla à Valladolid.

Andres **Perez** (1660-1727)*. Peintre de fleurs. Travailla à Séville

Bartolomé **Perez** (1634-1693) (38.150/95.000 €). Peintre de fleurs et de guirlandes de fleurs entourant des saints. Beau-frère de Juan de Arellano, actif à Madrid.

Francisco **Perez Sierra** (1627-1709)*. Natures mortes diverses. Travailla à Madrid.

Gabriel **I Planella** (1750-1824)*. Natures mortes diverses. Oeuvres cependant rares. Travailla à Barcelone.

Gabriel **II Planella** (?-1850)*. Peintre de fleurs à Barcelone.

Joaquin **Planella** (1779-1875)*. Peintre de fleurs à Barcelone.

Bernabe **Polo** (Actif à la fin du 17e siècle et au début du 18e siècle) (5350/8400 €). Peintre de fleurs et de fruits. Travailla à Saragosse.

Bernardo **Polo** (Actif entre 1650 et 1675) (15.000/40.000 euros). Peintre de fleurs , de fruits et de légumes. Travailla à Saragosse. Ses oeuvres sont plutôt rares.

Antonio **Ponce** (1608-1662) (21.350/83.850 €). Peintre de fleurs et de fruits à Madrid. Spécialiste du bodegon.

Blas **del Prado** dit **Ledesma** (1546 ?-1600 ?) (30.500/**120.000 €).** Peintre de fruits et de fleurs ainsi que de bodegones à Tolède.

Le Pseudo Hiepes (17e siècle) (22.900/**110.000 €).** Peintre de tables mises avec friandises fruits, ustensiles et coffres. Ce peintre aurait en fait travaillé en France.

R-S-T

Fray Juan de Sanchez Cotàn est le seul artiste intéressant dans cette liste.

Felipe **Ramirez** (Actif 1ere moitié du 17e siècle) (6900/45.750 €). Disciple de Sanchez Cotan. Peintre de bodegones, d'oiseaux, de gibier et autres natures mortes, notamment avec fruits et légumes. Travailla à Séville.

Juan Bautista **Romero** (1756-Après 1802) (4600/12.250 €). Natures mortes de fleurs, de fruits et au chocolat. Également peintre à la manufacture de porcelaine de Buen Retiro de 1800 à 1802.

Andres Nicolas de **Ruvira** ou **Rovira** (?-1760)*. Natures mortes diverses. Actif à Séville.

Vicente **Salvador-Gomez** (1645?-1698?)*. Peintre d'oiseaux. Travailla à Valence.

Fray Juan **de Sanchez-Cotàn** (1561?-1627) (22.900/45.750 €). Peintre de Bodegones à Tolède, Ségovie et Grenade (objets usuels, fruits, fleurs et légumes).

Pascual **Soto** (1781- ?)*. Peintre de fleurs à Valence.

Juan Bautista **de Toledo** dit **el Capitan** (1611-1665)*. Peintre de fleurs et de fruits. Travailla à Rome avec Michel Angelo Cerquozzi puis à Grenade et à Madrid.

V-Y-Z

Diego Velázquez a produit peu de natures mortes. Par contre, Tomas de Yepes, Francisco et Juan Zurbaran sont vraiment représentatifs du genre.

Juan **Valdemira de Leon** (1630 ?-1660 ?)*. Peintre de fleurs. Travailla à Valladolid et à Madrid.

Juan **Valdes Leal** (1622-1690) (30.500/61.000 €). Peignit occasionnellement des tableaux incluant des Vanités. Travailla à Séville.

Alonso ou Ildefonso **Vazquez** ou **Vasquez** (?-1608 ou 1645 ?)*. Peintre de fleurs. Travailla à Séville et, dit-on, au Mexique.

Diego Rodriguez de Silva y **Velázquez** (1599-1660) (**152.450/2000.000 €**). Natures mortes très rares. Bodegones et natures mortes de déjeuner, peintures de fleurs et de fruits, souvent dans des scènes avec personnages. Travailla à Séville, en Italie et à Madrid.

Francisco **Vidal** (Actif à la fin du 18e siècle) (800/3500 €). Spécialiste d'oeuvres en trompe-l'œil à l'aquarelle.

Cristobal **Vilella** (1742-1804)*. Peintre de sujets de botanique actif à Palma de Majorque.

Vicente **Vittoria** ou **Victoria** (Actif durant la 2e moitié du 17e siècle) (30.000/120.000 €). Natures mortes de poissons, d'ustensiles, de fruits et d'œuvres en trompe l'œil superbement réalisées. Né d'un père italien, il étudia la peinture à Rome avec Carlo Maratta et devint prêtre à son retour à Valence en 1688. Il retourna à Rome en 1700 et travailla pour le Grand Duc de Toscane et pour le Pape dont il s'occupa de ses collections artistiques.

Antonio **Vivo** (1772- ?)*. Peintre de fleurs à Valence.

Tomas **de Yepes** ou **Hiepes** (1610?-1674) (61.000/**600.000 €**). Peintre de fleurs, de fruits, de poissons et de gibier. Travailla à Valence (Un tableau de fleurs dans un vase en majolique polychrome vendu 320 000 livres sterling chez Christie's le 10 décembre 2003 à Londres et une paire de bouquets de fleurs dans des vases -87 x 75,5 cm- adjugée 8,5 millions de francs chez Aguttes à Neuilly le 19 juin 2000)

Francisco **Zurbaran** (1598-1664) (61.000/**304.900 €**). Peintre de fruits et de tables mises à Séville et à Madrid.

Juan de **Zurbaran** (1620-1649) (**304.900/2.700.000 €**). Peintre de fruits, de fleurs et de bodegones. Une nature morte de *« Pommes dans un panier avec une grenade ouverte sur un plat d'argent et des roses, iris et d'autres fleurs dans un vase en verre posé sur un entablement »* vendue pour 3,39 millions d'euros (frais compris) le 3 juillet 2012 chez Christies à Londres.

ITALIE :

A-B

A retenir, les noms de : Filippo d'Angeli, Giuseppe Arcimboldo, Aniello Ascione, Evaristo Baschenis, Andrea Belvedere, Bartolomeo Bettera, Bartolomeo del Bimbi et Pietro Bonzi. Bartolomeo del Bimbi (1648-1725 ?) naquit près de Florence et débuta sa carrière comme peintre d'histoire. Il se consacra ensuite à la peinture de fruits et de fleurs, un genre pour lequel il fut très réputé. Pietro Bonzi (1578 ?-1633 ou 1644) eut une grande renommée comme peintre de fruits.

Agostino delle Prospettive (Actif vers 1515-1530)*. Célèbre spécialiste de peintures en trompe-l'œil à Bologne.

Mariotto **Albertinelli** (1474-1515) (30.500/64.500 €). Pour des scènes religieuses. Cet artiste peignit des fruits dans des compositions religieuses.

Innocente **Alessandri** (1740 ?- ?)*. Gravures de botanique. Actif à Venise.

Faustino **Anderloni** (1766-1847)*. Gravures de botanique. Actif à Milan et à Pavie.

Paolo **Anesi** (1700 ? -1766 ?) (3100/18.300 €). Natures mortes diverses. Actif à Rome.

Filippo **d'Angeli dit Napoletano** (1587-1629) (30.500/64.500 €). Natures mortes diverses, notamment de fruits. Travailla à Rome.

Scipione **Angeli** ou **Angelini** (1661-1729)*. Peintre de fleurs et de fruits à Pérouse.

Francesco **Apratti** (Actif au début du 18e siècle)*. Peintre de fleurs.

Giuseppe **Arcimboldo** ou **Arcimboldi** (1527 ?-1593) (61.000/**1.524.500 €**). Portraits composés de fruits, de légumes, de livres ou d'oiseaux. Travailla notamment pour la Cour de Rodolphe II à Prague entre 1560 et 1587 après avoir été attaché à celles de Ferdinand Ier et de Maximilien II à Vienne. Un tableau montrant un panier de fruits révélant un portrait anthropomorphe une fois la toile renversée (55.9 x 41.6 cm) a été vendu pour la somme record de 1,432,500 dollars (9.597.750 FF) le 28 janvier 2000 chez Sotheby's à New York.

Alessandro **Arrigoni** (1764-1819)*. Peintre de fleurs. Travailla près de Côme.

Pellegrino **Ascani** (?-1714)*. Peintre de fleurs et de fruits. Travailla à Carpi et à Modène.

Aniello ou Angelo **Ascione** (1680-1708) (13.000/42.700 €). Peintre de fleurs et de fruits. Elève de Ruoppoli. Travailla à Naples.

Antonio **Bacchi** (1600- ?)*. Peintre de fleurs et autres à Padoue et à Venise.

Francesco **Bacchiaca** ou **Bachiacca, Ubertini Verdi** dit (1495 ?-1557)*. Peignit des plantes dans ses tableaux. Travailla à Florence et à Rome.

Cesare **Baglioni** (?- Avant 1625)*. Natures mortes diverses. Travailla à Parme.

Giovanni **Bagnoli** (1678-1713)*. Peintre de fleurs et de fruits à Florence.

Mario **Balassi** (1604-1667) (4600/7650 €). Peintre de fleurs et de fruits à Rome et à Vienne. Elève de J. Ligozzi.

Valentino di Raffaelo **Baldi** (1744-1816)*. Peintre de fleurs à Bologne.

Jacopo **de Barbari** (1440 ou 1450-1516 ?)*. Natures mortes très rares. Spécialiste de peintures en trompe-l'œil. (A signaler : nature morte au gantelet de 1504 à la Pinacothèque de Munich, une nature morte au musée d'Augsbourg). Travailla à Nuremberg, à Weimar, aux Pays-Bas, à Bruxelles et à Venise.

Bernardo **Barbatelli** dit **il Pocetti** (1548 ?-1612)*. Peintre de fleurs, de fruits et d'accessoires à Florence et à Rome.

Giovanni-Francesco **Barbieri** dit **Il Guercino** (1591-1666) (**180.000/2.600.000 €).** Peintre de fleurs, de fruits et d'oiseaux notamment. Les natures mortes du Guerchin sont cependant très rares car il fut avant tout un peintre de scènes religieuses.

Paolo-Antonio **Barbieri** (1603-1649) (6900/30.500 €). Peintre de déjeuner, de fleurs, de fruits, de plantes, de volailles, d'oiseaux, de gibier et de poissons. Fut un des chefs de file de la peinture italienne de natures mortes. Travailla à Bologne.

Evaristo **Baschenis** (1617 ?-1677) (30.500/87.700 €). Peintre de fruits, de poissons, de coquillages, de victuailles, de livres, d'objets, d'animaux morts et de natures mortes aux instruments de musique avec effets de clair-obscur. Travailla à Bergame.

Israel **Bassan** (1750 ?-1792)*. Peintre de fleurs. Travailla à Vérone.

Salomon **Bassan** (1696 ?-1770)*. Natures mortes diverses. Néerlandais ou Flamand d'origine. Travailla à Vérone.

Andrea **Belvedere** (1642-1732) (15.250/29.000 €). Peintre de fleurs, d'oiseaux et de fruits. Elève de Ruoppoli et de P. Porpora. Influencé par les tableaux de fleurs d'Abraham Brueghel. Travailla à Naples et en Espagne.

Andrea **Benedetti :** voir **Flandres**. Travailla en Lombardie.

Laura **Bernasconi** (Active au milieu du 17e siècle)*. Peintre de fleurs. Elève dei Mario di Fiori. Travailla à Rome. Cette artiste vivait encore en 1674.

Bernazzano (Actif 1ere moitié du 16e siècle)*. Peintre de fleurs et de fruits à Milan.

Clemente **Bernini** (Actif au 18e siècle)*. Peintre d'oiseaux à Rome.

Rosalba **Bernini** (Active entre 1778 et 1812)*. Peintre d'oiseaux à Rome.

Michelino Molinari da **Besozzo** ou **Bissuccio** dit **Michelino** (Actif au 15e siècle)*. Peignit des fruits dans certains de ses tableaux. Travailla à Milan et à Venise.

Bartolomeo **Bettera** (1639-1722 ?) (18.300/**243.950 €).** Peintre d'instruments de musique. Travailla à Bergame et à Milan.

Luigi **Betti** (Actif de 1767 à 1783)*. Scènes de marchés avec légumes. Actif à Florence.

Bettina (Actif vers 1675)*. Peintre de fleurs et de fruits. Travailla à Milan.

Domenico **Bettini** dit **Il Fiorentino** (1644-1705) (4600/7650 €). Peintre de fleurs, de fruits et de poissons à Florence, à Rome et à Modène.

Antonio **Bettio** (1722-1797)*. Peintre de fruits, de fleurs et autres à Bellune.

Giuseppe **Bettio** (1720 ?-1803)*. Natures mortes très rares. Travailla en Angleterre et à Bellune.

Pietro **Bianchi** dit **il Creatura** (1694-1740)*. Peintre de fleurs et de fruits à Rome. Natures mortes rares.

Felice Fortunato **Biggi** dit **Felice de Fiori** (1650-1700 ?) (3850/23.650 €). Actif à Vérone. Peintre de fleurs et de fruits.

Bartolomeo **del Bimbo, il Bimbi** (1648- 1725 ou 1729 ?) (16.800/**180.000** €). Peintre de fleurs, de fruits et d'oiseaux à Florence. Il devint un artiste réputé.

Faustino **Bocchi** ou **Boccasi** (1659-1741) (8400/19.850 €). Natures mortes diverses. Oeuvres cependant rares. Travailla à Brescia.

Giotto **di Bondone** (1266-1337)*. Natures mortes très rares.

Giuseppe **Bonito** (1705-1789) (22.900/68.600 €). Natures mortes diverses

Pietro-Paolo **Bonzi** (1578 ? -1633 ou 1644 ?) (15.250/122.000€). Peintre de fleurs, de fruits, d'oiseaux et de gibier. Elève de A. Carrache et de Giovanni-Battista Viola, travailla à Rome. Il fut un des premiers maîtres italiens de la nature morte, il travailla dans la tradition instituée par Caravaggio.

Egidio Maria **Bordoni** (Actif au 17e siècle) (9150/15.250 €). Peintre de trompe l'œil.

Felice **Boselli** (1650-1732) (4600/9200 €). Peintre de poissons et d'oiseaux notamment. Travailla à Plaisance.

Francesco **Bossi** (Actif vers 1770-1800) (4600/9200 €). Peintre de natures mortes en trompe l'œil. Présumé né à Este cet artiste peu connu aurait été l'élève de Sebastiano Lazzari.

Giovanni Francesco **Briglia** (1737-1794 ?) (4600/10.000 €). Natures mortes diverses. Travailla à Rome.

Giovanni **Brunelli** (1650 ? -1718 ?)*. Natures mortes rares. Travailla à Vérone.

C-D-E

A signaler : Michel Angelo Caravaggio, Margherita Caffi, Vincenzo Campi, Nicola Casissa, Giovanni Paolo Castelli, Michel Angelo Cerquozzi et Gaetano Cusati, Caracci et Crespi n'ayant peint que de très rares natures mortes. Michel Angelo Caravaggio (1573-1610) produisit quelques natures mortes vers 1590-1596 à Rome mais eut une grande influence sur l'école italienne, notamment avec ses effets de clair-obscur. Margherita Caffi (1650-1710) travailla surtout à Crémone et excella comme peintre de fleurs. Vincenzo Campi (1536-1591), également originaire de Crémone, fut un très bon peintre de fleurs et de fruits. Nicola Cassissa, né à Naples et mort en 1730, fut l'élève d'Andrea Belvedere. Il produisit des tableaux de fleurs et de fruits. Michel Angelo Cerquozzi (1602 ? -1660) naquit et mourut à Rome. Il fut d'abord un excellent peintre de batailles et se consacra plus tard à la production de tableaux de fruits et de fleurs qui furent très estimés.

Orsola Maddalena **Caccia** (1596-1676) (3100/36.000 €). Peintre de fleurs, de fruits et d'oiseaux. Travailla au couvent des Ursulines de Moncalvo. Peu d'œuvres connues.

Margherita **Caffi** (1650-1710) (10.700/24.400 €). Peintre de fleurs et de fruits à Crémone.

Nicolo **Cafissa** ou **Casissa** (? -1730) (8400/32.050 €). Peintre de fleurs et de fruits. Elève d'Andrea Belvedere, travailla à Naples à partir de 1700 environ.

Camillo (Actif 1ere moitié du 16e siècle)*. Peintre de fleurs et de fruits. Biographie imprécise.

Vincenzo **Campi** (1536 ?-1591) (91.500/**167.700 €).** Peintre de fleurs et de fruits. Travailla à Crémone et en Espagne.

Michelangelo **di Campidoglio**: voir Michele **Pace.** Peintre de fruits, de fleurs et de légumes.

Guido **Canlassi dit Cagnacci** (1601-1681) (7650/12.250 €). Natures mortes rares. Travailla à Castel San Arcangelo di Romagna, à Forli, à Venise et à Vienne.

Michel Angelo **da Caravaggio** dit **Merisi** (1571 ou 1573-1610) (**228.700/2.286.750 €).** Peignit à Rome des fleurs et des fruits vers 1590-1596, notamment pour le Cavalier d'Arpin. Natures mortes très rares (Panier de fruits à la Pinacothèque Ambrosiana de Milan, nature morte à la pastèque et aux fruits à la National Gallery de Washington).

Baldassare **de Caro** (1689-1755) (5350/9200 €). Peintre de gibier, de volailles et de fleurs. Actif à Naples.

Angelo **Caroselli** (1585-1652 ou 1653) (12.200/30.500 €). Peintre de fruits et de fleurs. Elève de Michelangelo Caravaggio, travailla à Rome.

Vittore **Carpaccio** (1465 ?-1525 ou 1526 ?)*. Peignit quelques trompe-l'œil.

Annibale **Carracci** (1560-1609) (61.000/**381.200 €).** Natures mortes très rares. Scènes d'intérieurs avec viandes notamment. Travailla à Parme, à Venise, à Bologne.

Abate Giovanni Agostino **Cassana** (1658 ?-1720) (10.000/13.750 €). Peintre de volatiles, de fruits et de fleurs. Travailla à Gênes.

Giovanni Battista **Cassana** (1668-1738) (9150/13.750 €). Peintre de fruits et de fleurs. Travailla à Gênes.

Giovanni Francesco **Cassana** (1611-1690)*. Natures mortes rares. Travailla à Gênes, à Venise et à la Mirandole.

Ruffina **Castellano** (Active au 18e siècle)*. Peintures de fleurs. Fille du suivant. Travailla à Naples.

Tommaso **Castellano** (Actif au début du 18e siècle)*. Peintre de fleurs. Travailla à Naples.

Bartolomeo **Castelli** dit **Spadino le Jeune** (1696-1738) (15.250/30.500 €). Peintre de fruits.

Giovanni Paolo **Castelli** dit **le Spadino** (1659-1730 ?) (15.250/57.200 €). Fleurs, fruits et autres natures mortes. Travailla à Florence.

Giuseppe Antonio **Castelli** dit **il Castellino** (Actif durant la 1ere moitié du 18e siècle)*. Peintre de fleurs et de fruits. Travailla à Milan.

Giacomo **da Castello** (1550 ? - Après 1600) (6100/12.250 €). Natures mortes diverses.

Giovanni **Castiglione** dit **il Grechetto** (1616-1670) (15.250/45.750 €). Natures mortes rares. Scènes avec accumulation d'objets. Travailla à Gênes, Florence, Rome, Naples, Bologne, Venise et Mantoue.

Giuseppe **Castiglione** dit **Lang Shining** (1688-1766)*. Dessins et aquarelles de fleurs et de plantes. Travailla en Chine.

Paolo **Cattamara :** voir **Paolucci.**

Cecco del Caravaggio (Actif vers 1610-1625)*. Peintre de natures mortes de déjeuner. Travailla à Rome.

Michelangelo **Cerquozzi** dit **della Battaglia** (1600 ? -1660) (13.750/53.400 €). Peintre de fleurs et de fruits. Travailla à Rome.

Giacomo **Ceruti** dit **il Pitochetto** (Actif entre 1720 et 1740) (18.300/38.150 €). Peintre de fruits notamment. Natures mortes rares. Travailla à Brescia, Piacenza, Vérone, Venise et Padoue.

Jacopo **Chimenti da Empoli** (1554-1640) (7650/24.400 €). Natures mortes rares. Peintre de fruits, de victuailles, de récipients et de gibier. Travailla à Florence.

Gherardo **Cibo** (1512-1600) (15.250/61.000 €). Aquarelles de botanique, notamment de plantes et de fleurs. Travailla à Arcevia.

Antonio **Cioci** ou **Ciocchi** (1732 ?-1792) (9150/99.100 €). Spécialiste de peintures en trompe-l'œil. Travailla à Florence.

Angiolo Michele **Cittadini** (Actif à la fin du 17e et au début du 18e siècle)*. Peintre de fleurs et de fruits. Travailla à Bologne.

Carlo **Cittadini** (1669-1744)*. Natures mortes rares. Fleurs et fruits. Travailla à Bologne.

Gaetano **Cittadini** (Actif vers 1725) (4600/6900 €). Natures mortes rares. Travailla à Bologne.

Giovanni-Battista **Cittadini** (1657-1692)*. Peintre de fleurs et de fruits. Fils de Pier Francesco. Travailla à Bologne.

Giovanni Girolamo **Cittadini** (Actif au début 18e siècle)*. Natures mortes rares. Fleurs et fruits. Travailla à Bologne.

Pier-Francesco **Cittadini dit Il Milanese** (1616-1681) (15.250/24.400 €). Peintre de fleurs, de fruits, d'oiseaux morts, de gibier et d'instruments de musique. Actif à Bologne.

Paolo Bartolommeo **Clarici** (1664-1725)*. Peintre de fleurs. Travailla à Padoue.

Francesco **Codino** ou Frans **Godin** (Actif entre 1620 et 1632) (15.250/122.000 €). Peintre de fruits et d'oiseaux. Actif à Hanau, à Francfort et en Lombardie. Ce peintre, redécouvert durant les années 1960, se serait appelé Frans Godin et aurait suivi une formation dans les ateliers de Daniel Soreau à Hanau et de Pieter Binoit à Cologne avant de s'installer en Italie vers 1620

Colantonio (Actif au 15e siècle)*. Natures mortes de livres dans une scène représentant Saint Jérôme vers 1445. Travailla à Naples.

Fabio **Colonna** (1567 ?-1650)*. Gravures de plantes.

Antonio **Contri** (?-1732)*. Peintre de fleurs. Travailla notamment à Ferrare.

Guglielmo **Cortese** (1628-1679 ?) (30.500/106.750 €). Natures mortes diverses. Œuvres cependant rares.

Giovanni-Battista **Crescenzi** (1577 ?-1660)*. Peintre de fleurs et de fruits Travailla à Rome et à Madrid.

Giovanni Battista **Crespi** dit **il Cerano** (1557 ?-1633) (4600/9200 €). Peintre d'oiseaux. Travailla à Milan.

Giuseppe Maria **Crespi** dit **Lo Spagnuolo** (1665-1747) (68.600/**304.900 €).** Natures mortes aux livres peintes notamment en trompe-l'oeil. Dans le genre, œuvres rares. Travailla à Bologne.

Raffaelo **Crespi** (Actif au 16e siècle)*. Peintre de fleurs. Travailla sans doute à Milan.

Marco ou Mario **de Crespini** (Actif au début du 18e siècle)*. Peintre de fleurs et autres natures mortes. Actif vers 1720 à Côme. Elève de Maderno.

Gennaro **Crispo** (Actif au 18e siècle) (5350/10.000 €). Natures mortes diverses. Actif à Naples.

Angelo Maria **Crivelli** dit **il Crivellone** (?-1760 ?) (3850/6900 €). Peintre de volatiles, de poissons et de gibier. Travailla à Milan.

Carlo **Crivelli** (1430 ou 1435 ?-1495 ?)*. Natures mortes de fleurs dans certaines scènes. Travailla à Venise et dans les Marches.

Jacopo **Crivelli** (?-1760)*. Peintre de gibier et d'oiseaux. Actif à Milan.

Gaetano **Cusati** (?-1720) (15.250/68.600 €). Peintre de gibier, de fleurs, de fruits et autres natures mortes, notamment aux fruits de mer. Actif à Naples.

Francesco **Dalmasio** (Actif au 18e siècle)*. Peintre de fleurs. Travailla sans doute à Bologne.

Bartolomeo **David** (Actif au 18e siècle)*. Peintre de fleurs. Travailla en Italie, en Espagne et en Amérique du Sud.

Paolo **Dono** dit **Ucelli** (1397-1475)*. Peintre d'oiseaux.

Mme **Duramano** (Active au début du 18e siècle)*. Peintre de fleurs à Venise.

Francesco **Duramano** (Actif vers 1750)*. Imitateur de Gaspare Lopez. Peintre de fleurs et de fruits à Venise et à Brescia.

Faustino **Durante** ou **Duranti** (1695-1766)*. Miniatures représentant des oiseaux.

Comte Giorgio **Durante** (1685-1755) (6100/11.450 €). Peintre de fleurs, de fruits, d'oiseaux, de volailles, d'intérieurs de cuisine et autres natures mortes. Travailla à Brescia.

Egidio P* * Pul (Actif à la fin du 17e siècle) (8400/18.300 €). Connu sous le nom de «Monsu Egidio» à Rome.

F-G-H-J

A signaler, les noms de : Francesco Fieravino il Maltese, Luca Forte, Fede Galizia et Giovanna Garzoni alors que les Guardi ont peu produit de natures mortes.

Pseudo Fardella (Actif au 17e siècle) (6100/18.300 €). Natures mortes de fruits, fleurs et autres.

Francesco **Fieravino Il Maltese** (Actif vers1640-1680) (19.850/49.000 €). Peintre de fleurs, de fruits, de pièces d'orfèvrerie et d'instruments de musique à Rome.

Ambrogio **Figino** (1550 – 1608 ?)*. Peintre de fruits. Actif en Lombardie.

Benedetto **Fioravanti** (Actif au milieu du 17e siècle) (6100/13.750 €). Peintre de fleurs, de fruits et d'instruments de musique à Rome.

Lavinia **Fontana** (1562-1602) (27.450/67.700 €). Natures mortes accompagnant des portraits, notamment des vases avec fleurs et des bijoux sur une table. Travailla à Bologne.

Luca **Forte** (1600 ou 1605 ?-1670 ?) (27.450/**609.800** €). Peintre de fleurs et de fruits, notamment de melons. Travailla à Naples.

Benedetto **Fortini** (1675-1732)*. Peintre de fleurs et de fruits. Elève de B.Bimbi et de Chiavistelli. Travailla à Settignano.

Francesco da Mantovano (Actif à Venise entre 1636 et 1663) (10.000/16.000 €). Peintre de fleurs et de fruits.

Taddeo **Gaddi** (1295 ou1300 ?-1366)*. Natures mortes très rares. Peintures en trompe-l'œil notamment (Niche avec pyxide, burettes et patène à Santa Croce, Florence, en particulier).

Fede **Galizia** ou **Gallizi** (1578 - Après 1630) (22.900/**2.600.000 €).** Peintre de fruits et de fleurs notamment. Fille du miniaturiste milanais Nunzio Galizia, elle montra un talent précoce dès l'âge de 12 ans et travailla en Lombardie où elle joua un rôle éminent dans le développement des peintures de natures mortes au début du 17e siècle. Estimé entre 1,2 et 1,8 million de livres, un tableau d'elle sur panneau (31,2 x 42,5 cm) daté de 1607 montrant des pêches et des jasmins dans une coupe en cristal à côté de coings posés sur un entablement a été vendu pour 2,415,000 dollars chez Sotheby's à Londres le 1er février 2019.

Giovanni Antonio **Galli** dit **Lo Spadino** (1585-1653) (7650/15.250 €).Natures mortes aux fruits.

Giovanni Antonio **Galliari** (1718-1783)*. Peintre de fleurs à Milan.

Colomba **Garri** (Active au début du 18e siècle)*. Peintre de fleurs à Naples. Epouse de T. Castellano.

Giorgio **Garri** (?-1731 ?) (15.250/25.950 €). Peintre de fleurs et de fruits à Naples. Elève de Cassissa.

Rufina **Garri** (Active au début du 18e siècle)* Peintre de fleurs à Naples.

Giovanna **Garzoni** (1600-1670) (15.250/ **259.500** €). Peintre de fruits, de fleurs, de coquillages et de Vanités à Venise Naples, Turin et Rome où elle passa les dernières années de sa vie. Produisit surtout des gouaches sur vélin.

Giovanni Battista **Gavarotti** (Actif au 17e siècle)*. Natures mortes diverses. Travailla à Venise.

Benedetto **Gennari le jeune** (1633-1715) (8400/24.400 €). Natures mortes rares.

Francesco **Gennari** (Actif vers 1640-1650)*. Natures mortes diverses. Œuvres cependant rares.

Artemisa **Gentileschi (Lomi) Signora Schiatessi** (1597-1651) (15.250/53.400 €). Peintre de fleurs et d'instruments de musique. Travailla en Angleterre, à Rome, à Florence et à Naples.

Angiolina **Giacoboni** (1734-1796)*. Peintre de fleurs et autres à Plaisance.

Antonio **Gialdisi** (Actif au 18e siècle ?) (8400/19.100 €). Peintre de fleurs et autres natures mortes. Actif à Crémone.

Francesco **Gialdisi** (1650 ? -1720 ?) (6900/10.700 €). Peintre de fleurs et autres à Parme et à Crémone. Peut-être confondu avec Antonio.

Antonio **Gianlisi le Vieux** (Actif au milieu du 17e siècle)* Natures mortes diverses. Œuvres très rares sur le marché. Père d'Antonio Gianlisi le jeune (1677 ?-1727).

Antonio **Gianlisi** (1677 ?-1727) (7650/56.450 €). Peintre de fleurs, de fruits et de tableaux en trompe-l'œil. Peut-être confondu avec A.Gialdisi. Travailla à Parme puis à Crema, Bergame, Brescia, Venise et Vicenza sous l'influence de Baschenis et de Bettera avant de mourir à Crémone.

Anna Caterina **Gili** (1729 ? -1751) (5350/16.800 €). Natures mortes diverses.

Diana **Gili** (Active au 18e siècle)*. Natures mortes diverses.

Alessandro **Gori** (Actif au 17e siècle) (7650/13.000 €). Natures mortes diverses.

Angiolo **Gori** (Actif au milieu du 17e siècle) (6900/14.500 €). Peintre de fleurs et de fruits. Travailla à Florence.

Francesco **Guardi** (1712-1793) (30.500/122.000 €). Natures mortes très rares. Travailla à Venise.

Giovanni Antonio **Guardi** (1698-1760) (19.056/30.500 €). Natures mortes rares. Travailla à Venise.

Pseudo Guardi, Maestro **dei Fiori Guardeschi** (Actif au 18e siècle) (10.700/76.250 €). Peintre de fleurs. Souvent confondu avec Francesco Guardi.

Giovanni Francesco **Guerini** ou **Guerreri** ou **Guerrieri** (1589-1655 ou 1659)*. Peintre de fruits et légumes notamment. Actif à Fossombrone.

Niccolino **van Houbraken** (1660-1723) (6100/13.750 €). Peintre de fleurs et autres à Messine.

Jacometto Veneziano (?-1472)* Produisit quelques peintures en trompe-l'œil.

L

A mettre en exergue : Gaspare Lopez et à un moindre niveau Francesco Lavagna.

Francesco **Lavagna** (Actif à la fin et au début du 18e siècle) (7650/21.350 €). Natures mortes diverses, notamment de fleurs et de fruits. Travailla à Naples.
Giuseppe **Lavagna** (1684 ? -1724 ?) (11.450/18.300 €). Peintre de fleurs à Naples. Elève d'Andrea Belevedere.
Sebastiano **Lazzari** (?-1770 ?) (7650/22.900 €). Natures mortes en trompe-l'œil avec instruments de musique, livres, fruits, oiseaux ou instruments scientifiques. Travailla à Vérone et à Vicence.
Antonio **Lecchi** (Actif vers 1665-1670)*. Peintre de fleurs et de fruits.
Giacomo **Legi** (? -1640)*. Né en Flandres, travailla à Milan et à Gênes. Peintre de fleurs, de volailles, d'ustensiles de cuisine.
Giovanni Battista **Lenardi** ou **Leonardi** (1656-1704)*. Peintre de fleurs et de fruits à Rome.
Andrea Giovanni **Leoncini** ou **Leoncino** (1701-1760)*. Natures mortes diverses. Travailla à Gênes.
Antonio **Leonello** ou **Leonelli da Crevalcore** (? -1525)*. Peintre de fleurs, de fruits et autres natures mortes. Travailla notamment à Bologne.
Domenico **Levio** ou **Levo** (Actif au début du 18e siècle)*. Peintre de fleurs et de fruits. Travailla à Vérone, en Angleterre et à Naples. Elève de Biggi.
Giorgio ou Gensio **Liberale** ou **Liberal** (Actif 2e moitié du 16e siècle)*. Peintre de poissons, de plantes et autres natures mortes à Udine.
Bartolomeo **Ligozzi** (1620 ?-1695) (7650/61.000 €). Peintre de fleurs et de fruits. Actif à Florence
Jacopo ou Giacomo **Ligozzi** (1547 ? - Après 1632)*. Dessins de botanique, notamment de fleurs. Travailla à Florence.
Lionelli (Actif à la fin du 17eet au début du 18e siècle) (10.700/18.300 €). Peintre de fruits notamment.
Gaspare **Lopez** dit Gasparo **di Fiori** (1650 ? -1732 ?) (10.000/45.750 €). Peintre de fleurs et de fruits. Travailla à Naples, Rome, Venise, Dresde et à la cour du grand duc de Florence. Elève d'Andrea Belvedere.
Lorenzo **Lorenzi** (Actif au 18e siècle)*. Aquarelles d'oiseaux notamment.
Onofrio **Loth** (1650 ? -1717 ?)*. Travailla à Rome puis à Naples. Peintre de fleurs et de fruits.
Giuseppe **de Luca** (Actif au 18e siècle)*. Modeleur de sujets de victuailles, volailles et ustensiles en cire.
Ercole **Luzzalo** (Actif vers 1775)*. Peintre de fleurs et d'insectes à Brescia.

M

Les peintres les plus significatifs : Carlo Magini, Antonio Mara, Elisabetta Marchiori et Cristoforo Munari.

Maderno dit **Fiori** (Actif au début du 18e siècle)*. Peintre de fleurs, de fruits et d'ustensiles de cuisine. Travailla à Côme.
Carlo **Magini** (1720-1806) (27.450/**300.000** €). Natures mortes diverses.
Francesco **Malagoli** (? -1776) (6900/18.300 €). Actif à Modène et à Bologne. Peintre de fruits.
Chevalier Nicolas **Malinconico** (1651 ? -1721) (4600/7650 €). Peintre de fleurs et de fruits à Naples.
Xaviero **Manetti** (1723-1784)*. Aquarelles d'oiseaux notamment.
Carlo **Manieri** (Actif entre 1662 et 1700) (10.000/30.000) Natures mortes avec instruments de musique, pièces d'orfèvrerie et draperies. Travailla à Rome. Oeuvres rares sur le marché.
Mannelli (Actif durant la 2e moitié du 17e siècle) (24.400 /49.000 €). Produisit des marqueteries de vases de fleurs avec des variétés de marbres dans la tradition florentine (scagolia). Peut-être le même artiste que Orazio Manenti ou Manetti, mosaïste à Rome.
Francesco di Mantovana : voir **Francesco**
Raimundo **Manzini** (1668-1744)*. Peintre de fleurs, de fruits, de poissons et d'oiseaux. Travailla à Bologne.

Ridolfo **Manzoni** (1675-1743)*. Peintre de fleurs, de fruits et autres à Castel Franco.

Antonio **Mara** dit **Scarpetta** (1680 ? -1750 ?) (10.700/24.400 €). Spécialiste de peintures en trompe-l'œil. Actif à Bergame.

Elisabetta **Marchiori** ou **Marchionni** (Active au début du 18e siècle) (6100/29.000 €). Peintre de fleurs et de fruits.

Jacopo **Maria** (Actif au 15e siècle)*. Peintre de fleurs et de fruits. Travailla à Vérone.

Leonardo **Marini** (1730 ?- Après 1797) (6100/13.000 €). Natures mortes diverses. Artiste piémontais.

Mario : voir Marco ou Mario **de Crespini**

Francesco **di Giorgio Martini** (1439-1502)*. Natures mortes très rares. Actif à Sienne.

Filipo **Mazzuoli** ou **Mazzola** dit **dell Erbette** (1460 ?-1505)*. Peintre de plantes. Travailla à Parme.

Michelangelo **Merisi da Carravagio** *. Voir **Caravaggio**

Antonio **Mezzadri** (Actif vers 1680-1690) (5350/9200 €). Peintre de fleurs et de fruits à Bologne. Fut influencé par Pier Francesco Cittadini.

Michelino : voir **Besozzo**

Luigi **Mirandori Il Genovesino** (Actif au milieu du 17e siècle)*. Peintre de Vanités avec fleurs.

Giuseppe **Moia** (Actif au début du 19e siècle)*. Peintre de fleurs.

Monanni ou **Monnano** ou **Morando** (?-1652 ?)*. Natures mortes diverses, notamment sujets de cuisine. Actif à Rome.

Antonio **Monterosso** (Actif au 17e siècle)*. Peintre de fleurs.

Octavianus **Montfort** (Actif au 17e siècle) (6100/ 15.240 €). Peintre de fruits. Produisit surtout des gouaches. Cet artiste piémontais décora essentiellement de riches demeures.

Antonio Maria **Monti** (Actif vers 1680)*. Aquarelles de feuilles et branchages. Travailla à Bologne.

Andrea **Monticelli** (1640-1716)*. Peintre de fleurs et autres. Travailla à Milan.

Giacomo **Monticelli** (Actif à la fin du 17e et au début du 18e siècle)*. Fils du précédent. Natures mortes très rares.

Teodoro **Monticelli** (1680-1739)*. Fils d'Andrea. Natures mortes très rares.

Lorenzo **da Moro** (1677-1735)*. Peintre de fleurs et de fruits. Travailla à Rome.

Stefano **Mulinari** (1741 ?-1790 ?)* Natures mortes en trompe l'œil.

Cristoforo **Munari** ou **Monari** (1667-1720) (12.000/800.000 €). Natures mortes de fruits, de biscuits, de vaisselles de porcelaine et autres, notamment de poissons. Influencé par Baschenis. Travailla à Pise.

Francesco **de Mura** dit **Franceschiello** (1696-1782) (12.250/38.150 €). Peintre de fleurs et autres à Naples et à Turin.

N-O

Les artistes les plus représentatifs : Pietro Navarra, Panfilo Nuovolone et Mario Nuzzi.

Giacomo ou Jacopo **Nani** (1698 ou 1701-1770) (7650/90.000 €). Peintre de fleurs, de fruits, de volailles, d'oiseaux et autres. Elève de Belvedere et de Gasparo Lopez. Travailla à Naples et à Madrid.

Mariano **Nani** (1725?-1804) (5000/15.000 €). Peintre de gibier et de trophées de chasse à Naples.

Giovanni **Nanni** ou **Nani da Udinese** dit Giovanni **de Nanis** et **de Recamatori** (1487 -1564 ?) (20.000/80.000 €). Scènes avec natures mortes et ornementations de fleurs ; œuvres rares. Travailla à Udine et à Rome.

Pietro **Navarra** (Actif à la fin du 17e et au début du 18e siècle) (21.350/38.150 €). Natures mortes diverses. Elève de W. von Tamm. Travailla à Rome.

Giovanni **Neri** dit **Neri degli Ucceli** (Actif vers 1575)*. Miniatures de poissons et d'oiseaux. Actif à Bologne.

Panfilo **Nuovolone** ou **Nuvolone** (1581-1651) (61.000/**182.950 €**). Peintre de fruits et d'oiseaux. Actif à Milan.

Mario **Nuzzi di Fiori** ou **della Penna** (1603 ?-1673) (7650/83.850 €). Peintre de fleurs, de fruits, d'oiseaux, de lézards et de volailles. Travailla à Rome. Neveu de T. Salini.

Marchesa donna Teresa **Orsini** dite **Cassine** (?-1778)*. Peintre de fleurs.

Giovan Domenico **Osnago** (Actif au 18e siècle)*. Natures mortes diverses. Actif à Cefalu.

P-Q

Michele Pace, Pietro Paolini, Astolfo Petrazzi, Paolo Porpora et Giovanni Quinsa sont les peintres les plus intéressants dans cette liste.

Giuseppe **Pace** (Actif au 17e siècle)*. Peintre de fleurs. Travailla à Atri.

Michele **Pace** dit **Il Campidoglio** (1610-1670) (11.450/61.000 €). Peintre de fleurs, de fruits et de gibier. Actif à Rome, il fut un des meilleurs représentants de l'école de la nature morte italienne.

Carlo **Paderno** (Actif au milieu du 16e siècle)*. Peintures de fleurs et fruits à Crémone.

Giovanni-Domenico **Paladini** (1721-1772)*.Peintre de fruits et autres à Lucques.

Paolo ou Pietro **Paoletti** (?-1735) (6000/ 13.500 €). Peintre de fleurs, de fruits, d'oiseaux, de poissons et de gibier. Travailla à Udine.

Pietro **Paolini** (1603-1681) (22.900/68.600 €). Peintre de fleurs et de fruits notamment. Travailla à Rome, Venise et Lucques.

Paolucci le Napolitain ou Paolo **Cattamara** (Actif entre 1710 et 1720)*. Peintre de fleurs, de champignons et d'insectes. Travailla à Naples.

Isabella **Parasole** (Active au début du 17e siècle)*. Gravures de plantes. Active à Rome.

Joseph François **Paris** ou Giuseppe Francesco **Troncossi** (1784-1871) (1850/3850 €). Natures mortes diverses. Travailla en France.

Marianna **Pascoli Angeli** (1790-1846)*. Peintre de fleurs à Rome.

Emmanuele **Passaby** (Actif au 18e siècle)*. Natures mortes diverses. Etudia à Naples et travailla en Espagne.

Bartolommeo **Passarotti** (1529-1592)*. Natures mortes très rares. Scènes avec poissons, fleurs et fruits notamment. Actif à Bologne.

Giovanni-Battista **Passeri** (1610 ?-1679)*. Peintre d'oiseaux et autres à Rome.

Giuseppe **Patania** ou **Pastania** (1780-1852) (3100/6900 €). Peintre de natures mortes à Palerme.

Astolfo **Petrazzi** (1579-1653 ou 1665) (22.900/**237.000 €**). Natures mortes rares. Peintre de fruits, de fleurs, d'oiseaux et de gibier. Actif à Sienne et à Rome. Influencé par Le Caravage et Jan Brueghel le Vieux, ses œuvres présentent des analogies avec celles du Maître de Hartford.

Antonio **Piaggio** ou **Piaggia** (Actif vers 1750-1780)* Natures mortes en trompe l'œil. Actif à Naples et à Rome.

Pietro **Piani** (1770-1841)*. Peintre de fleurs à Bologne.

Fiore **Pilati** (1692-1769)*. Peintre d'histoire naturelle à Bologne.

Eleonora **Pinacci** (Active à la fin du 17eet au début du 18e siècle)*. Peintre de fleurs, de fruits et d'ustensiles de cuisine à Naples et à Florence.

Giulio **Pistoaia** (?- Après 1690)*. Peintre de fleurs à Pesaro.

Giuseppe **Pistoia** (Actif à la fin du 17e et au début du 18e siècle)*. Fils de Giulio. Natures mortes très rares. Actif à Pesaro.

Bernardino Barbatelli **Poccetti** : voir **Barbatelli**

Jacopo **da Ponte** dit **Bassano** (1515-1592) (38.150/137.250 €). Natures mortes très rares. Scènes avec victuailles notamment. Travailla à Venise et à Bassano.

Leandro **da Ponte** dit **Bassano** (1557-1622) (9150/18.300 €). Scènes avec natures mortes de victuailles et pièces d'orfèvrerie.

Baccio ou Bartolomeo **Pontelli di Fino** (1507-1557)* Produisit des trompe-l'œil en marqueteries de bois, actif notamment à Pise.

Paolo **Porpora** (1617-1673) (30.500/**228.700 €**). Peintre de fleurs, de fruits, de coquillages, de reptiles et d'oiseaux. Exerça à Naples puis à Rome à partir de 1656. Elève de Giacomo Recco durant trois années à Naples, il fut influencé par Caravaggio. A Rome, il travailla notamment pour la famille Chigi. Porpora fut un des maîtres de la nature morte napolitaine.

Bernardo **Porta** (Actif vers 1700)*. Travailla en Allemagne. Gravures de guirlandes de fleurs.

Isabella Maria **del Pozzo** (?-1700)*. Peintre de natures mortes à Munich notamment.

Carlo Antonio **Procaccini** (1555 ?-1605 ?)*. Peintre de fleurs, de fruits et autres. Travailla en Espagne et à Milan.

Francesco Ortensi **di Girolamo dal Prato** (1512-1562)*. Natures mortes diverses. Oeuvres cependant rares. Travailla à Florence.

Pseudo Pier Francesco Fiorentino (Actif au 15e siècle)* Peintre de scènes avec fleurs à Florence. Elève de Filippo Lippi et de Pesellino.

Francesco **Della Questa** (1639-1723) (6100/15.250 €). Natures mortes diverses.

Giovanni **Quinsa** (Actif au 17e siècle) (6100/29.750 €). Natures mortes diverses.

Francesco **Quosta** ou **Cuosta** (?-1723)*. Peintre de fleurs, de fruits, de légumes, de coquillages, de poissons et autres à Naples.

R

A retenir les noms de Tommaso Realfonso, Giacomo Recco, Giovan - Battista Recco, Giuseppe Recco, Andrea D. Remps, Felice Rubbiani, Giovanni-Battista et Giuseppe Ruoppolo.

Carlo Antonio **Raineri** (1765-1829) (6100/12.250 €). Peintre de volatiles, de fleurs et de plantes. Produisit des toiles et des gouaches.

Michele Antonio **Rapous** ou **Rapos** ou **Raposo** (1733-1819) (5350/11.450 €). Peintre de fleurs et de fruits à Turin.

Tommaso **Realfonso** dit **Masillio** (1677-1743) (10.000/32.050 €). Peintre de fleurs, de fruits, de gibier et autres natures mortes. Elève d'Andrea Belvedere, travailla à Naples.

Elena **Recco** (Active à la fin du 17e et au début du 18e siècle) (3850/12.250 €). Peintre de natures mortes à Naples.

Giacomo **Recco** (1603-1653) (13.750/55.000 €). Peintre de fleurs. Travailla à Naples.

Giovan Battista **Recco** (1615-1660) (22.900/38.150 €). Peintre de natures mortes de poissons, de fruits, de gibier et de déjeuner. Actif à Naples.

Giuseppe **Recco Il Cavaliere** (1634-1695) (18.300/99.000 €). Natures mortes aux poissons, de crustacés, de fruits de mer, de fleurs, de fruits, de pâtisseries et de gibier, notamment. Travailla à Naples, en Lombardie et en Espagne.

Nicola Maria **Recco** (Actif au 18e siècle) (6100/11.450 €). Peintre de natures mortes, notamment de gibier, à Naples.

Andrea Domenico **Remps** (1621 ?-1699) (9150/45.750 €). Natures mortes diverses, notamment d'une armoire d'un cabinet de curiosités, de Vanités et de peintures en trompe-l'oeil. Peintre d'origine allemande actif à Venise.

Arcangelo **Resani** (1670-1740) (4600/10.000 €). Peintre de volailles et de gibier. Travailla à Rome.

Giovanni Battista **Revello** ou **Rebello** ou **Revelli** dit **Il Mustacchi** (1672-1732)*. Peintre de fleurs et de fruits. Travailla à Gênes.

Antonio **Rimpatta** (Actif au début du 16e siècle) (55.000/**152.450 €).** Peintre de scènes religieuses né à Bologne et actif à Naples. Il peignit des personnages tenant des fleurs dans certaines de ses compositions.

Felice **Rubbiani** (1677-1752) (11.450/32.050 €). Peintre de fleurs et de fruits. Elève de D. Bettini.

Giovanni-Battista **Ruoppolo** ou **Ruoppoli** (1629-1693) (18.300/**180.600** €). Natures mortes aux fruits, aux ustensiles ménagers, oiseaux et gibier. Travailla à Naples. Influencé par Paolo Porpora.

Giuseppe **Ruoppolo** ou **Ruoppoli** (1639 ?-1710) (14.500/57.200 €). Peintre de fleurs, de fruits, de gibier, de volatiles, poissons et fruits de mer. Neveu de Giovanni-Battista. Travailla à Naples.

Jacopo **Russo** (Actif 1ere moitié du 17e siècle)*. Peintre de natures mortes à Naples.

Lorenzo **Russo** (?-1718)*. Natures mortes diverses.

S-T-U

Les artistes les plus représentatifs : G.B Salvi, Andrea Scacciati et Simone del Tintore.

Gabriele **Salci** (Actif premier quart du 18e siècle) (7650/30.500 €). Peintre de fruits notamment. Travailla à Rome.

Pietro Giacomo **Salice** (Actif 2e moitié du 17e siècle)*. Peintre de fleurs à Milan.

Tommaso **Salini** ou **Salinas** dit **Mao** (1575 ?-1625) (7650/122.000 €). Peintre de fleurs, de fruits, de poissons, de légumes, d'ustensiles et de gibier ainsi que de scènes avec natures mortes de fruits et de légumes. Travailla à Rome. Influencé par Le Caravage.

Giovanni-Battista **Salvi** (1609-1685) (15500/36.600 €). Natures mortes avec fleurs, fruits, gibier et pièces d'orfèvrerie. Oeuvres assez rares.

Ambrogio **Samengo** (?-1670 ?)*. Natures mortes de fleurs et de fruits rares. Mourut jeune.

Ferdinando **San Felice** (1675-1748)*. Peintre de fruits et autres natures mortes. Travailla à Naples.

San Giovanni (Actif au début du 18e siècle) (9150/19.850 €).

Benedetto **Sartori** (Actif au 18e siècle)*. Spécialiste de peintures en trompe-l'œil.

Andrea **Scacciati** (1642-1704) (6900/42.700 €). Peintre de fleurs, de fruits et de gibier. Travailla à Florence.

Pietro Neri **Scacciati** (Actif au 17e siècle) (5350/10.000 €). Natures mortes diverses.

Giovanni Battista Antonio **Scartezzini** (? -1726)*. Peintre de fleurs. Travailla dans les environs de Merano.

Pietro **Scattaglia** (Actif durant la 2e moitié du 18e siècle)*. Gravures de botanique. Travailla à Venise.

Salvatore **Schiano** (Actif 2e moitié du 18e siècle)*. Peintre de fleurs à la manufacture de porcelaine de Naples de 1773 à 1803.

Giorgio Chiulinovitch **Schiavone** (1434 ? -1504)*. Peintre de fleurs et de feuillages à Padoue, Zara et Sebenico.

G. **Schiavone** (1470- ?)*. Aurait peint des fruits. Incertitude concernant cet artiste qui ne serait autre que Giovanni dal Carso dit Schiavone, actif à Rome au 16e siècle.

Agostino **Scilla** ou **Silla** (1629-1700) (7650/11.450 €). Peintre de fruits et de fleurs à Messine et à Rome.

Sinibaldo **Scorza** (1589-1631) (7650/11.450€) Peintre d'oiseaux et de fleurs. Travailla à Gênes à partir de 1604 et fut notamment influencé par F.Snyders et P.Boel.

Giovanni **Silvagni** (1790-1853)*. Natures mortes rares. Actif à Rome.

Violante Beatrice **Siries épouse Cerroti** (1709-1783)*. Peintre de fleurs et de fruits à Florence.

Veronica **Spada** (Active entre 1715 et 1730)*. Peintre de fleurs, de fruits, d'oiseaux et autres à Vérone.

Giovanni **Spadino** : voir Castelli

Giovanni **Stanchi** (1640 ? - ?) (6900/16.000 €). Peintre de fruits et de fleurs, notamment en guirlandes. Travailla à Rome.

Niccolo **Stanchi** (Actif 2e moitié du 17e siècle)*. Natures mortes de fleurs, de fruits et aux poissons. Travailla à Rome.

Ludovico **Stern** (1780-Après 1861) (7650/13.000 €). Peintre de fleurs à Rome.

Ludwig **Stern** (1709-1777) (4600/10.700 €). Peintre de fleurs à Rome.

Bernardo **Strozzi** (1581-1644) (22.900/**150.000 €).** Peintre de scènes de cuisine et de natures mortes de fleurs, de fruits et fruits de mer, de légumes et de volailles sur un entablement. Travailla à Venise.

Antonio **Tanari** (Actif vers 1635)*. Peintre de fruits à Rome.

Simone **del Tintore** (1630 ? -1708) (22.900/87.000 €). Peintre de fleurs, d'oiseaux, de gibier, de légumes et de fruits notamment. Elève de Paolini, il travailla à Lucques.

Ignazio **Tomaselli** (Actif à la fin du 18^{e}et au début du 19e siècle)*. Peintre de fleurs et de fruits à Grigno.

Francesco **Ubertini** dit **il Bacchiaca :** voir **Bacchiaca**

Fiorante **Umbro** (Actif à Pérouse vers 1700) (9150/13.000 €). Natures mortes diverses.

Matteo **Urfe** (Actif au 16e siècle)*. Peintre de plantes.

V-Z

A signaler : Agostino Verrocchio, Giuseppe Vincenzino et Francesca Volo

Felice **Vacca** (1780-Après 1856)*. Peintre de fleurs.

Fra Vincenzo **Dalle Vacche** (Actif vers 1520-1530)*. Natures mortes très rares. Marqueteries de Vanités en trompe-l'œil (Une au musée du Louvre à Paris).

Gian Domenico **Valentino** (Actif à Imola entre 1661 et 1681) (2000/42.700 €). Natures mortes diverses, notamment une connue avec des instruments de parfumeur et une paire d'intérieurs de cuisines avec ustensiles. Confondu parfois avec l'artiste suivant.

Giovanni Domenico **Valentino** (Actif à la fin du 18ᵉet au début du 19ᵉ siècle) (7650/49.000 €). Natures mortes aux ustensiles de cuisine et autres.

Violante **Vanni** (Actif au 18ᵉ siècle)*. Aquarelles et gravures d'oiseaux. Actif à Florence.

Alfonso **Vasquez** ou **Vazquez** : voir Espagne

Antonio Maria **Vassallo** (1620-1672 ?) (4600/12.250 €). Peintre de fleurs, de fruits et d'animaux morts à Gênes.

Cristiano Matteo **Verlin** ou **Verlino** ou **Wehrlein** (Actif de 1756 à 1774)*. Peintre de plantes à Turin.

Pietro **da Verrazzano** (Actif 2ᵉ moitié du 17ᵉ siècle)*. Natures mortes avec poissons notamment. Actif à Florence.

Agostino **Verrocchio** (Actif entre 1619 et 1637) (8400/61.000 €). Peintre de fruits. Travailla à Rome.

Giuseppe **Vincenzino** ou **Vincenzina** (Actif fin du 17ᵉ début du 18ᵉ siècle) (13.750/41.200 €). Travailla à Florence et à Milan. Peintre de fleurs, de fruits et de légumes.

Léonard **de Vinci** (1452-1519)*. Natures mortes introuvables sur le marché. Le grand maître dessina des plantes, des fruits et certainement des fleurs. Travailla notamment à Milan et à Amboise.

Alessandro **Vitali** (1580-1630 ou 1640)*. Peintre de fleurs, de fruits et d'oiseaux à Urbino selon le Dictionnaire Universel des Peintres de Th. Guédy publié en 1897.

Candido **Vitali** ou **Vitale** (1680-1753) (6100/10.000 €). Peintre d'oiseaux, de fleurs et de fruits. Actif à Bologne. Elève de Carlo Cignani.

Francesca **Volo dite Vicenzina** (Active fin 17ᵉ début 18ᵉ siècle ?) (13.750/33.550 €). Natures mortes diverses.

Antonio Maria **Zagnani** (Actif 2ᵉ moitié du 17ᵉ siècle)*. Peintre de fleurs et de fruits.

Antonio **Zelli** (Actif vers 1630-1640)*. Natures mortes diverses. Travailla à Rome.

Adeodato **Zuccati** (Actif vers 1590)*. Peintre de fleurs. Travailla à Bologne.

Francesco **Zucchi** dit **del Zucca I** (1562 ? -1622)*. Peintre de fleurs et de fruits. Suiveur d'Arcimboldo. Travailla à Rome.

FLANDRES :

A-B

A retenir dans cette liste : Alexander Adriaenssen, Theodor Aenvanck, Pieter Angelis, Ferdinand van Apshoven, Jan Anton van Baren, Osias Beert, Andries Benedetti, Joachim Beuckelaer, Pieter Bol, Andries Bosmans, Abraham Bosschaert, Ambrosius Bosschaert, Abraham Brueghel, Ambrosius Brueghel, Jan Brueghel l'Ancien, Jan Brueghel le Jeune, Pieter Brueghel le Vieux Joachim Beuckelaer(1530 ?-1573 ?), né et mort à Anvers, fut l'élève de son oncle Pieter Aertsen. Ce fut un grand spécialiste de scènes de marchés ou de cuisines et ses compositions furent prétexte à de somptueuses natures mortes de fruits, de poissons et de gibier. Pieter Bol (1622 ou 1625-1674 ou 1680) fut l'élève de Frans Snyders et devint un excellent peintre d'animaux, d'oiseaux, de fleurs et de fruits. Andries Bosmans (1621-1681) naquit à Anvers et mourut à Rome. Ce fut un bon peintre de fleurs. Abraham Bosschaert 1612 ?-1643) fut probablement l'un des trois fils d'Ambrosius l'ancien. Ce fut un remarquable peintre de fleurs et de fruits. Ambrosius Bosschaert l'ancien (1573-1621) travailla d'abord à Anvers puis émigra en Hollande pour des raisons religieuses. Il vécut à Utrecht entre 1616 et 1618 puis à Breda. Il fut un des premiers à appliquer pour la peinture de bouquets de fleurs cette représentation rigoureuse commune à Osias Beert et à Clara Peeters qui fit école en Europe à partir du début du 17e siècle. Par la pureté du détail, il fut certainement un des plus grands peintres de natures mortes de son temps. Abraham Brueghel (1631-1690), fils de Jan Brueghel II, travailla à Rome entre 1660 et 1671. Il créa en suite une école à Naples où il enseigna l'art du tableau de fleurs et des natures mortes de fruits. Il peignit des fleurs dans les tableaux de Luca Giordano. Ambrosius Brueghel (1617-1675) était le frère de Jan Brueghel II. Il peignit surtout des tableaux de fleurs et moins souvent des fruits. Jan Brueghel l'Ancien (1568-1625) était le second fils du grand Pieter Brueghel. Il apprit d'abord à peindre en miniature, genre qui lui permit sans aucun doute d'acquérir une délicatesse, une finesse et une fluidité du coloris. Il se fit une rapide réputation comme peintre de fleurs et de fruits et occupa une place prépondérante dans la Gilde d'Anvers après un voyage en Italie qui lui fut en tous points utile. Jan Brueghel fut assurément un grand maître de la nature morte et de par son souci du détail ainsi que par sa virtuosité il eut une influence considérable sur de nombreux artistes. Jan Brueghel le Jeune (1601-1678), fils du précédent, copia beaucoup son père, à tel point qu'il est aujourd'hui difficile de distinguer les œuvres de l'un et de l'autre. Pieter Brueghel le Vieux(1525 ? -1569) occupa une place considérable dans le développement de la peinture flamande au début de la seconde moitié du 16e siècle. Elève de Pieter Coecke, il inventa un nouveau genre en se démarquant sans les renier de la peinture italienne et des maîtres de son pays et s'imposa comme un précurseur d'une peinture typiquement populaire, passant indifféremment de la joie de vivre à la souffrance, de la farce au massacre, de la représentation de la richesse à celle de la misère, incluant dans ses tableaux des tas de symboles. Il ne peignit que de très rares tableaux de fleurs mais son influence dans ce genre fut indéniable, sinon considérable, sur ceux qui se consacrèrent à la peinture de natures mortes au début du 17e siècle.

Joseph **van Acken** (1709-1749) (6100/13.750 €). Scènes de marchés avec légumes et gibier. Travailla à Anvers et à Londres.

Alexander **Adriaenssen** (1587-1661) (11.450/68.600 €). Peintre de fleurs, de fruits, de gibier, de poissons, d'oiseaux, de pièces d'orfèvrerie et de natures mortes de déjeuner.

Alexander **Adriaenssen le Jeune** (1625-1685)*. Peintre de fleurs, de fruits et autres. Natures mortes rares.

Antoon ou Anthoni **Adriaenssens** (Actif vers 1605-1625)*. Peintre de fleurs et autres natures mortes. Travailla à Anvers. Aurait aussi été actif en Italie sous le nom de Antonio Adriani.

Régnier **Adriaenssen le Jeune** (? -1723 ou 1724 ?)*. Natures mortes rares.

Paul **van Aelst** (Actif au 16e siècle) (38.150/83.850 €). Peintre de fleurs et de fruits.

Theodor **Aenvanck** (1633-1690 ?) (18.300/45.750 €). Peintre de fleurs et de fruits. Elève de de Heem, travailla à Anvers.

Nicolas **Alemans** ou **Halemans** (Actif au 18e siècle)*. Natures mortes diverses (une œuvre au musée Roumianzeff à Moscou)

N.**Anchilus** (1688-1733)*. Peintre de fleurs et de fruits.

Hendrick **Andriesz** ou **Andriessen** dit **Manken-Heyn** (1600-1655 ?) (13.750/38.150 €). Natures mortes rares. Peintures de Vanités et de pâtisseries notamment.

Pieter **Angelis** ou **Angillis** (1685-1734) (9150/41.200 €). Né à Dunkerque, travailla à Anvers, Londres et Rennes. Natures mortes et scènes de marchés aux poissons et aux légumes.

Ferdinand **van Apshoven** (1630-1694) (15.250/50.350 €). Natures mortes rares.

Theodor **van Apshoven** ou **Abtshoven** (1648-1690)*. Natures mortes diverses. Artiste mal connu.

Thomas **van Apshoven** (1622-1664) (15.250/42.700 €). Scènes de marchés aux poissons. Pas de véritable nature morte connue.

Jean-Martin **Aubée** (1756 ? - ?)*. Scènes de marchés aux poissons notamment. Travailla à Liège, en Italie et à Paris.

Jacob **van Baelen** ou **Bael** (Actif au milieu du 18e siècle)*. Scènes avec gibier.

Pieter de **Bailliu le jeune** (1644-1727 ?)*. Peintre de fleurs notamment.

Hendrick **van Balen** (1575-1632) (10.000/**152.450 €**). Scènes avec natures mortes (Certaines de celles-ci auraient été peintes par Jan Brueghel le Vieux). Actif à Anvers.

Charles **Ballet** (1752 ? - ?)*. Peintre de fleurs.

Johannes Antonius **van der Baren** (1615 ? -1687) (18.300/33.550 €). Peintre de fleurs et de fruits. Travailla en Hollande et à Vienne à partir de 1650.

Philips **van der Baren** (Actif au 17e siècle)*. Natures mortes diverses. Artiste mal connu.

Adrien **van Beck** (Actif au 18e siècle)*. Peintre de fleurs, de fruits et d'oiseaux.

Antoine **van Becke** (Actif au 18e siècle)*. Confusion possible avec le précédent.

Osias **Beert** (1570 ? -1623) (38.150/**1.829.500 €**). Peintre de fleurs, de fruits, d'écrevisses, d'huîtres, de friandises, de verreries et pièces de table ainsi que de natures mortes de déjeuner. Beert, qui ne fut identifié qu'au milieu des années 1930, fut un des précurseurs de la nature morte en Flandres. Son nom apparut pour la première fois à Anvers dans le registre de la corporation de Saint Luc en 1596 comme apprenti d'Andreis Van Brassero et en 1602, année où il fut reçu maître. Ses compositions, dans un style qui rappelle Pieter Binoit ou Ambrosius Bosschaert, étaient équilibrées et symétriques, le rendu des éléments précis et minutieux. Une nature morte aux trois vases de fleurs disposés sur un entablement peinte sur un panneau préparé et mesurant 52,5 cm x 75 cm a atteint le prix record de 13,4 millions FF (frais compris)le 8.12.1999 à Drouot.

Osias **Beert II** (1622-1678 ?)*. Natures mortes aux huîtres, verre de vin, fleurs et fruits. Travailla à Anvers.

Andries ou Andrea **Benedetti** (1620- ?) (15.250/68.600 €). Peintre de crustacés, d'huîtres, de fruits, d'instruments de musique et de déjeuner. Elève de Jan Davidsz de Heem, il travailla à Anvers de 1638 à 1641 puis en Lombardie jusqu'en 1649. On ne connaît qu'une quinzaine de tableaux de sa main.

Hans **van den Berch** (Actif au début du17e siècle)*. Natures mortes diverses. Fut le maître de Jan Fyt.

(Hendrick ?) **Berck** (Actif 2e moitié du 17e siècle)*. Probablement Hendrick Bergh. Peintre de fleurs à Anvers.

Nicolas **van den Bergh** dit aussi **van der Brach** (1725-1774)*. Peintre de fleurs. Travailla à Anvers et à Messine.

Nicasius **Bernaerts** (1620-1678) (6100/10.700 €). Peintre de gibier. Travailla à Anvers et longtemps à Paris.

Jan Baptist **Berré** (1777-1838) (3100/6100 €). Peintre de fleurs et de gibier. Travailla à Anvers et à Paris.

Jacob Andries **Beschey** (1710-1786) (6100/18.300 €). Natures mortes diverses.

Joachim **Beuckelaer** ou **Bueckelaer** (1530 ? -1573 ?) (30.500/110.700 €). Peintre de fruits, de gibier, de poissons, de légumes, de volailles, de scènes de cuisines ou de marchés. Elève de son oncle Pieter Aertsen, travailla à Anvers.

Charles **Bigée** ou **Begée** (Actif 1ere moitié du 18e siècle)*. Peintre de fleurs. Né à Malines.

Hendrick **Bigée** (Actif au début du 18e siècle)*. Natures mortes diverses. Biographie incertaine.

Charles Emmanuel **Bizet** ou **Biset** (1633-1710 ?) (22.900/83.850 €). Natures mortes de livres. Travailla à Malines, à Paris, en Italie et en Hollande.

Godfried **van Bochoutt** (Actif 2e moitié du 17e siècle)*. Peintre de gibier et de Vanités. Travailla à Bruges.

Jean Baptiste **Bol** ou **Boel** (1624-1688)*. Peintre de fleurs, de fruits, de gibier, de Vanités, d'oiseaux et d'instruments de musique. Travailla à Anvers.

Pieter **Bol** ou **Boel** (1622 ? -1674-1680 ?) (11.450/38.150 €). Natures mortes de gibier, de fleurs, de fruits, de trophées, de pièces d'orfèvrerie, d'ustensiles de cuisine et de Vanités. Travailla à Gênes, Rome, Paris et Anvers.

Sébastien **Bonnecroy** (Actif entre 1635 et 1663)*. Peintre de Vanités et de trompe-l'oeil. Travailla à Anvers, à La Haye et en France.

Jan **van der Borght** (Actif au milieu du 18e siècle)*. Peintre de fleurs et de fruits. Travailla à Bruxelles.

Gerrit **van den Bosch** (Actif au 17e siècle) (4600/7650 €). Natures mortes diverses, notamment aux fruits et aux oiseaux.

Boschaen (1613-1654)*. Peintre d'attributs de guerre notamment.

Andries **Bosmans** (1621-1684 ?) (13.750/36.600 €). Peintre de fleurs. Travailla à Anvers et à Rome.

Abraham **Bosschaert** (1612 ? -1643 ?) (15.250/38.150 €). Peintre de fleurs et de fruits. Travailla à Amsterdam.

Ambrosius **Bosschaert l'Ancien** (1573-1621) (**304.900/9.800.000 €**). Emigra jeune en Hollande. Peintre de fleurs, de fruits et d'insectes. Travailla à Middelburg, à Utrecht et à La Haye. Il fut un des premiers au début du 17e siècle à appliquer pour les bouquets de fleurs une rigueur descriptive commune à Osias Beert et Clara Peeters qui se répandit à travers l'Europe. Il atteignit une grande pureté dans le détail, le coloris vibrant et surtout le fond de paysage clair qu'il utilisa souvent pour ses bouquets, alors que ses natures mortes se détachaient sur des fonds sombres. Il peignit souvent en trompe-l'œil au bord du cadre ou d'une niche, un papillon, une chenille ou une fleur de cyclamen. Cet artiste produisit souvent des œuvres de petit format sur cuivre ou sur panneau le plus souvent. Une nature morte sur cuivre (28 x 23,5 cm) représentant des fleurs dans un vase en verre placé devant l'arche en pierre d'une fenêtre a atteint le prix record de 2, 096, 650 livres sterling lors d'une vente organisée par Sotheby's le 9 juillet 2002 à Londres.

Jan Baptist **Bosschaert** (1667-1746) (13.000/22.150 €). Peintre de fleurs et de fruits. Elève de Crépu à Anvers où il travailla durant sa carrière.

Le **Pseudo-Bosschaert** (Actif vers 1610-1620) (**152.450/1.067.500 €**). Peintre de fleurs actif à Anvers souvent confondu avec Ambrosius Bosschaert. On dénote l'influence de Jan Brueghel le Vieux dans ses œuvres lesquelles sont cependant plus aérées. Un de ses tableaux peint sur cuivre est passé le 16 décembre 1999 à Londres en vente chez Sotheby's.

Peter **van Bouck** ou **Boucle** ou **Boeckel** (1610 ? -1673) (11.450/68.600 €). Confusion probable avec P. Boeckel. Peintre de volailles, de fleurs, de fruits, de gibier, de poissons et de Vanités. Elève de Snyders. Travailla à Anvers et à Paris.

Michel **de Bouillon** (Actif entre 1638 et 1668) (11.450/91.500 €). Peintre de fleurs et de natures mortes avec des instruments de musique, oiseaux et légumes. Travailla à Tournai et à Paris. Reçu franc-maître à Ere en 1638, il peignit aussi des œuvres incluant des décors architecturaux et des sculptures sous l'influence notamment de Jan D. de Heem et de Frans Snyders.

Raymond-Joseph **Brebar** (1736-1820)*. Natures mortes assez rares. Travailla à Tournai.

Alexander **van Bredael** (1663-1720) (6100/15.250 €). Scènes de marchés principalement. Travailla à Anvers.

Jan Pieter **van Bredael l'Ancien** (1654-1745) (45.750/91.500 €). Peintures de gibier principalement. Travailla à Prague, à Anvers et à Vienne.

Peeter **van Bredael** (1629-1719) (5350/13.000 €). Scènes de marchés. Travailla en Espagne, en Italie et à Anvers.

Bernaert **de Bridt** (Actif fin du 17e début du 18e siècle) (5350/25.950 €). Surtout peintre de volailles et de gibier. Travailla à Anvers. Cet artiste vivait encore en 1722.

Mattheus **Bril le Vieux** (Actif 1ere moitié du 16e siècle)*. Peintre de fleurs et de fruits. Natures mortes très rares sinon introuvables. Travailla à Anvers.

Abraham **Brueghel** dit **Ryngraaf** (1631-1690) (22.900/61.000 €). Peintre de fleurs et de fruits. Travailla à Anvers, à Rome et à Naples.

Ambrosius **Brueghel** (1617-1675) (53.400/**305.000 €**). Peintre de fleurs, de fruits, de gibier à plumes, de Vanités et de déjeuner. Travailla à Anvers.

Gaspar **Brueghel** (Actif à la fin du 17e et au début du 18e siècle)*. Peintre de fleurs et de fruits. Fils d'Abraham dit Ryngraaf.

Jan **Brueghel l'Ancien**, surnommé **de Velours** ou de **Paradis** (1568-1625) (**152.450/1.524.500 €**). Peintre de fleurs, de fruits et d'oiseaux. Scènes avec natures mortes ou objets et guirlandes de fleurs entourant des personnages. Ses œuvres, pleines de finesse et de coloris, firent de lui le chef de file de l'art de la nature morte flamande. Travailla à Bruxelles, Naples, Rome, Milan et Anvers.

Jan **Brueghel le Jeune** (1601-1678) (114.350/**838.750 €**). Peintre de fleurs. Travailla en Italie, brièvement en France et à Anvers.

Jean-Baptist **Brueghel** (1647-1719) (12.250/19.850 €). Peintre de fleurs, de fruits et de pain notamment. Travailla à Anvers et à Liège.

Jan-Pieter ou Peeter **Brueghel** (1628- ?) (11.450/24.400 €). Peintre de fleurs et d'instruments. Travailla à Anvers, à Liège et en Italie.

Pieter **Brueghel le Vieux** (1525 ? -1569) (**381.200/991.000 €**). Natures mortes très rares. Peintre de fleurs. Travailla à Anvers et en Italie. Brueghel, qui fut un des plus grands peintres du 16e siècle, eut une grande influence sur l'ensemble de l'école flamande.

C. **Bruuel** (Actif au 17e siècle) (11.450/24.400 €). Intérieurs de cuisines avec volailles, légumes et pâtisseries.

(Cornelis ?) **de Bryer** (Actif au 17e siècle) (13.750/33.550 €). Natures mortes diverses. Vraisemblablement d'origine néerlandaise.

Jan **van Buken** (1635-1694)*. Natures mortes de viandes notamment. Travailla à Anvers et en Italie.

C

Les peintres les plus recherchés : Peter Casteels III, David de Coninck et Alexander Coosemans. Casteels vécut en Angleterre une grande partie de sa vie alors que de Coninck, élève de P. Boel à Anvers en 1660, séjourna un temps en Italie et se distingua comme peintre de gibier.

Jacob **Caproens** (Actif au 17e siècle) (9150/15.250 €). Natures mortes diverses.

Pieter **Capuyns** (Actif au 17e siècle)*. Natures mortes diverses.

Frans **Casteels** (1686-1727)*. Natures mortes rares. Travailla à Anvers.

Peter **Casteels** (Actif vers 1670)*. Natures mortes rares. Travailla à Anvers.

Peter **Casteels III** (1684-1749) (15.250/**180.000** €). Peintre de volailles, d'oiseaux et de fleurs. Travailla en Angleterre à partir de 1708.

Peter Franz **Casteels** (Actif vers 1690-1698) (6900/14.500 €). Elève de Verbruggen, il peignit notamment des personnages bibliques dans des guirlandes de fleurs. Actif à Anvers.

Petrus **Christus** (1415 ?-1475)* Natures mortes d'ustensiles dans certaines scènes.

Anton **Clasen** ou **Claessens** (? -1651 ?)*. Peintre de gibier et de corbeilles de fruits. Natures mortes rares. Travailla à Anvers.

Artus **Claessens** (1600 ? - Après 1644) (7650/26.700 €). Peintre de fruits, de gibier et de pièces d'orfèvrerie. Actif à Anvers. Confusion vraisemblable avec le précédent.

Maerten van **Cleve** (1507 ou 1527-1557 ou 1581) (30.500/**137.250** €) Cet artiste peignit notamment des scènes de cuisines.

Antoine **Clevenbergh** (1755-1810) (2900/4600 €). Natures mortes avec gibier notamment. Travailla à Louvain.

Charles-Antoine **Clevenbergh** (1791- ?)*. Peintre de natures mortes à Louvain.

Pauwels **Cock** ou **Kock van Aelst** (1529 ? - ?)*. Peintre de fleurs. Travailla à Anvers.

Christian **Coclers** (1715 ? -1737) (5350/16.800 €). Peintre de fleurs. Travailla à Liège.

Georges **Coclers** (Actif au début du 18e siècle)*. Peintre de fleurs. Oeuvres très rares.

Guillaume Joseph **Coclers** (1760- ?)*. Peintre de fleurs. Travailla surtout à Leyde.

Henri-Joseph-Léonard **Coclers** (1751-1827)*. Travailla surtout comme peintre de natures mortes à Liège.

Jean Georges-Christian **Coclers** (1715-1751)*. Peintre de fleurs. Travailla à Liège.

David **de Coninck** dit **Rommelaer** (1636-1699) (13.750/42.700 €). Natures mortes de fleurs et scènes avec gibier. Également peintre d'oiseaux. Travailla à Anvers et à Rome.

Alexander **Coosemans** (1627-1689) (19.056/61.000 €). Peintures d'oiseaux, de fruits, de fleurs, de crustacés et de Vanités. Il fut l'élève de Jan de Heem en 1642 et travailla à Anvers.

Johannes **Cordua** ou **Corduba** ou **Courda** ou **Kurte** (Avant 1645 ? -1702)*. Travailla à Vienne. Natures mortes diverses.

Johannes **Coster** ou **Costers** (Actif au milieu du 17e siècle)*. Tableaux de Vanités. Travailla à Anvers.

Renier **Covyn** (Actif au milieu du 17e siècle) (7650/13.000 €). Natures mortes de fleurs et autres et scènes de cuisine. Travailla surtout à Dordrecht.

Pieter-Jacob **de Craen** (1751-1831)*. Natures mortes diverses.

Jan Baptist **de Crépu** ou **Creper** (? - Avant 1689)*. Peintre de fleurs. Travailla à Anvers et eut comme élèves P.S Hardimé et Jean-Baptiste Bosschaert en 1685.

Frans **van Cuyck « Mierhop »** (1640 ?-1690?) (7650/33.550 €). Peintre de poissons, d'oiseaux morts et de déjeuner notamment. Peignit aussi des tableaux en trompe l'œil. Son style rappelle celui de Snyders. Travailla à Bruges et à Gand.

D-E

Les peintres les plus intéressants : Jean-François van Dael, Andries Danielsz, Guilliam van Deyhum, Jean-François Eliaerts et Jacob F. van Es. Van Dael, qui vécut à Paris à partir de 1786, travailla à la décoration des châteaux de Chantilly, de Saint-Cloud et de Bellevue et logea au Louvre. Il fut un des meilleurs représentants de la peinture flamande de fleurs. Danielsz, quant à lui, fut l'égal des grands maîtres du XVIIe siècle alors que Deyhum, moins connu des biographes, produisit quelques remarquables natures mortes.

Jean-François ou Jan Frans **van Dael** (1764-1840) (53.400/**687.000 €**). Cet artiste né à Anvers, vécut à Paris et fut l'élève de Gérard van Spaendonck. Il exerça comme peintre de fleurs et de fruits. Une nature morte au bouquet de fleurs dans un vase, 99 x 78,5 cm, a été vendue pour 4 100 000 FF le 23 mars 2000 à Drouot.

Paulus **van Dalen** (?-1657)*. Peintures d'oiseaux. Travailla en Hollande.

Jacques **Damery** (1619-1685)*. Peintre de fleurs et de fruits. Travailla en Italie.

Andries **Danielsz** ou **Daneels** (1580 ? -1640 ?) (36.600/**182.950 €**). Peintre de fleurs notamment.

Léonard **Defrance** (1735-1805)*. Peintre de fleurs et de fruits. Travailla à Rome, à Florence, à Bologne, à Venise, à Padoue, à Milan, en France, notamment à Montpellier et Toulouse et à Liège.

Jean Dieudonné **Deneux** (1749-1786) (4600/7650 €). Peintre de fleurs. Travailla à Liège.

Pierre **Denis** (Actif au 18e siècle)*. Peintre de fleurs. Travailla à Lierre.

J. B. **Desprets** ou **Desprest** (? -1821)*. Peintre de fleurs et de fruits.

Guilliam **van Deyhum** ou **Deynum** (Actif fin du 17e début du 18e siècle) (15.250/99.000 €). Peintre de fruits notamment.

Jan-Baptista **van Deynum** ou **Duinen** (1620-1668)*. Travailla à Anvers.

Jan **Dirven** (? -1653)*. Natures mortes de poissons notamment. Travailla à Anvers.

Martin **van Dorne** (1736-1808) (6100/12.250 €). Peintre de fleurs à Louvain.

Simon **van Douw** (1630 ? - Après 1677) (4600/7650 €). Natures mortes très rares. Travailla à Anvers, à Amsterdam et à Rotterdam.

N. **van Eck** (Actif à la fin du 17e siècle)*. Peintre de fleurs et de fruits. Travailla à Bruxelles.

Anthonie **van den Eeckhout** (1656-1695)*. Peintre de fleurs et de fruits. Travailla en Italie, à Bruges et à Lisbonne où il fut tué par un rival d'un coup de feu..

Jean-François **Eliaerts** (1762-1848) (13.750/68.600 €). Peintre de fleurs et de fruits. Travailla en France à la manière de Jan van Huysum. Se fit plus tard naturaliser français.

Antoine Joseph **Equennez** (Actif vers 1760)*. Natures mortes très rares. Actif à Tournai.

Denis Joseph **Equennez** (Reçu maître en 1787)*. Natures mortes très rares. Actif à Tournai.

Jacques Joseph **Equennez** (Actif vers 1770-80)*. Natures mortes très rares. Actif à Tournai.

Jean Baptiste Joseph **Equennez** (Reçu maître en 1787)*. Natures mortes très rares. Actif à Tournai.

Michel Joseph **Equennez** (Actif vers 1735)*. Natures mortes très rares. Actif à Tournai.

Hippolyte François Joseph **Equennez** (1772-1854)*. Natures mortes diverses. Oeuvres cependant rares. Actif à Tournai.

Jacob Foppens **van Es** ou **Essen** (1596 ? -1666) (38.150/**137.250 €**). Natures mortes de fleurs, de fruits, de crustacés, d'huîtres, de poissons et de déjeuner. Travailla à Anvers.

Nicolaes **van Es** (Avant 1617- ?)*. Natures mortes rares. Actif à Anvers. Fils de Jacob.

Hans **van Essen** (1590 ? - Après 1642) (6900/12.250 €). Natures mortes diverses. Travailla à Anvers et à Amsterdam.

Jan **van Essen** (Actif vers 1660)*. Peintre de poissons, de crustacés, d'huîtres et de légumes. Travailla à Anvers et à Amsterdam.

Frans **van Everbroeck** (1638 ?- Après 1672) (13.750/21.350 €). Peintre de fleurs et de fruits à Anvers.

Adèle **Evrard** (1792-1889) (11.450/29.000 €). Peintre de fleurs et de fruits. Travailla à Ath en Hennegau.

Johannes **van Eyck** (1580-1660)*. Natures mortes diverses. Travailla à Anvers

F

Les artistes les plus représentatifs : Pieter Faes et Jan Fyt, Frans Francken II ne pouvant être considéré comme un peintre de natures mortes à part entière.

Pieter **Faes** (1750-1814) (15.250/144.826 €). Peintre de fleurs et de fruits. Travailla à Anvers à la manière de van Huysum.

Carel de **Ferrara** (?-1667 ?)* Ce peintre fut reçu maître à Anvers en 1612 et travailla avec Kerstiaen de Coninck avant d'enseigner la peinture à P. de Marlier. On ne sait s'il a vraiment produit des natures mortes.

Louis **Finson** ou **Fynson** (1578-1631 ?) (6100/9200 €). Natures mortes diverses. Travailla à Amsterdam et en Italie.

Albert **Flamen** ou **Flemael** ou **Flemalle** (Actif au milieu du 17e siècle) (4600/6900 €). Peintre d'oiseaux et de poissons notamment. Travailla à Paris entre 1646 et 1648.

Carel **Fonteyn** (1640 ?- Après 1655) (6900/13.750 €). Peintre de Vanités notamment. Actif à Anvers.

Frans **Francken II** (1581-1642) (24.400/**580.000 €**). Travailla avec Philips de Marlier pour ses tableaux les plus chers. Peintre de fleurs, de pièces d'orfèvrerie et autres. Scènes avec natures mortes. Travailla à Anvers.

Jérôme ou Hyeronimus **Francken le Jeune** (1578-1623 ou 1625). (10.000/29.000 €). Natures mortes diverses, notamment avec des légumes, poissons, huîtres et pain ou avec des lettres, pièces d'orfèvrerie et monnaies. Oeuvres cependant rares.

Jacob **Fyt** ou **Vyt** (Actif 1ere moitié du 17e siècle)*. Peintre de fleurs et autres à Anvers.

Jan **Fyt** ou **Fijt** (1611-1661) (15.250/**533.600 €**). Peintre de gibier, de fruits, de fleurs, de légumes, de gibier, d'oiseaux, de crustacés et de déjeuner. Travailla à Anvers et en Italie.

G

Les artistes les plus en vue : Hyeronimus Galle, Nicolas van Gelder, Jan Pauwel Gillemans le jeune, Jan Pauwel Gillemans le vieux, Abraham Govaerts, Adriaen de Gryef et Pieter Gysels.

Antoon **Gabron** (1622- ?)*. Natures mortes très rares. Frère de Guilliam ; actif à Anvers.

Guilliam ou Willem **Gabron** (1619-1678) (10.000/68.600 €). Peintre de fleurs, de fruits, de volailles et de tables dressées. Travailla à Anvers et à Rome.

Hieronymus **Galle L'ancien** (1625-Après 1682) (13.750/91.500 €). Natures mortes diverses, notamment de fleurs. Oeuvres cependant rares. Travailla à Anvers.

Hyeronimus **Galle le Jeune** (1656-1713)*. Natures mortes diverses. Oeuvres cependant rares. Actif à Anvers.

Jacob **de Gheyn II** (1565-1629)*. Vécut en Hollande. Natures mortes de style maniériste, notamment de fleurs dans des niches, d'oiseaux morts, d'insectes et de Vanités. Travailla à Anvers, Haarlem et Amsterdam. Pas de ventes d'œuvres enregistrées depuis plusieurs années. Entre 76.250 et **287.000** € pour une de ses natures mortes en cas d'apparition sur le marché.

Jan-Pauwel **Gillemans Le Jeune** (1651-1704 ou 1708) (10.700/45.750 €). Peintre de fleurs, de fruits et de homards. Elève de son père et de Joris van Son. Travailla à Anvers, Amsterdam et Paris.

Jan-Pauwel ou Joan Paulo **Gillemans le Vieux** (1618-1675) (22.900/**182.950 €**). Peintre de fruits, de guirlandes de fleurs et de homards. Travailla à Anvers.

Peter Mathys **Gillemans** (? -1692)*. Peintre de fleurs et de fruits. Travailla à Anvers.

Hugo **van der Goes** (1440 ? -1482)*. Natures mortes dans certaines scènes. Travailla à Gand, Bruges et Soignies.

Jan **Gossaert** appelé **Mabuse** (1470 ou 1478 ?-1532) (91.500/**266.800 €**) . (Pour des tableaux religieux). Natures mortes dans scènes, trompe-l'œil de Vanités et de blasons.

Gérard **Goswin** ou **Goswyn** (1610 ? -1691) (24.400/61.000 €). Peintre de fleurs et de fruits. Travailla d'abord à Rome puis enseigna à Paris en 1659. Il revint à Liège, sa ville natale, l'année suivante.

Abraham **Govaerts** (1589-1626) (26.700/57.200 €). Natures mortes rares. Travailla à Anvers.

Gommaert **van der Gracht** (1590 ? -1639)*. Peintre de fleurs et de fruits. Actif à Malines ou à Lierre.

Adriaen **de Gryef** ou **Grif** ou **Grief** (1670-1715) (8400/19.850 €). Peintre de gibier. Travailla à Anvers et à Bruxelles.

Gualterus ou Wouter **Gysaerts** (1649- ?)*. Peintre de fleurs. Travailla à Anvers puis se fit prêtre.

Cornelis Norbertus **Gysbrechts** (Actif au milieu du 17e siècle) (6900/11.450 €). Tableaux de Vanités, de natures mortes avec instruments de musique, livres et globe terrestre et trompe-l'oeil. Travailla à Anvers, en Allemagne, au Danemark et en Italie.

Pieter **Gysels** ou **Gijsels** ou **Gheysels** (1621-1690) (22.900/**122.000** €). Peintre de gibier, d'oiseaux, de Vanités, de fleurs et de fruits. Actif à Anvers.

H-I

Les peintres les plus en vue : Jan-Georg de Hamilton, Pieter Hardimé, Jan van den Hecke l'Ancien, Madalena van den Hecken, Mattheus van Helmont, Gaspar van den Hoecke, Gillis et Jacob van Hulsdonck.

Dingeman **van der Hagen** (1610 ? -1620 ? - ?) (9150/27.450 €). Natures mortes rares.

Jacob **van Hal** (1672-1750) (3100/6100 €). Natures mortes diverses. Travailla à Anvers. Elève de Jacob de Wit.

Jan **van der Hamen** (Actif à la fin du 16e et début 17e siècle) (6100/ 15250 €). Père de van der Hamen y Leon (Espagne). Peintre de fleurs et de fruits, travailla à Madrid.

Ferdinand Philipp **de Hamilton** (1664 ?-1750) (6100/38.150 €). Peintre de fleurs, de fruits, de papillons, de lézards, d'oiseaux et de gibier. Travailla en Autriche. Il fut considéré comme le meilleur représentant de la famille des Hamilton.

Jan Georg **de Hamilton** (1672-1737) (26.700/53.400 €). Peintre de gibier et de volailles. Travailla en Prusse et à Vienne.

Pieter **Hardimé** ou **Hardumé** (1677-1758) (4600/40.000 €). Peintre de fleurs et de fruits. Travailla à Anvers et à La Haye.

Simon **Hardimé** (1664 ou 1672 ? -1737) (6100/9200 €). Peintre de fleurs. Travailla à Anvers, en Hollande et en Angleterre.

Jan **van den Hecke (Kwaremont) l'Ancien** (1620-1684) (18.300/68.600 €). Peintre de déjeuner, de fruits, de fleurs et de pièces d'orfèvrerie. Elève d'Abraham Heck, travailla à Anvers et à Rome.

Madalena **van den Hecken** (Actif au milieu du 17e siècle) (11.450/30.500 €). Peignit surtout des insectes.

Vigor **van Heede** (1661-1708)*. Natures mortes diverses. Travailla à Furnes, en France et en Italie.

Leonard **van Heil** (1605- ?)*. Peintre de fleurs et d'insectes. Travailla à Bruxelles.

Jan **van Hemessen** (1500,-1565) (80.000/**550.000** €). Natures mortes, notamment d'instruments de musique, dans des scènes d'intérieurs.

Mattheus **van Helmont** ou **Hellemont** (1623-1679 ?) (13.750/72.500 €). Peintre de homards, fruits et verres à Anvers et à Bruxelles.

Jacobus Melchior **van Herck** (Actif entre 1698 et 1735) (4600/24.400 €). Beau-fils de P.G Verbruggen l'Ancien. Natures mortes diverses. Travailla à Anvers.

Johannes **Hermans dit Monsu Aurora** (1630 ? -1665) (9150/16.800 €). Natures mortes aux gibiers à plume et volailles.

Willem van **Herp** (1614-1677) (15 000/70.000 €). Scènes de cuisine et d'autres avec des personnages festoyant devant des tables dressées. Travailla à Anvers.

Francis **van Hersche** (Actif à la fin du 17e et début du 18e siècle)*. Spécialiste de peintures en trompe-l'œil.

Nicolaes **Heussen** surnommé **Claes** (Actif au début du 17e siècle)*. Peintre de fleurs et de fruits.

Gaspar ou Jasper **van den Hoecke** (1580 ? -1648 ?) (53.400/**427.000 €**). Peintre de fleurs à Anvers.

Jan **van den Hoecke** (1611-1651) (9150/36.600 €). Natures mortes rares. Actif à Anvers et à Bruxelles.

Georg ou Joris **Hoefnagel** (1542-1601) (10.700/**350.000 €** pour des gouaches mesurant souvent moins de 30 x 20 cm). Peignit des fleurs, des fruits et des insectes. Hoefnagel travailla à Anvers, en Espagne, en Italie, en Allemagne, à Innsbruck et à Vienne. Alors qu'il était au service de Rodolphe II à Prague à partir de 1590, il produisit de nombreuses gouaches de petites dimensions.

Jakob **Hoefnagel** (1575-1630 ?)*. Gravures de fleurs et d'insectes d'après les œuvres de son père Georg. Actif à Anvers.

Jan Josef **Horemans le Jeune** (1714- Après 1790) (18.300/69.500 €). Peintre de fruits et de légumes, notamment dans des cuisines. Travailla à Anvers.

Jan Josef **Horemans le Vieux** (1682-1759) (12.250/35.100 €). Scènes de marchés, natures mortes rares. Actif à Anvers.

Peter Jacob **Horemans** (1700-1776) (9150/20.750 €). Natures mortes rares. Scènes de déjeuner, de marchés avec volailles et intérieurs de cuisine Peintre de fleurs. Travailla à Munich et à Anvers.

Gillis **van Hulsdonck** (1626-Après 1670) (22.900/68.600 €). Peintre de fleurs et de fruits. Travailla en Hollande.

Jacob **van Hulsdonck** (1582-1647) (106.750/**914.700 €**). Peintre de fleurs et de fruits. Travailla à Middelburg, où se trouvait Ambrosius Bosschaert, et à Anvers à partir de 1608. Il fut un des plus grands peintres flamands de natures mortes.

Balthasar **Huys** (Mort en 1652) (6100/30.500 €). Natures mortes diverses, notamment avec des volailles, des oiseaux, du gibier et des fruits. Cet artiste, qui travailla à partir de 1612, signait ses œuvres de son monogramme (B.H). Né à Malines, il travailla à Mechelen, à Amsterdam et à Rotterdam où il mourut.

Henri **Imbert des Mottelettes** (1764-1837)*. Peintre de fleurs et de fruits. Travailla à Bruges et à Paris.

J-K

Les peintres les plus recherchés : Anna Janssens, Jacob Jordaens, Ferdinand van Kessel, Jan van Kessel, Jan van Kessel II et Jean Thomas van Kessel

François Xavier Joseph **Jacquin** (1756-1829)*. Natures mortes diverses. Actif à Bruxelles, Anvers et Louvain.

Abraham **Janssens** : voir **van Nuyssen**

Anna **Janssens** (Active au début du 17e siècle) (15.250/30.500 €). Natures mortes diverses.

Antoine **Jongelinck** (Actif au 18e siècle)*. Gravures d'histoire naturelle (poissons). Travailla en Angleterre.

Jacob **Jordaens** (1593-1678) (26.700/99.100 €). Scènes avec natures mortes notamment (cf. Allégorie de la Fécondité, Musées Royaux de Bruxelles). Travailla à Anvers.

N. **Kapuyns** (Actif à la fin du 17e siècle)*. Peintre de fleurs. Travailla à Bruxelles.

Jacob **van der Kerckoven** dit **Giacomo da Castello** (1637 ? –1712) (6900/13.750 €). Natures mortes de gibier, de volailles, d'oiseaux et de légumes. Travailla à Anvers et en Italie.

Ferdinand **van Kessel** (1648-1696 ?) (15.250/99.000 €). Peintre de fleurs, de fruits, de poissons, de crustacés et d'oiseaux. Elève de J. Campo Weyermans. Travailla à Anvers et à Breda.

Jan **van Kessel** (1626-1679) (61.000/**3.100.000 €**). Peintre d'insectes, de fleurs, de fruits, de poissons, de coquillages, d'insectes, de volatiles, d'oiseaux, de déjeuner et de scènes avec natures mortes ou objets. Une étude représentant une tige de fleur avec des insectes autour mesurant 14 x 19.4 cm a été vendue pour 4.991.500 FF le 28 janvier 2000 chez Sotheby's à New York.

Jan **van Kessel II** (1654-1708) (45.750/**150.000 €**). Peintre de fruits, de fleurs, de légumes, de volailles, de gibier, d'insectes et autres. Travailla à Anvers et à Madrid.

Jan **van Kessel III** : **Voir Pays-Bas**.

J. **van Kessel** (Actif vers 1660-65) (22.900/33.550 €). Différent de Jan van Kessel au niveau du style.

Jean-Thomas **van Kessel** dit **Nicolas** (1677-1741) (38.150/**609.800 €**). Peintre de fleurs et d'oiseaux. Travailla à Anvers et à Paris.

Pieter **van Kessel** (? -1688)*. Peintre de fleurs. Travailla à Lubeck et au Danemark.

L

Les artistes les plus en vue : Hendrick van Lint et Cerstiaen (Christiaan) Luycks.

Artus **van Laeck** (? -1616)*. Natures mortes diverses. Travailla à Anvers. Alexander Adriaenssen fut son élève.

Nicolas **La Fabrique** (1649-1733)*. Natures mortes diverses. Travailla à Rome, à Paris et à Liège.

Ernest **de Lairesse** (1636-1718)*. Peintre de fleurs. Travailla à Liège, à Amsterdam, en Italie et à Bonn.

Renier **de Lairesse** (1596 ?-1667)*. Natures mortes diverses. Travailla à Liège, en Allemagne et à Vitry-le-François.

Jan Baptist **Lambrechts** ou **Lambercht** (1680- Après 1731) (4300/16.800 €). Scènes de marchés avec natures mortes et intérieurs de cuisine. Travailla à Anvers, en France, en Allemagne et à Vienne.

Abraham **van Lamoen** ou **Lemoen** (? -1669 ?)*. Natures mortes avec huîtres, fruits et verres. Actif à Anvers.

Prosper Hendrik **Lankrink** ou **Lankring** ou **Langerinkx** (1628-1692)*. Peintre de fleurs pour certains tableaux de Lely. Travailla à Anvers, en Italie et à Londres. D'origine allemande.

Pierre François **Ledoulx** (1730-1807) (2750/13.000 €). Miniatures de fleurs et d'insectes. Elève de Gaeremyn et de Visch. Travailla à Liège et à Bruges.

Cornelis **Lens** (Actif vers 1730-1740)*. Peintre de fleurs. Travailla à Tilf.

Letellier (Travailla à la fin du 17e siècle)*. Peintre de fleurs, de coquillages, de Vanités et autres.

Gilles **Leunis** (Fin du 16e siècle - Après 1643)*. Natures mortes diverses. Biographie incertaine.

Daniel **Leyniers I** ou **Leniers** (1618-1688)*. Natures mortes diverses. Travailla à Bruxelles.

Daniel **Leyniers II** ou **Leniers** (1669-1728)*. Natures mortes diverses. Œuvres cependant rares. Actif à Bruxelles.

Daniel **Leyniers III** ou **Leniers** (1705-1770)*. Natures mortes diverses. Œuvres cependant rares. Actif à Bruxelles.

François **Liberti** (Actif à la fin du 17e et au début du 18e siècle) (6100/10.700 €). Travailla à Anvers. Natures mortes diverses.

N. **Lins** (Actif au 17e siècle)*. Natures mortes diverses. Peut-être originaire d'Autriche. Biographie incertaine.

Hendrick **van Lint** (1684-1763) (15.250/87.700 €). Natures mortes rares. Travailla à Anvers et à Rome.

Johannes **Lotyn** ou **Lotin** ou **Lotten** (? - Après 1695)*. Peintre de fleurs. Travailla à La Haye et en Angleterre.

Cerstiaen ou Christiaan **Luycks** ou **Lux** ou **Lucks** ou **Luykx** (1623- 1673 ?) (15.250/**298.000 €**). Peintre de fleurs, de fruits, d'insectes, de gibier, de crustacés, d'oiseaux, de pièces d'orfèvrerie, de livres, d'instruments de musique ou d'astronomie, de vanités et de déjeuner. Elève de Philip de Marlier puis de Frans Francken III. Actif à Lille et à Anvers.

M

Les peintres les plus représentatifs : Joseph-Laurent Malaine et Philips de Marlier

Cornelis **Mahu** (1613-1689) (10.700/57.930 €). Natures mortes avec cruches, coupes, fruits, huîtres, poissons, pâtés, écrevisses. Travailla à Anvers.

Joseph-Laurent **Malaine** ou **Malin** ou **Malines** ou **Mallaine** (1745-1809) (15.250/55.000 €). Peintre d'oiseaux, de fruits et de fleurs. Travailla surtout à Paris et en Alsace.

Nicolas-Joseph **Malaine** (1741-Après 1794)*. Natures mortes diverses. Oeuvres très rares.

Rénier Joseph **Malaine** (1711-1762)*. Peintre de fleurs à Tournai.

Philips **de Marlier** (? -1668 ou1677 ?) (15.250/**579.500 €**). Travailla en collaboration avec F. Francken le Jeune pour ses tableaux aujourd'hui les plus chers. Natures mortes de tables mises et de fleurs. Travailla à Anvers et brièvement au Portugal. Ses œuvres reflètent l'influence de Jan Breughel le Vieux et de Osias Beert.

Quentin **Massys** ou **Metsys** (1465 ? -1530)*. Scènes avec ustensiles et objets. Travailla en Allemagne, en Angleterre et à Anvers notamment.

Mathieu **Matheussens** ou **Mattheus** ou **Matthysens** (Avant 1600-1677)*. Natures mortes diverses. Oeuvres très rares. Actif à Anvers.

Renier **Megan** ou **Meganet** ou **Meganck** (1637-1690)*. Peintre de gibier à plumes. Travailla à Bruxelles, à Gand et à Vienne.

Hans **Memling** (1430 ou 1440 ? -1494)*. Natures mortes très rares. Ustensiles et fleurs dans des intérieurs. Travailla à Bruges.

Cornelis **Mertens** (? -1698)*. Natures mortes diverses. Travailla à Anvers.

Wouter **Mertens** (Actif 1640-1650) (9150/22.900 €). Peintre de fruits notamment.

Isaak **van der Meulen** (Actif au début du 17e siècle)*. Natures mortes diverses (Vanités et autres). Aurait travaillé à Malines.

Jan **van der Moelen** (Actif vers 1640-1650)*. Peintre de gibier.

Jan-Baptist **Morel** (1662-1732 ?) (4600/19.850 €). Peintre de fleurs. Travailla à Bruxelles et à Anvers.

Jean-Baptiste **Morel** (? -1754)*. Peintre de fleurs et de fruits. Travailla à Liège.

Jean-Pierre **Morel** (1702-1764)*. Peintre de fleurs. Travailla à Liège.

Jean-René **Morel** (? -1739)*. Peintre de fleurs. Travailla à Liège.

Mary **Morel** (Travailla à la fin 17e et début du 18e siècle) (15.250/27.450 €). Natures mortes rares.

N-O-P

Les peintres notoires : Isaac van Oosten et Clara Peeters.

Adriaen **van Nieulandt** ou **Nieuwelandt** (1587-1658) (4600/8400 €). Peignit surtout des scènes de cuisine et quelques natures mortes. Travailla à Anvers et à Amsterdam.

Annette de **Noter** (1803- ?)* Peintre de fleurs.

Joséphine de **Noter** (1805- ?)* Peintre de fleurs.

Abraham **Janssens van Nuyssen** (1573/4-1632) (9150/25.950 €). Allégories avec fruits. Travailla à Anvers.

Frans **d'Oliviers** (Actif fin du 17e début du 18e siècle)*. Natures mortes diverses. Biographie incertaine.

Frans **van Oorschot** (Actif au milieu du 17e siècle)*. Natures mortes au jambon, fruits, verres et pipe.

Isaac **van Oosten** (1613-1661) (30.500/137.250 €). (Pour des paysages principalement). Natures mortes rares.

G. **van Ophemert** (Actif au 17e siècle)*. Peut-être identique à Jan Dirckx van Ophemert mort après 1661. Natures mortes diverses.

Marten **Paep** (? - Avant septembre 1687)*. Peintre de fruits et autres.

Angela Agnese **Pakmann** (Active au début du 18e siècle)*. Natures mortes diverses. Travailla en Italie.

Jan **van Pee** ou **Peene** ou **Peenen** (Avant 1640-1710)*. Peintre de poissons, crêpes et autres. Actif à Anvers.

Catharina **Peeters** (1615-Après 1676)*. Peintre de fleurs et de fruits. Travailla à Anvers.

Clara **Peeters** (1589 ? - 1659 ?) (30.500/**1.921.000 €**). Natures mortes de fleurs, de fruits, de poissons, d'huîtres, de gâteaux, de coupes d'orfèvrerie et de coquillages. Clara Peeters, qui travailla à Anvers, exerça une profonde influence sur les peintres de natures mortes du 17e siècle. Un de ses tableaux, dont les détails sont un véritable appel à la foi ainsi qu'une mise en garde contre la vanité, *«Nature morte au pichet et à l'assiette de fromages »* mesurant 34,5 x 49 cm, a notamment été vendu pour la somme record de 10,1 millions FF (1.539.735 €) le 3 juin 1998 à Drouot. Il s'agissait d'une œuvre maîtresse de l'artiste dont l'autoportrait en miniature y est vu se reflétant sur le couvercle en étain du pichet.

Philips Jacob **Peeters** ou **Peters** (Actif 2e moitié du 18e siècle) (9150/16.800 €). Actif vers 1785. Peintre de fleurs à Anvers.

Jean-Michel **Picart** ou **Picard** (1600 ?-1682). Installé à Paris dans les années 1630 (Voir France)

Jacobus **Plasschaert** (Actif 1745-1765) (3100/6100 €). Spécialiste du trompe-l'œil et autres natures mortes.

Antoine **Plateau** (1759-1815) (3100/6100 €). Peintre de fleurs. Travailla à Tournai.

Jacques **Provost** ou **Prévost** (?-1785)*. Natures mortes diverses. Actif à Bruges.

Q-R

Le peintre le plus intéressant : Peter Andreas Rysbrack le jeune ; Rubens, Ryckaert II et Régnier n'ayant pas été vraiment représentatifs du genre.

Erasmus **Quellin** ou **Quellinus** ou **Quellyn II** (1607-1678) (12.250/25.950 €). Natures mortes rares. Guirlandes de fleurs notamment. Actif à Anvers.

Nicolas **Régnier dit Renieri** (1590 ?-1667) (21.350/38.150 €). Natures mortes rares ; quelques Vanités. Travailla à Anvers et à Rome.

Louis **Raoux** (1784-1861)*. Natures mortes diverses.

Jan **Roos le Vieux** appelé Giovanni **Rosa** (1591-1638) (6900/12.250 €). Peintre de fleurs, de fruits, de gibier et scènes avec natures mortes à Anvers et à Gênes.

Jean-Baptiste **de Roy** (1759-1839) (3850/6100 €). Natures mortes diverses. Travailla en Hollande et à Bruxelles.

Peter Paul **Rubens** (1577-1640) (**457.350/3.811.500 €**). (Pour ses portraits et tableaux d'histoire). Natures mortes rares. Travailla à Anvers, Paris, Madrid, Mantoue et Rome.

David **Ryckaert II** (1586-1642) (22.900/91.500 €). Intérieurs de cuisines principalement. Travailla à Anvers.

David **Ryckaert III** (1612-1661) (15.250/26.700 €). Natures mortes rares. Intérieurs de cuisines. Travailla à Anvers.

Gérard ou Geerard **Rysbrack** (1696-1773) (6100/ 10.700 €). Peintre de fruits, de fleurs, de volailles et de gibier à Anvers.

Peter Andreas **Rysbrack le Jeune** (1690 ?-1748) (15.250/45.750 €). Natures mortes diverses, notamment de gibier d'eau, de volailles et d'oiseaux. Né à Paris entre 1685 et 1690, il travailla à Anvers et à Londres où il mourut.

S

Les artistes les plus en vue : Daniel Seghers, Frans Snyders, Peter Snyers, Joris van Son, Isaac Soreau et Adriaen van Stalbemt

Jean-Baptiste **de Saive** (1540 ?-1624) (33.550/76.250 €). Scènes avec natures mortes. Travailla à Liège, Namur et Malines.

Pieter ou Piat Joseph **Sauvage** (1744-1818) (11.450/22.900 €). Scènes avec fleurs et tableaux en trompe-l'oeil. Elève de G. van Spaendonck à Anvers. Travailla à Paris et à Tournai.

Alexandre-Joseph **Scaron** (1788-1850)*. Peintre de fleurs et de fruits à Bruxelles.

Michelangelo **di Giuseppe Schilles** ou **Schiler** (Actif à la fin du 17e et début du 18e siècle)*. Natures mortes diverses. Travailla à Naples.

F.**van Schney** (Travailla vers 1660)*. Natures mortes diverses.

Mathys **Schoevaerdts** ou **Schovaerts** (1665 ?- ?) (15.250/42.700 €). Scènes de marchés avec poissons, fruits et autres. Travailla à Bruxelles.

Ludwig ou Nicolas **van Schoor** (1666 ?- 1726)*. Peintre de fleurs. Travailla à Anvers et à Bruxelles.

Pieter **Schotanus** (Actif au 17e siècle)*. Peut-être le même que l'artiste néerlandais Pauwels van Schoten de Leyde actif entre 1640 et 1667. Egalement confondu avec Petrus Schotanus de Leeuwarden. Actif à Louvain. Natures mortes diverses.

Pieter **Schoubroeck** ou **Schaubroeck** (1570 ?-1607) (30.500/91.500 €). Peintre de fleurs et de fruits. Oeuvres cependant très rares. Travailla à Frankenthal, Nuremberg et Franken.

Cornelis **Schut** (1597-1655) (10.000/19.100 €). Peintre de guirlandes de fleurs et autres à Anvers.

Daniel **Seghers** ou **Zeghers** dit **le Jésuite d'Anvers** (1590-1661) (27.450/**457.350 €**). Guirlandes de fleurs notamment, peintures de fruits et autres à Anvers.

Gérard **Seghers** ou **Zeghers** (1591-1651) (11.450/22.900 €). Peintre de guirlandes de fleurs et autres. Travailla à Anvers, en Italie et à Madrid.

Jan Baptist **Seghers** ou **Zegers** (1624- ?)*. Natures mortes très rares. Travailla à Anvers et à Vienne.

Balthazar **van Seiniens** ou **Semens** (1637 ?-1704)*. Natures mortes diverses. Travailla à Anvers.

Jacob **Seldenslach** ou **Seldenbach** ou **Selderslach** (1652-1735)*. Peintre de fleurs et de fruits à Anvers.

Le **Pseudo Simons** (Actif à la fin du 17e siècle) (12.250/32.000 €). Natures mortes de fruits, de fleurs, de pièces d'orfèvrerie, de crustacés et autres. Ce peintre, actif à Anvers, a souvent été confondu avec l'artiste hollandais Michiel Simons.

Pieter **Sion** (1624 ?-1695) (11.450/27.450 €). Peintures de Vanités. Travailla à Anvers.

Jan **Sloots** (1636-1690)*. Peintre d'oiseaux à Malines.

Jacob **Smets** (1680-1764)*. Natures mortes diverses. Travailla à Malines et à Auch.

Arnold **Smitsen** ou **Smitsers** (1687 ?-1744)*. Natures mortes au gibier et aux trophées de chasse. Travailla à Liège.

Andries **Snellinck** ou **Snellincx** (1587-1653)*. Natures mortes diverses. Travailla à Anvers.

Frans **Snyders** ou **Sneyders** (1579-1657) (45.750/**274.450 €**). Peintre de gibier, natures mortes de légumes, de victuailles, de crustacés, de volailles, de fleurs et de fruits. Travailla à Anvers et en Italie. Il fut le créateur de la nature morte flamande dite baroque en s'inspirant de P. Aertsen et de J. Beuckelaer.

Michael **Snyders** (1588 ?-1630 ?)*. Gravures de fleurs et d'insectes. Actif à Anvers.

Petrus Johannes **Snyers** (1696-1757)*. Natures mortes diverses. Oeuvres rares. Travailla à Anvers.

Pieter **Snyers** surnommé **le Saint** (1681-1752) (30.500/129.600 €). Peintre de fruits, de fleurs, de gibier, de poissons, de légumes et de volatiles. Travailla à Bruxelles et à Anvers.

Charles de **Sommer** (1637-1673) (13.750/26.700 €). Peintre de fleurs et de fruits. Travailla à Bruxelles, en Italie et à Paris.

Jan-Frans **van Son** ou **Zoon** (1658-1718 ?) (6900/13.750 €). Peintre de fleurs, de fruits, de crustacés, de pièces d'orfèvrerie et de natures mortes de déjeuner. Épousa à Londres la mère de Robert Streater ou Streeter.

Joris ou Georg **van Son** (1623-1667) (27.450/**457.350 €**). Natures mortes avec homards, écrevisses, huîtres, oiseaux, fleurs et fruits. Actif à Anvers.

Daniel **Soreau** ou **Soriau** ou **Sorian** (?-1619)*. Père des deux suivants. Il peignit des corbeilles de fruits notamment. Actif à Francfort, il fut le maître de Sebastian Stosskopf, de Pieter Binoit et de ses fils.

Isaac **Soreau** ou **Soriau** ou **Sorione** (1604-Après 1638) (**152.450/762.250 €**). Né à Hanau, près de Francfort, où son père Daniel s'était établi après 1599, ce peintre travailla en Hollande, à Anvers et à Francfort. Il se spécialisa dans la représentation de fruits, de fleurs et de natures mortes de déjeuner. Soreau produisit de délicates compositions sous l'influence notamment de Jacob van Hulsdonck, Jan Brueghel, Stosskopf ou Flegel.

Jan **Soreau** ou **Soriau** ou **Sorione** (1591- Avant 1638) (30.470/76.250 €) Sans doute le fils de Daniel Soreau, cet artiste qui peignit des natures mortes de fleurs et de fruits, était né à Francfort, Ses œuvres ont cependant été souvent confondues avec celles d'Isaac Soreau.

Peter **Soreau** (1604- Avant 1672)* Frère jumeau d'Isaac Soreau. Il travailla à Francfort et peignit notamment des fleurs mais aussi des portraits.

Michel Joseph **Speckaert** (1748-1838) (14.500/20.750 €). Peintre de fleurs et autres natures mortes à Louvain et à Bruxelles

Martinus **Spey** ou **Speij** (1777- ?) (9150/26.700 €). Peintre de fleurs et de gibier mort. Travailla à Paris de 1809 à 1814.

Adriaen **van Stalbemt** (Actif au 17e siècle) (15.250/33.550 €). Natures mortes diverses. Oeuvres cependant rares. Travailla à Middelburg et à Londres.

T-U

Les artistes les plus remarquables : Jan Philips van Thielen, Lodewyk Toeput et Adriaen van Utrecht.

Jean **Tahan** (Actif au 18e siècle)* Peintre de fleurs à Spa.

David **Teniers** ou **Tenier II Le Jeune** (1610-1690) (76.250/**762.250 €**). Natures mortes rares. Plus souvent intérieurs de cuisines ou de boucheries. Actif à Anvers et à Bruxelles.

David **Teniers III** (1638-1685) (18.300/44.250 €). Intérieurs de cuisine. Actif à Anvers et à Bruxelles.

Juliaen **Teniers** (1572-1615)*. Peintre de fleurs à Anvers.

Anna-Maria **van Thielen** (1641- ?)*. Peintre de fleurs. Fille de J.P van Thielen, elle travailla à Anvers.

Francisca-Catharina **van Thielen** (1645- ?)*. Peintre de fleurs. Fille de J.P van Thielen.

Jan Philips **van Thielen** surnommé **Righolz** ou **van Couwemberg** (1618-1667) (30.500/140.000€). Peintre de fleurs et d'insectes. Elève de Daniel Seghers, travailla à Malines et à Anvers.

Maria-Theresia **van Thielen** (1640-1706)*. Peintre de fleurs. Fille de J.P van Thielen, elle travailla à Anvers.

Gaspar **Thielens** (? -1691)*. Natures mortes diverses.

Pierre-Joseph **Thys** (1749-1823)*. Peintre de fleurs et de fruits. Travailla à Anvers, Paris et Bruxelles.

Jan-Baptiste **Thyssens** (Actif 2e moitié du 17e siècle)*. Peut-être le même que Nicolas.

Nicolas **Thyssens** (1660 ? -1719)*. Peintre de fleurs, de fruits et autres natures mortes. Travailla à Anvers puis en Italie et en Allemagne. Peut-être le même que Jan-Baptiste.

Gillis **van Tilborch** (1625 ? -1678 ?) (14.500/87.700 €). Natures mortes diverses. Travailla notamment à Anvers.

Lodewyk **Toeput** dit **il Pozzoserrato** ou Ludovico **Flammingo** (1550 ?-1603 ?) (15.250/76.250 €). Scènes de marchés principalement. Travailla surtout en Italie.

Adriaen **van Utrecht** (1599-1652/53) (15.250/125.000 €). Natures mortes de victuailles, d'huîtres, de fruits, de fleurs, de légumes, de volailles, d'oiseaux et moins souvent de poissons. Peignit rarement des fleurs dans ses compositions. Travailla à Anvers.

V

Nicolaes Veerendael puis Gaspar Pieter Verbruggen le Jeune et l'ancien, Nicolaes van Verendael et Jacob Xavier Vermoelen sont les artistes les plus représentatifs de cette liste.

Frederick **van Valkenborch** (1570 ? -1623) (26.000/55.000 €). Scènes avec natures mortes. Certaines œuvres avec instruments de musique. Travailla à Anvers, en Italie et à Nuremberg.

Nicolaes **van Veerendael** ou **Verendael** (1640-1691) (10.700/**533.600** €). Peintre de fleurs, de fruits, de gibier et de Vanités. Travailla à Anvers. Il fut parmi les plus grands peintres de fleurs flamands du 17e siècle et travailla notamment sous l'influence de J.D de Heem.

Balthazar Hyacinth **Verbruggen** (Actif au 17e siècle) (6900/12.250 €). Peintre de fleurs à Anvers.

Gaspar Pieter **Verbruggen** ou **Verbrugghen le Jeune** (1664-1730) (8400/42.700 €). Peintre de fleurs, de fruits et de gibier notamment. Actif à Anvers et à La Haye.

Gaspar Pieter **Verbruggen** ou **Verbrugghen l'Ancien** (1635-1687) (11.450/51.900 €). Peintre de fleurs à Anvers.

Jan Peeter **Verdussen** (1700 ? -1763) (6900/15.250 €). Peintre d'oiseaux notamment. Travailla à Anvers, Marseille et Avignon.

Franz **Verendael** (1659-1747)*. Peintre de fleurs et d'insectes à Anvers.

Nicolaes **van Verendael** (1640-1691) (15.250/260.000 €). Peintre de fleurs et d'insectes à Anvers.

Willem **Verendael** ou **Veerendael** (Actif au 17e siècle)*. Natures mortes très rares. Actif à Anvers.

Jean-Joseph **Verhagen** dit **Pottekens** (1726 ? -1795)*. Natures mortes diverses. Oeuvres cependant rares. Travailla à Louvain.

Martin ou Martinus **Verhoeven** (Actif 1ere moitié du 17e siècle)*. Peintre de fruits et de fleurs. Actif à Malines.

Jacob Xavier **Vermoelen** (1714 ? -1784) (8400/24.400 €). Peintre d'oiseaux et autres. Travailla à Anvers et à Rome.

Josine Hanyock **Voisin** (Active 2e moitié du 15e siècle)*. Peintre de fruits à Tournai.

Paul ou Pauwel **de Vos** (1596 ? -1678) (9150/36.588 €). Peintre de gibier, de crustacés, de fruits et légumes à Anvers.

Sebastien **Vrancx** ou **Franks** ou **Francken** (1573 ou 1578 ? -1647) (22.900/68.600 €). Natures mortes rares (Représentations de la Vierge avec guirlande de fleurs et scènes de marchés avec fruits et légumes). Travailla à Anvers.

Cornelis **de Vriendt** dit **Floris** (1551-1615)*. Natures mortes diverses. De Vriendt fut le maître de Hyeronimus van Kessel.

W-X-Y-Z

Michaelina **Wautier** (Active vers 1650) (10.000/ 30.000 €). Peintre de fleurs. Artiste peu connue. Travailla à Mons
Isaac **Wigan** dit **Desseris** (1615-1662-63 ?) (13.750/49.000 €). Natures mortes de déjeuner, de fruits, d'huîtres et autres victuailles. Actif à Anvers.
Jeremias **Wilden** (Actif 2e moitié du 17e siècle)*. Peintre de gibier. Actif à Anvers.
Jan **Wildens** (1586-1653) (7650/16.800 €). Scènes avec poissons. Travailla à Anvers.
Pieter **van der Willigen** (1635-1694) (7650/18.300 €). Natures mortes diverses. Travailla à Anvers.
De Witte (Travailla durant la 1ere moitié du 18e siècle)*. Peintre de fleurs. Oeuvres cependant rares.
Michaelina **Woutiers** (Active durant la 1ere moitié du 17e siècle)*. Natures mortes diverses. Travailla à Mons.
Karel **Wuchters** ou **Wichters** ou **Wighters** ou **Wughters** (1688 ? - ?)*. Peintre de fleurs à Anvers.
Catharina **Ykens** ou **Eycken** (1659- ?)*. Peintre de fleurs et de fruits.
Frans **Ykens** ou **Ijkens** ou **Eyckens** (1601- Avant 1693) (30.500/114.350 €). Natures mortes de fleurs, de volailles, de gibier, de fromages, de corbeilles de fruits, de gâteaux et d'oiseaux. Travailla à Anvers et à Bruxelles.
Jan **Ykens** (1613-1679) (3850/6100 €). Peintre de fleurs et de fruits.
Pieter **Zeghers** ou **Seghers** (Actif 2e moitié du 16e siècle)*. Natures mortes rares. Actif à Anvers.
Georg Frederik **Ziesel** (1756-1809) (7650/53.400 €). Peintre de fleurs, de fruits et d'insectes à Anvers.

FRANCE :

A-B

Jean-Jacques Bachelier, Jacques Barraban, Nicolas Baudesson, Lubin Baugin, Michel Bellengé, Antoine Berjon, Jacques Samuel Bernard, Louis Léopold Boilly et Madeleine de Boulogne.

Etienne-Louis **Advinent** (1767-1831)*. Peintre d'oiseaux morts notamment. Travailla à Lyon et à Versailles.
Anne **Allen** (Active vers 1760)*. Gravures de fleurs d'après Pillement. Active à Paris.
Aloncle (Actif durant la 2e moitié du 18e siècle)*. Peintre d'oiseaux à la manufacture de porcelaine de Sèvres entre 1760 et 1778.
Armand (Actif au 18e siècle) : Voir **Saint Armand**
L.**Aublé** (Actif au milieu du 18e siècle)*. Dessins de fleurs et de fruits.
Claude **Aubriet** (1651 ? -1742)*. Dessins, aquarelles et gravures de fruits et de botanique. Peintre au jardin de Louis XIV. Travailla au Levant et à Paris.
Jean-Baptiste **Audebert** (1759-1800) (1100/1850 €). Pour des aquarelles. Gravures et dessins d'histoire naturelle, notamment de fleurs, d'oiseaux et d'insectes. Travailla à Paris.
Claude **Audran III** (1658-1734) (12.250/30.500 €). Peintre de fleurs et de feuillages à Paris.
Babère (Actif vers 1755)*. Natures mortes diverses. Travailla à Paris.
A. **Babron** (Actif au milieu du 18e siècle) Natures mortes de fruits.
C.**Bachelier** (Actif au début du 18e siècle)*. Gravures de feuillages.
Jean-Jacques **Bachelier** (1724-1806) (9150/57.200 €). Peintre de fleurs, de fruits, d'oiseaux, de gibier et d'œuvres en trompe-l'œil. Travailla également à la manufacture de porcelaine de Sèvres dont il fut le directeur.
Nicolas **Bachelier** (Actif au milieu du 18e siècle)*. Peintre de fleurs à Paris.
Antoine **Bailly** (Actif au début du 19e siècle)* Elève de Berjon à l'école des beaux-Arts de Lyon en 1810. Peintre de fleurs.
Jacques **Bailly I** (1629 ? -1679)*. Tableaux et gravures de fleurs. Travailla à Paris.

Leonhard **Baldner** (1612-1694)*. Aquarelles d'insectes. Actif à Strasbourg.

Balftraccia (Actif durant la 2e moitié du 17e siècle)*. Peintre de fleurs.

Baptiste (Actif durant la 2e moitié du 17e siècle)*. Peintre de fleurs. Travailla aussi pour la manufacture des Gobelins vers 1680.

Jacques **Barraban** ou **Barraband** (1767/1768-1809) (12.250/49.546 €). Peintre et dessinateur de fleurs, d'insectes et d'oiseaux. (11.450/**167.700 €** pour ses aquarelles). Travailla également sur porcelaine entre 1798 et 1806 puis enseigna la peinture de fleurs à partir de 1807 à l'Académie des Beaux-Arts de Lyon.

Valentin-Baltasar **Barries** (1765 ? - ?)*. Peintre de fleurs. Elève de Bachelier. Travailla à Paris.

Pierre-François **Barrois** (1788 ? - ?)*. Gravures d'histoire naturelle. Travailla à Paris.

Madeleine-Françoise **Basseporte** (1701-1780) (6100/18.300 €). Peintre de fleurs, de plantes, de fruits, d'insectes et d'oiseaux. Elève d'Aubriet, elle peignit surtout des gouaches. Travailla à Paris.

François **Baudesson** (1640-1713)*. Peintre de fleurs et de fruits. Fils de Nicolas. Travailla à Paris.

Nicolas **Baudesson** (1611-1680) (6100/44.250 €). Peintre de fleurs et autres. Travailla à Paris et à Rome.

Caroline **Baudry de Balzac** (1798- ?)*. Peintre de fleurs, élève de van Spaendonck. Travailla à Paris.

Thérèse Antoinette **Baudry de Balzac** (1774-1831)*. Peintre de fleurs, de fruits et d'histoire naturelle. Produisit également des aquarelles sur vélin. Elève de Pecquinot et de van Spaendonck. Travailla à Paris.

A. **Baugin** (Actif vers 1630)*. Natures mortes diverses. Peintre de fruits notamment. Biographie incertaine. Confusion probable avec Lubin Baugin.

Lubin **Baugin** (1610-1663) (7650/26.700 €). Natures mortes de Vanités, de livres ou de fruits avec verres, bouteilles et pâtisseries notamment. Travailla à Paris et à Rome.

Georges Bertrand **Bayle** (1788-1851) (6100/7650 €) Peintre de fleurs, élève de Gérard van Spaendonck.

Jules **Beinder** (1796- ?)* Peintre de fleurs. Elève de Berjon à l'école des beaux-Arts de Lyon en 1813.

Jean **Benner-Fries** (1796-1849) (7650/15.240€) Peintre de fleurs. Elève de van Dael et de van Spaendonck. Travailla à Paris et à Mulhouse.

Michel Bruno **Bellengé** ou **Bellange** ou **Belanger** (1726 ? -1793) (9150/38.150 €). Peintre de fleurs, de fruits et d'oiseaux. Travailla à Paris et à Rouen.

Raphaël **Benicor** (Actif au 17e siècle)*. Elève de Mignon. Natures mortes diverses.

Antoine **Béranger** (1785-1867)*. Peintre de fleurs sur porcelaine à Sèvres.

Jean **Bercy** ou **Bersy** (Actif au 17e siècle)*. Peintre, dessinateur et graveur de fleurs et de fruits.

Antoine **Berjon** (1754-1843) (7650/30.500 €). Peintre de fleurs, de fruits et de coquillages. Travailla à Lyon notamment.

Jacques Samuel **Bernard** (1615-1687) (15.250/**197.900 €**). Peintre de fruits, de fleurs, d'insectes et d'instruments de musique à Paris. Il fut un des 14 membres fondateurs de l'Académie dont il fut plus tard exclu du fait de son appartenance à la religion protestante avant d'abjurer et d'y être réintégré en 1685. Il travailla dans l'atelier de Simon Vouet et fut surtout peintre de portraits et miniaturiste. Ses natures mortes reflètent notamment l'influence des maîtres néerlandais.

Abbé Louis-René **Le Berriays** (Actif durant la 1ere moitié du 18e siècle)*. Dessins, aquarelles et gravures de fleurs.

Théodore **Bertren** (Actif vers 1770)*. Gravures de fleurs. Travailla à Paris.

Nicolas **Bertry** (Actif 2e moitié du 18e siècle)*. Peintre d'ustensiles de cuisine et autres natures mortes. Confusion possible avec Nicolas-Henri Jeaurat de Bertry.

F.**Béry** (Travailla durant la 2e moitié du 17e siècle)*. Peintre de fleurs notamment.

Pancrace **Bessa** (1772-1835) (6900/30.500 €). Peintre de fleurs, de fruits et d'oiseaux. Elève de G. van Spaendonck et de Redouté. Produisit également de nombreuses aquarelles (4600/24.400 €). Travailla à Paris et à Ecouen.

Antoine-Germain **Bevalet** (1779-1850) (8400/57.200 €). Peintre d'histoire naturelle à Paris.

Jean-Joseph Xavier **Bidauld** (1758-1846) (12.250/91.500 €). Sujets d'histoire naturelle. Oeuvres assez rares. Travailla d'abord à Carpentras puis à Paris.

Jean-Pierre-Xavier **Bidauld** ou **Bidault** (1743-1813) (2750/25.950 €). Peintre d'histoire naturelle. Travailla notamment à Lyon.

Marie Marc Antoine **Bilcoq** (1755-1838) (6900/12.250 €). Natures mortes très rares. Travailla à Paris.

Bizet (Actif au milieu du 17e siècle)*. Une nature morte aux livres connue. Travailla en Ardèche.

Emile Théophile **Blanchard** (1795-1860) (2750/6900 €) Peintre de fleurs et autres natures mortes. Il exposa notamment au Salon de 1833 des aquarelles représentant des coquillages et à celui de 1851 une composition de fleurs. 762/2750 € pour des aquarelles.

Jacques **Blin** ou **Belin de Fontenay** (1698-1723)*.

Jean Baptiste **Blin** ou **Belin de Fontenay** (1653-1715) (6900/28.250 €). Peintre de fleurs et de fruits. Elève de J.B Monnoyer.

Jean-Baptiste **Blin** ou **Belin de Fontenay** (1688-1730)*. Fils du précédent. Peintre de fleurs.

Christian Marie Colin de **La Biochaye** (1750-1816) (12.250/60.000 €). Natures mortes de fruits et certaines avec des mottes de beurre et des petits pains.

Louis-Léopold **Boilly** (1762-1845).(84.000/**350.700** €). Natures mortes rares. Peintures de fleurs ou en trompe-l'œil. Travailla à Arras et à Paris.

Jean-Baptiste **Boisset** (Actif 2e moitié du 18e siècle) (12.250/39.750 €). Spécialiste de peintures en trompe-l'œil. Travailla à Paris.

Jean-Jacques **de Boissieu** (1736-1810) (7650/15.240 €) Peintures de fleurs assez rares. Travailla notamment à Lyon.

André **Bonneval** (Actif à la fin du 18e et au début du 19e siècle)*. Peintre de fleurs. Elève de van Dael, il exposa à Paris.

Catherine Hélie **Bonvoisin** née **Lassare** (1788- ?) (7650/15.250 €). Peintre de fleurs et d'oiseaux à Paris.

Jean-François **Bony** (1754 ou 1760- 1825) (7650/19.850 €) Peintre de fleurs et de fruits. Etudia à Lyon et à Paris. Produisit également des gouaches.

Jean-Baptiste **Borely** (1776-1823) (3850/9200 €). Natures mortes rares. Travailla à Montpellier.

Geneviève **de Boulogne** ou **Boullongne** (1645-1708)*. Peintre de fleurs, de fruits, d'instruments de musique et de Vanités. Travailla à Paris.

Madeleine **de Boulogne** ou **Boullongne** (1646-1710) (15.250/36.600 €). Peintre de trophées d'armes, de fruits et d'instruments de musique ou militaires. Travailla à Paris.

Michel Honoré **Bounieu** (1740-1814) (4600/24.400 €). Natures mortes diverses. Oeuvres cependant rares. Travailla à Paris.

Augustin **Bouquet** ou **Boquet** (Actif vers 1630-1640)*. Peintre de fleurs, de fruits et légumes.

Sébastien **Bourdon** (1616-1671) (38.150/68.600 €). Nature morte dans une cuisine notamment. Oeuvres de ce genre très rares. Travailla à Paris.

Joseph **Bourne** (1740-1808)* Peintre de fleurs. Travailla à Lyon.

Louis-Alexandre **Bouteloup** (1762- ?)*. Produisit seulement des gravures de plantes. Actif à Paris.

André **de Bouys** (1656-1740) (5350/80.200 €). Natures mortes assez rares. Tables mises notamment avec des pichets ou des services à thé. Actif à Paris.

Michel **Boyer** (1668-1724)*.Natures mortes plutôt rares. Tableau aux instruments et partitions de musique à la Biennale des Antiquaires Paris 1998 (Galerie Ladrière). Boyer fut surtout un peintre d'architecture.

Auguste (**Piquet de**) **Brienne** (1789- ?)* Peintre de fleurs et de fruits. Elève de Van Dael et de Gérard van Spaendonck.. Exposa au Salon de Paris de 1814 à 1847 sous le nom de Brienne.

Elise **Bruyère** née **Lebarbier** (1776-1842) (10.700/16.800 €). Tableaux de fleurs et de fruits. Elève de van Dael. Travailla à Paris.

Pierre-Joseph **Buc'Hoz** (1731-1807) (76/250 € par gravure). Gravures de fleurs et de plantes.

Jean-Baptiste François **Buillard** (1752-1793)*. Gravures de botanique.

C

L'artiste le plus en vue : Jean-Baptiste Siméon Chardin (1699-1779) qui ne cessa de refléter les émotions de la nature dans ses œuvres. Il fut un des rares de son siècle à reproduire les ustensiles ménagers, les gibiers, les fruits, les nappes et tous les objets inanimés de la cuisine en se montrant l'égal d'un Rembrandt, d'un Kalf ou d'un Fyt qui furent les grands artistes du 17e siècle. Admiré par Diderot, Chardin fut un magicien des tons, de l'illusion et de la lumière.

Christophe-Ferdinand **Caron** (1774-1831)*. Aquarelles et gouaches d'oiseaux. Travailla à la manufacture de porcelaine de Sèvres entre 1792 et 1815.

Carrié (Travailla entre 1750 et 1760)*. Peintre de fleurs sur porcelaine à la manufacture de Sèvres.

Caussé (Travailla vers 1790)*. Dessins de fleurs.

Etienne **Chameau** (1795- ?)* Peintre de fleurs. Elève de Berjon à Lyon vers 1813.

Philippe **de Champaigne** (1602-1674) (12.250/30.500 €). Né à Bruxelles, travailla à Paris dès 1621. Natures mortes très rares. Quelques tableaux de Vanités notamment (Fleur et Vanité au musée du Mans).

Julie **Chanou** née **Durosey** (Active entre 1753 et 1800)*. Peintre de fleurs sur porcelaine à la manufacture de Sèvres. Plusieurs artistes du nom de Chanou y travaillèrent durant le 18e siècle.

Jean **Chappe** (1660 ? - ?)*. Peintre de fleurs, de fruits et d'oiseaux. Travailla à Reims.

Chapuis l'Ainé (Actif entre 1762 et 1787)*. Peintre de fleurs et d'oiseaux sur porcelaine à la manufacture de Sèvres.

Chapuis le Jeune (Actif entre 1770 et 1778)*. Peintures de fleurs sur porcelaine à la manufacture de Sèvres.

Jean-Baptiste Siméon **Chardin** (1699-1779) (304.900/**2.287.000 €**). Peintre de fleurs, de fruits, de Vanités, de gibier, de viandes, de poissons et autres victuailles. Chardin, qui travailla à Paris, fut sans conteste le plus grand peintre de natures mortes du 18e siècle.

Pierre Jean Baptiste **Chardin fils** (1731- 1768)*. Imitateur de son père. Travailla à Venise notamment.

Claude **Charles** (1661-1747)*. Natures mortes diverses et notamment de fleurs. Œuvres cependant rares. Travailla à Nancy.

Pierre **Chartier** (1618-Après 1683)*. Peintre de fleurs, plus connu comme miniaturiste. Travailla à Paris.

Jeanne-Elisabeth **Chaudet** née **Gabiou** ou **Gabion**(1767-1842) (9150/21.350 €). Scènes avec fleurs. Veuve Chaudet, connue également sous le nom de Husson.

Antoine Jean **Chazal** (1793-1854) (22.900/76.250 €). Peintre de fleurs et de fruits. Elève de Bidault et de van Spaendonck. Exerça la charge de directeur de l'iconographie au jardin des Plantes. Peignit un album de fleurs et de fruits intitulé «Flore Pittoresque ».

Pierre-François **Chevalier** (Actif entre 1750 et 1765)* Peintre de fleurs sur porcelaine à la manufacture de Sèvres entre 1755 et 1757.

Benoit **Chirat** (1795-1870)* Peintre de fleurs et de fruits et autres natures mortes. Elève de Revoil puis de Berjon à l'école des Beaux-Arts de Lyon en 1813. Exposa dans cette ville et à Paris.

Apprien Julien **de Choisy** (Actif entre 1770 et 1812)*. Peintre de fleurs sur porcelaine à Sèvres.

Jean-Baptiste **Claudot** (1733-1805) (5350/13.750 €). Peintre de gibier, de fleurs et d'oiseaux. Travailla à Nancy.

Andien **de Clermont** (Actif au 18e siècle)*. Peintre de fleurs et de fruits.

Carolus **Clusius** (1524-1609)*. Dessins de botanique. Travailla notamment à Leyde.

Charles François **Colin** (1795-Vers 1858) (6100/15.250 €). Peintre de fleurs, de fruits, de volailles et de gibier. Travailla à Paris.

Hyacinthe **Collin de Vermont** (1693-1762) (2750/6900 €). Natures mortes très rares. Travailla à Rome et à Paris. Peignit également des personnages avec des fleurs et des fruits.

Raymond Commarieux (1710 ?-1787) (2000/7000 €). Produisit des trompe l'œil à l'aquarelle.

Meiffren **Conte** ou **Comte** (1630 ? -1705) (13.750/ 90.250 €). Peintre de fleurs, de fruits, de pièces d'orfèvrerie et d'instruments de musique sur des tables décorées de tapis ou des fonds ornés de tentures. Travailla à Paris et à Aix-en-Provence.

Jean-Baptiste Camille **Corot** (1796-1875) (15.250/**914.700 €**) (Pour des paysages essentiellement). Peignit quelques tableaux de fleurs.

Jean **Coustou** (1719-1791) (9150/22.900 €). Natures mortes en trompe l'œil notamment. Travailla à Montpellier.

Jean-Louis Denis **Coutant** (1776- Après 1841)*. Gravures de botanique. Travailla à Paris.

Couturier I (Actif entre 1762 et 1783)*. Peintre de fleurs sur porcelaine à la manufacture de Sèvres

Couturier II (Actif entre 1762 et 1783)*. Peintre de fleurs sur porcelaine à la manufacture de Sèvres

Covins (Travailla durant la 1ere moitié du 18e siècle)*. Peintre de fleurs et de fruits. Elève de Blin de Fontenay.

D

Les artistes les plus représentatifs du genre : Alexandre François Desportes, Claude François Desportes et Pierre Dupuis.

Jeanne **Dabos** née **Bernard** (1763-1842) (6100/9200 €). Scènes avec natures mortes de fleurs. Travailla à Paris.

Laurent **Dabos** (1762-1835) (5000/35.000 €) Natures mortes en trompe l'œil. Actif à Paris. Un tableau en trompe l'œil représentant une lithographie d'un portrait de femme et un manuscrit derrière une vitre cassée vendu le 17 décembre 2007 chez Sotheby's à Amsterdam pour 20.650 € avec les frais.

Vicomtesse Iphigénie **Decaux** née **Millet-Moreau** (1780- 1862) (9150/19.850 €). Peintre de fleurs. Elève de van Dael, exposa au Salon de Paris de 1802 à 1819.

Nicolas Guillaume **Delafleur** (? -1670 ?)*. Travailla à Rome à partir de 1638. Gravures de fleurs.

Pierre Toussaint **Dechazelle** (1752-1833)* Peintre de fleurs et de fruits à Lyon.

Zélie Julie **d'Heindre** (1795-1858)* Peintre de fleurs. Elève de Redouté.

Jean **Denise** ou **Denisse** (1680- ?)*. Peintre de fleurs et de fruits.

Desnoyers-Chaponnet le Jeune (Actif entre 1776 et 1800)*. Peintre de fleurs sur porcelaine à la manufacture de Sèvres.

Desnoyers-Chaponnet le Vieux (Actif entre 1768 et 1795)*. Peintre de fleurs sur porcelaine à la manufacture de Sèvres.

Jean-Baptiste F. **Desoria** (1758-1832) (1550/3100 €). Natures mortes rares. Travailla en Italie, à Rouen, à Evreux, à Metz et à Paris.

Julie Françoise **Desperais** (1777- ?)*. Peintre de fleurs.

Alexandre-François **Desportes** (1661-1743) (29.000/**370.000** €). Peintre de gibier, d'oiseaux, d'insectes, de fleurs, de légumes, de fruits, de garde-manger et d'attributs de chasse. Travailla à Paris et en Angleterre.

Claude-François **Desportes** (1695-1774) (13.750/30.500 €). Peintre de gibier, de fruits et autres. Travailla à Paris.

Constant **Desportes** (1778- ?)*. Peintre de gibier et de fleurs.

Nicolas **Desportes** (1718-1787) (4600/13.000 €). Peintre de gibier. Travailla à Paris.

Jean **Devarenne** (1743-1809)*. Peintre et dessinateur de fleurs. Travailla à Lyon.

Dame **Didier** (Travailla à la fin du 18e siècle)*. Peintre de fleurs.

Guillaume Dominique Jacques **Doncre** (1743-1820) (4600/10.700 €). Natures mortes de fleurs et de fruits ainsi que tableaux en trompe l'œil. Travailla à Arras.

Paul **Dorival** (1604-1684)*. Peintre de fruits. Natures mortes rares. Travailla à Grenoble.

Edme-Jean-Baptiste **Douet** ou **Douait** (Actif 1ere moitié et milieu du 18e siècle)*. Peintre et dessinateur de fleurs et de fruits. Elève de J.B Monnoyer. Travailla à Lyon à partir de 1745 et exposa à Paris en 1773.

Charles **Douillet** (1792- ?)* Peintre de fleurs. Elève de Berjon à Lyon.

Antoine-Benoit **Dubois** (1619-1680)*. Peintre de fleurs. Travailla à Dijon.

Jean René **Dubois** (1740 ? - ?)*. Peintre de fleurs sur porcelaine à la manufacture de Sèvres.

Claude **Dubosc** (Actif au 17e siècle)*. Gravures de plantes.

J.**Dubosc** (Actif vers 1740-1750)*. Peintre et graveur de fleurs.

J.A **Dubras** (Actif entre 1760 et 1780)* Aquarelles et peintures en trompe l'œil. Actif à Lille où il exposa cinq tableaux au Salon de cette ville en 1773

Augustin **Dubuisson** (1700-1771)*. Peintre de fleurs et de fruits, notamment pour les châteaux impériaux de Rheinsberg, Potsdam, Sans-Souci et Berlin.

Jean-Baptiste **Dubuisson** (Actif à la fin du 17e et au début du 18e siècle) (4600/7650 €). Peintre de fleurs et de fruits notamment. Travailla notamment à Varsovie.

Catherine **Duchemin** (1630-1698)*. Peintre de fleurs. Epouse de Girardon, elle fut une des premières femmes à être admises à l'Académie Royale des Beaux-Arts en 1663.

Antoinette Clémence **Ducreux** (Active au 18e siècle)*. Peintre de fleurs à Paris.

Léon **Ducreux** (Actif durant la 2e moitié du 18e siècle)*. Peintre de fleurs.

Augustine **Dufour** (1797 ?- ?)*. Peintre, aquarelliste et dessinatrice de fleurs. Elève de Redouté.

Paul Chrétien R.C **Duménil** (1779- ?)*. Peintre d'histoire naturelle (insectes). Travailla à Paris

François Léonard **Dupont** dit **Dupont-Watteau** (1756-1821) (2750/6100 €).

Pierre **Dupuis** ou **Dupuy** (1610-1682) (38.150/**503.200 €**). Peintre de fleurs et de fruits. Travailla à Paris à partir de 1630 dans la tradition archaïsante des peintres flamands. Dupuis se forma notamment au contact de Pieter Boucle, Jean-Michel Picart, Louise Moillon et François Garnier. Une nature morte à la branche de prunier, grenades et vase de lys sur un entablement sculpté, mesurant 89 x 116 cm, a été vendue 6 millions FF le 22 juin 1999 à l'Espace Tajan à Paris.

Daniel **Durand** (Actif au 18e siècle)*. Peintre d'oiseaux.

Claude **Duré** ou **Duray** (Actif 2e moitié du 17e siècle)*. Spécialiste du trompe-l'œil. Travailla à Paris.

Jean Baptiste **Dusillion** (1748 ?-1788) (4600/12.250 €). Peintre d'oiseaux, de fleurs et de fruits ainsi que de tableaux en trompe l'œil. Travailla à Lille.

Dutanda (Actif de 1765 à 1802)*. Peintre de fleurs sur porcelaine à Sèvres.

Mlle **Dutanda** (Active à partir de 1797)*. Peintre de fleurs sur porcelaine à Sèvres.

Charles Gilles **Dutillieu** (1697-1738) (30.000/45.000 €) Peintre de décorations et occasionnellement de fleurs. Natures mortes rares sur le marché (Une toile d'anémones, tulipes, œillets, pavot, giroflée et couronne impériale dans un vase en bronze posé sur un entablement (71 x 58 cm) vendue pour 42.000 € le 30 mars 2011 à l'Hôtel Drouot)

Johannes-Bernardus **Duvivier** (1762-1837)*. Natures mortes diverses. D'origine flamande, naturalisé français. Travailla à Paris et en Italie.

Pierre-Charles **Duvivier** (1716-1788)*. Natures mortes dans le style de Chardin. Actif à Paris.

Thomas-Germain-Joseph **Duvivier** (1735-1814) (10.700/65.000 €). Natures mortes diverses, notamment de livres et d'instruments de musique. Elève de Chardin, travailla à Paris.

E-F-G

Claude Joseph Fraichot et Gérard Goswin sont les artistes les plus intéressants de cette liste.

Madame **Elie** (Active durant le premier tiers du 19e siècle) (3100/6100 €). Aquarelles de fleurs et de fruits. Deux œuvres datées de 1816 et 1817 vendues par Sotheby's à Londres le 18 avril 2000)

Père Marie Dominique Joseph **Engramelle** (1727-1780)*. Peintre de fruits. Travailla surtout à la gouache.

Barthélémy **d'Eyck** dit **Maître de l'Annonciation d'Aix** (1444 ?-1470 ?)* Natures mortes dans certaines scènes religieuses. Ce peintre d'origine flamande travailla en Provence.

V.**Ferrand** (Travailla au 18e siècle)*. Dessins et gravures de fleurs.

Pierre Augustin **Ferry** (1742- ?)*. Peintre de fleurs. Elève de Bachelier. Travailla à la manufacture de porcelaine de Sèvres de 1757 à 1763.

Louis-François Poisson **Fischer marquis de Marigny** (1784-1845)*. Natures mortes très rares. Travailla à Schwerin à partir de 1815.

François **Foisse** dit **Brabant** (Actif 1ere moitié du 18e siècle)*. Natures mortes diverses. Travailla à Lunéville entre 1746 et 1749.

Jacques **Fontaine** (1735- ?)*. Surtout peintre de fleurs sur porcelaine à la manufacture de Sèvres.

Mathieu **Foure** ou **Fourée** (Actif au 18e siècle)*. Peintures de fleurs sur porcelaine. Actif à la manufacture de Sèvres de 1748 à 1778.

Claude-Joseph **Fraichot** (1732-1803 ?) (8400/41.950 €). Natures mortes de tables dressées, de fruits, de jambons, de volailles et autres. Travailla notamment à Besançon.

Jacques Nicolas **Frainais** ou **Frenais d'Albert** (1762-1816)*. Natures mortes dans le style de Chardin. Travailla notamment à Alençon.

Frère Ambroise **Frédeau** (1589 ?-1673)* Natures mortes, notamment aux oignons et pains, dans des scènes religieuses peintes dans le style du Caravage. Travailla à Toulouse.

Emmanuel **Fries** (1778-1852)*. Peintre de fleurs et de fruits. Actif à Paris et à Mulhouse.

Gagneux (Actif durant la 1ere moitié du 18e siècle) (7650/16.800 €). Peintre de fruits. Trois œuvres de cet artiste sont connues à ce jour. L'une se trouve au musée du Louvre et est datée de 1733.

Comte Gustave **de Galard** (1779-1841) (7650/13.000 €). Natures mortes rares. Travailla à Paris et à Bordeaux.
Auguste **Garneray** (1785-1824) (7650/61.000 €). Occasionnellement peintre de fleurs. Figura au Salon de Paris de 1808 à 1824.
Jean-François **Garneray** (1755-1837) (7650/16.800 €). Peintre de fleurs. Travailla à Paris.
François **Garnier** (1600? -1672) (12.250/91.500 €). Peintre de fruits et de fleurs. Beau-père de Louise Moillon. Travailla à Paris.
Jean **Garnier** (1632-1705) (3100/9200 €). Natures mortes de fleurs ou avec globe céleste, miroir, livres, bustes, instruments de musique et armures. Travailla à Paris et figura au Salon de 1693 à 1704.
Garon (Actif au 18e siècle)*. Gravures d'après Oudry. Travailla à Paris.
Charles-François **Gasnier** (1789-1835)*. Peintre de fleurs. Travailla à Paris et à Mannheim.
Pierre Guillaume **Gasnier** (Actif au 18e siècle)*. Natures mortes rares. Travailla à Paris et à Mannheim.
Arnauld-Eloi **Gautier d'Agoty** (? -1771 ou 1783)*. Gravures d'histoire naturelle. Travailla à Paris et à Florence.
Jacques-Fabien **Gautier d'Agoty** ou **Gauthier** (1710-1781) (6100/13.750 €). Peintre de fleurs et de fruits. Travailla à Paris et à Dijon.
Jean Fabien **Gautier d'Agoty** (1747- ?)*. Gravures d'histoire naturelle. Actif à Paris.
Hubertine **Gerono** (1797- ?)* Peintre de fleurs. Elève de Redouté, elle peignit également des fleurs à l'aquarelle et sur porcelaine. D'origine flamande.
Abiah ou Abraham **Gibbens** (Actif vers 1630-1640) (6000/25.000 €). Peintre de fruits dans des corbeilles ou des coupes en porcelaines.
Jean-Michel **Gilis** ou **Gillis** (1735-1788)*. Peintre d'oiseaux et autres. Travailla à Tournai.
Claude **Girard** (1796- ?)* Peintre de fleurs. Elève de Berjon à Lyon.
Gonichon (18e siècle) Auteur notamment de gouaches d'oiseaux et de fleurs
Gérard **Goswin** (1613-1685) (22.900/61.000 €). Peintre de fleurs. Travailla à Liège et à Paris. D'origine flamande.
Jean Etienne **Grand de Lyon** (1776-Après 1858) (7650/12.250 €). Peintre de fleurs et de fruits à Paris.
Gabriel-Gaspard **Gresely** ou **Gresly** (1712-1756) (6900/18.300 €). Spécialiste du trompe-l'œil. Travailla à Paris et à Besançon.
Nicolas **Gresely** ou **Gresly** (1715 ? - Après 1777)*. Copies d'après son frère Gabriel-Gaspard.
Alexis **Grognard** (1752-1840) (7650/12.250 €). Peintre de fleurs. Travailla à Lyon.
Grollier Marquise de née **de Fuligny-Damas** (1742-1828) (6900/15.250 €). Natures mortes de fleurs. Elève de Spaendonck, travailla à Paris, notamment pour la manufacture de porcelaine de Sèvres, puis en Suisse, en Allemagne et en Italie après la Révolution
Julie **Guyot** (Active entre 1795 et 1810) (6900/11.450 €). Peintre de fleurs.

H-I-J-K

Pierre Nicolas Huilliot, F. Habert, Daniel Hinn, Etienne Jeaurat et Moïse Ber Jacobber sont les artistes les plus représentatifs du genre, Laurent de la Hyre n'ayant produit que peu de natures mortes. Pierre-Nicolas Huilliot (1674-1751) reçut l'enseignement de son père Claude Huilliot qui travailla avec Monnoyer à la décoration des châteaux de Versailles, Saint-Germain, Marly et Fontainebleau. Ses œuvres sont généralement de grand format, richement colorées et remplies d'objets d'orfèvrerie, de fleurs et de fruits avec de fonds de tentures ou d'architectures. Huilliot fut à la charnière de la peinture baroque encore en vigueur à la fin du règne de Louis XIV et rococo devenu à la mode durant l'époque de la Régence.

F. **Habert** (Actif au milieu du 17e siècle) (45.750/83.850 €). Peintre de déjeuner et de diverses natures mortes, notamment au jeu de cartes.
Philippe **Haly** (Actif au 18e siècle)*. Peintre de fleurs et de fruits sur faïence à Nevers.
E. **Hiernault** ou **Yernault** (Actif 3e quart du 18e siècle) (30.500/64.500 €). Artiste peu connu. Natures mortes diverses.

Daniel **Hinn** ou **Hien** (1725-1773) (10.000/24.400 €). Peintre de fleurs à Strasbourg.

Jean Georges **Hirn** (1777-1839) (12.250/35.100 €). Peintre de fleurs et de fruits. Travailla à Paris et en Alsace.

Jean Pierre Louis Laurent **Houel** (1735-1813)*. Planches d'histoire naturelle. Travailla en Italie et à Paris.

Huet le Jeune (Actif au 18e siècle)*. Peintre de fleurs et de fruits. Exposa à l'Académie de St Luc en 1753, 1756 et 1762.

Christophe **Huet** (1694-1759) (11.450/24.400 €). Natures mortes diverses. Caprices architecturaux avec natures mortes en plein air notamment. Actif à Chantilly.

Jean-Baptiste **Huet** (1745-1811) (3100/35.100 €). Peintures, aquarelles, gravures de fleurs, d'oiseaux et autres, notamment de natures mortes avec des sculptures. Cet artiste peignit également des scènes avec des natures mortes.

Nicolas **Huet le Vieux** (1718 ? - Après 1780)*. Peintre d'oiseaux, de gibier et de fruits. Travailla à Paris et à Chantilly.

Nicolas **Huet le Jeune** (1770 ? - ?) (1550/2900 €). Aquarelles d'oiseaux. Travailla à Paris.

Claude **Huilliot** (1632 ? -1702) (6900/19.850 €). Peintre de fleurs, de fruits et d'oiseaux. Travailla à Reims et à Paris.

Pierre-Nicolas **Huilliot** (1674-1751) (8400/91.500 €). Peintre de fleurs, de fruits, de légumes, d'instruments de musique, de buffets. Travailla à Paris.

Jacques **Hupin** (Actif entre 1650 et 1680) (6900/22.900 €). Peintre de fleurs, de fruits et d'oiseaux. Travailla à Auxerre et à Rome.

Jeanne-Elisabeth **Husson :** Voir Chaudet

Charles-François **Hutin** (1715-1776) (1550/3100 €). Natures mortes diverses.

Etienne **de La Hyre** ou **La Hire** (1583 ?-1643)* Natures mortes diverses, notamment aux tableaux et objets d'art. œuvres rares. Travailla en Pologne et à Paris.

Jean Nicolas **La Hyre** ou **La Hire** (1685-1725)*. Dessins et gouaches de plantes. Travailla à Paris.

Laurent **de la Hyre** (1606-1656) (15.250/**274.450** €). (Pour des scènes religieuses principalement). Natures mortes rares.

Denis Philippe Abraham Isaac **Jacob** (1788-1855)*. Natures mortes diverses. Travailla à Orléans.

Moïse **Ber Jacobber** ou **Jakob** (1786-1863) (15.250/42.700 €). Peintre de fleurs et de fruits. Allemand naturalisé français, élève de G. van Spaendonck Travailla en grande partie à Sèvres sur porcelaine.

Antoine **Jacquand** (1797- ?)* Peintre de fleurs. Elève de Berjon à Lyon.

Maurice **Jacques** (1712-1784)*. Peintre de fleurs, de fruits et de trophées à Paris.

Marie Victoire **Jaquotot** ou **Jacquotot** (1772-1855)*. Peintre de fleurs à la manufacture de porcelaine de Sèvres.

Jacques **Jarry** (Actif au 18e siècle)*. Peintre de fleurs et d'oiseaux pour les manufactures d'Aprey et de Sceaux.

Etienne **Jeaurat** (1699-1789) (9150/61.000 €). Intérieurs de cuisine notamment. Travailla à Rome et à Paris.

Nicolas Henri **Jeaurat de Bertry** ou **Bertrix** (1728- Après 1796 ?) (10.700/83.850 €). Natures mortes diverses, aux asperges, oignons, ail, beurre, ustensiles de cuisine, livres, instruments d'astronomie ou de musique, Vanités, gibier et fleurs notamment. Travailla à Paris.

François **Johannot** (Actif à la fin du 18eet au début du 19e siècle)*. Natures mortes diverses.

Jouet ou **Jouette** (Actif à la fin du 18e siècle)*. Peintre de fleurs et autres à Paris.

Joyau (Travailla de 1766 à 1775)*. Peintre de fleurs sur porcelaine à Sèvres.

Eugène **Julienne** (Actif à partir du début du 19e siècle)*. Peintre de fleurs sur porcelaine à la manufacture de Sèvres

Kapeller (Actif 2e moitié du 18e siècle)*. Peintre de fleurs. Travailla à Marseille.

Albrecht **Kauw le Vieux** (1616-1681) (15.250/**365.000** €). Natures mortes diverses et notamment avec des fleurs, des fruits, des légumes et du gibier. Alsacien, travailla à Berne après 1640. Il montra souvent un personnage près de natures mortes traitées de manière extravagante. Une de ses œuvres mesurant 119,5 x 179 cm montrant une jeune femme assise devant une composition comprenant un vase de fleurs placé à côté d'une table remplie de plats de fruits et de légumes disposés en nombre a atteint le prix record de 468,650 livres sterling lors d'une vente organisée à Londres par Sotheby's le 9 juillet 2002.

Antoinette Pauline Jacqueline **Knip** née **Rifer de Courcelles** (1781-1851)*. Peintre d'oiseaux à Paris.

Willem **de Kouvenberg** ou **Kouwenberg** dit **Froide-Montagne** (1647 ? -1685)*. Peintre de fleurs à Paris.

L

Les artistes les plus en vue : N. Labatie, François-Nicolas Laurent, Jean-François de la Motte et Pierre-Antoine Lemoyne, Paul Liégeois, Simon Michel Liégeois et Jacques Linard.

N. **Labatie** (? -1782) (26.700/83.850 €). Natures mortes diverses.

Pierre **Labatie** (? -1777 ou 1779) (2750/4150 €). Natures mortes diverses, notamment de fleurs ou avec poissons et autres. Actif à Bordeaux.

Claude Nicolas de **La Croix** (Actif vers 1750)* Peintures en trompe l'œil.

Jean-Marc **Ladey** (1710-1749) (10.000/19.850 €). Peintre de fleurs, de fruits et d'oiseaux. Elève de Blin de Fontenay, exposa ses œuvres à Paris de 1741 à 1747.

Jean-Jacques **Lagrenée** (1739-1821) (7650/12.250 €). Peignit des fleurs. Travailla en Russie, à Rome et à Paris.

Jean-Baptiste **Lallemand** (1710 ou 1716-1803 àu 1805) (7650/27.450 €). Intérieurs de cuisine et autres natures mortes (une exposée à la Society of Artists de Londres en 1773). Œuvres rares dans ce registre. Actif à Rome, à Londres et à Paris.

Jean-François **de la Motte** (1635-1685) (7650/45.750 €). Natures mortes diverses, notamment peintures en trompe-l'œil. Né à Dieppe.

Antoine **Lamy** (1780- ?)* Dessins de trophées. Actif à Marseille

Jean-Auguste **Lamy** (1770-1844)*. Natures mortes diverses. Travailla à Marseille et exposa au Salon de 1817.

Louis Auguste **Lamy** (1746-1831)*. Natures mortes rares. Travailla à Marseille.

Michel **Lance** ou **Lanse** (1613-1661)*. Peintre de fleurs, de fruits et d'oiseaux. Travailla à Rouen et à Paris.

Jean-François **Langin-Desnoyers** (1776-1846)*. Aquarelles de fleurs. Travailla à Rennes.

Nicolas **de Largillière** (1656-1746) (38.150/**152.450 €**). Natures mortes rares. Il travailla dans ce genre surtout durant sa prime adolescence en peignant des fleurs, des fruits, du gibier et des instruments de musique. Travailla à Londres et à Paris.

Philippe de **La Salle** (1723-1804)* Dessins de fleurs. Etudia à Paris et à Lyon.

Paul **La Tarte** (?-1636) (15.250/61.000 €) Scènes avec légumes et fruits. Ce peintre peu connu travailla en Lorraine.

Georges **de La Tour** (1593-1652) (**762.245/3.811.500 €**). Natures mortes rares. Natures mortes avec chat, vendue à New York en 1945.

Charles-François **de La Traverse** (1726-1787 ?)*. Peintre de fleurs. Travailla à Rome, en Espagne et à Paris.

François-Nicolas **Laurent** (? -1828) (15.250/32.050 €). Peintre de fleurs et de fruits. Figura au Salon à partir de 1801.

Martin **Lavergne** ou **Lavergne-Marin** (1797-1831)* Peintre de fleurs. Elève de Berjon à Lyon en 1813.

Henri **Lebert** (1794-1862)* Peintre de fleurs. Actif à Colmar.

Auguste Toussaint **Leclerc** ou **Lecler** (1788- ?)*. Natures mortes diverses. Actif à Paris.

Georges Louis Marie **Leclerc, Comte de Buffon** (1707-1788)*. Célèbre spécialiste d'histoire naturelle.

Ephren ou Mainfrain **Leconte** (?-1704)*. Probablement le même que Ephren ou Meiffren Conte ou Comte. Un tableau représentant des vases en métal et de riches étoffes au musée de Toulon.

Guillaume **Lecoq** (Actif au 18e siècle)*. Peintre de fleurs à Paris.

François **Lefèvre** ou **Lefébure** (Actif 1ere moitié du 17e siècle)*. Gravures de fleurs. Actif à Paris.

Jenny **Legrand** (Active à la fin du 18e et au début du 19e siècle) (3850/6100 €). Natures mortes diverses et intérieurs de cuisines. Exposa au Salon de 1801 à 1831.

A.A **Lejeune** (Actif à la fin du 18e siècle) (6100/ 9.000 €). Peintures en trompe-l'œil, notamment de représentations d'assignats.

Paul **Lelong** (Actif aux 18e et 19e siècles) (3100/7650 €). Gouaches de natures mortes. Ne serait en fait que Johan Rudolf Feyerabend (1779-1814).

Jacques **Lemoyne** appelé **de Morgues** (1533?-1588) (30.500/129.600 €). Etudes à l'aquarelle de plantes et de fruits. Alla en Floride puis travailla à Londres où il mourut.

Jean **Lemoyne** (1638-1709)* Peintre de trophées. Actif à Paris.

Pierre-Antoine **Lemoyne** ou **Lemoine** (1605-1665) (61.000/**450.000 €**) Peintre de fleurs et de fruits. Travailla à Paris où il produisit souvent des aquarelles.

Antoine, Louis, Matthieu **Le Nain (Les frères)** (Actifs durant la 1ere moitié du 17e siècle)* Intérieurs de cuisines. Incertitudes concernant les biographies des trois frères dont les oeuvres sont difficiles à dissocier. Antoine serait né entre 1593 et 1609 et mort en 1648, Louis serait né entre 1598 et 1610 et mort également en 1648 tandis que Mathieu serait né vers 1607 et mort en 1677.

Jean-Pierre **Léonard** (1790- ?)*. Natures mortes diverses. Actif à Paris.

François **Lepage** (1796- 1871) (15.250/**152.250 €**). Peintre de fleurs. Actif à Lyon.

Jean **Lepautre** ou **Le Paultre** (1618-1682)* Dessinateur de trophées, de vases décoratifs et de fleurs. Actif à Paris.

Leriche (Actif 2e moitié du 18e siècle) (6100/10.700 €). Peintre de fleurs. Confusion possible avec le suivant.

I. S. J. **Le Riche** (Travailla au 18e siècle) (3100/22.850 €). Peintre de fleurs notamment à Versailles.

Pierre **Leriche** (?-1811)*. Peintre de fleurs. Confusion possible avec le précédent.

Henry **Leroy** (1579-Après 1651)*. Gravures d'insectes.

Leroy vicomte de Borde ou **Barde** (1777-1828)*. Peintre d'histoire naturelle.

Ange-Louis-Guillaume **Lesourd-Beauregard** (1800-1873) (6100/ 91.500 €). Natures mortes de fleurs, de légumes, de fruits, de poissons et de fromages notamment. Fut l'élève de van Spaendonck et remplaça Pierre Joseph redouté au poste de professeur pour les dessins de botanique au Musée d'Histoire naturelle à Paris. Un bouquet de fleurs mesurant 32,4 x 24,1 cm a été vendu pour 43,875 dollars le 18 octobre 2000 par Sotheby's à New York.

Charles Alexandre **Lesueur** (1778-1846)*. Peintre d'histoire naturelle à Paris notamment.

Denis **Levé** (1731- ?)*. Peintre de fleurs sur porcelaine à la manufacture de Sèvres entre 1754 et 1805.

Felix **Levé** (Actif au 18e siècle)*. Peintre de fleurs sur porcelaine à la manufacture de Sèvres.

Renaud **Levieux** (1625-1690) (6000/10.000 €) Peintre de natures mortes de fruits avec oiseaux et petits animaux, comme des écureuils. Peu d'œuvres vendues sur le marché.

Paul **Liégeois** (Actif au milieu du 17e siècle) (15.250/44.250 €). Peintre de fruits. Travailla à Paris.

Simon Michel **Liégeois** (1687 ?-1775) (6100/51.900 €). Natures mortes diverses. Actif à Paris.

Jacques **Linard** (1600 ?-1645) (42.000/**167.700 €**). Un peu plus d'une vingtaine d'œuvres connues. Notamment des natures mortes de Vanités, de fleurs et de fruits. Travailla à Paris.

M-N-O

Les peintres les plus recherchés : Louise Moillon, Antoine Monnoyer, Jean-Baptiste Monnoyer, Jacques-Charles Oudry et Jean-Baptiste Oudry

.

Maître Claude de France (Actif au début du 16e siècle)* Fleurs sur livres d'heures

Antoine **Marcena y de Ghuy** ou **Demarcenay de Ghuy** (1724-1811) (13.750/30.500 €). Natures mortes diverses. Travailla à Paris.

Nicolas **Maréchal** (1754-1802)*. Peintre de fleurs à Paris. Elève de Gérard van Spaendonck.

Charles Augustin **Martenet** (1769-1837)*. Aquarelles et gouaches de fleurs en général. Actif à Dôle.

Alexandre **Martinet** (Actif durant la 2e moitié du 18e siècle)*. Gravures d'oiseaux. Biographie peu précise.

François Nicolas **Martinet** (Actif au milieu du 18e siècle)*. Gravures d'oiseaux. Travailla vers 1760 à Paris.

Jean-Louis Joseph **Martus** (?-1789)*. Peintre de fleurs à Paris.

Martin **Marvié** ou **Marvye** (1713-1813)*. Gravures d'histoire naturelle. Travailla à Paris.

Jean **Massard** (1740-1822)*. Elève de Martinet. Gravures d'histoire naturelle.

Massy (Actif au début du 19e siècle)*. Peintre de fleurs et d'oiseaux à la manufacture de Sèvres.

T. **Mather** (Travailla vers 1670)*. Peintre de volailles, de gibier, de volatiles, de poissons et autres.

Du Melezet (Actif au XVIIe siècle) (10.000/18.000 €). Peintre de fruits (aucune biographie connue. Un tableau proposé chez Piasa le 18 juin 2015)

Jean-Baptiste **Meunier** (1786-1858)*. Aquarelles d'oiseaux. Travailla à Paris.

Jacques **Micaud** (Actif entre 1757 et 1810)*. Peintre de fleurs sur porcelaine à la manufacture de Sèvres.

Pierre Louis **Micaud** (1776-1834)*. Peintre de fleurs sur porcelaine à la manufacture de Sèvres.

Michel Nicolas **Micheux** (1688-1733)*. Peintre de fleurs et de fruits. Travailla à Paris.

Nicolas **Mignard** (1606-1668) (10.000/20.000 euros) Frère aîné de Pierre Mignard. Formé à Troyes avant de travailler à Fontainebleau, Paris et Rome, il ne peignit que quelques natures mortes à sujets de brûle-parfum, orfèvrerie, instruments de musique et livres avec des draperies.

Pierre **Mignard** (1612-1695) (30.500/45.750 €). Portraits avec des bouquets de fleurs.

Jacques Gérard **Milbert** (1766-1840)*. Peintre d'histoire naturelle. Travailla à l'Ile de France, aux Etats-Unis et à Paris.

Louise **Moillon** (1609-ou 1616 ?-1674) (26.700/**1200.000 €**). Peintre de fruits souvent dans des corbeilles et de scènes de cuisine. Travailla à Paris dans le style de G. Flegel.

Charles **Monnet** (1732-1808)*. Peintre de fleurs à Paris.

Antoine **Monnoyer** dit **Baptiste le Jeune** (1670-1747) (7650/42.000 €). Peintre de fleurs, de fruits et d'oiseaux. Travailla à Paris.

Jean-Baptiste **Monnoyer** dit **le Vieux** surnommé **Baptiste** (1634/36-1699) (30.500/**150.000 €**). Peintre de fleurs, de fruits et parfois de pièces d'orfèvrerie. Etudia à Anvers et fut influencé par Davidsz de Heem. Travailla ensuite à Paris et dans plusieurs châteaux royaux avant de finir sa carrière à Londres.

Louise **de Montigny** épouse **Daulcoeur** (Active au 18e siècle)*. Dessins de fruits.

Armand Vincent **de Montpetit** (1713-1800) (2500/7000 €). Cet artiste peignit des bouquets de fleurs allégoriques relatifs à la famille royale de France.

Pierre **Morfouillet** (1793- ?)* Peintre de fleurs. Elève de Berjon à Lyon.

Etienne **Moulinneuf** (1715 ou 1720 ?-1789)*. Spécialiste du trompe-l'œil.

Muault (Travailla durant la 2e moitié du 18e siècle)*. Peintre de fleurs.

Pierre **Murgalet** ou **Murgallé** ou **Murgaley** (Actif vers 1630)*. Peintre de fleurs. Actif à Troyes.

Niquet (Travailla entre 1775 et 1784)*. Peintre de fleurs sur porcelaine à la manufacture de Sèvres.

Nouailher le **Vieux** (Actif de 1753 à 1765)*. Peintre de fleurs sur porcelaine à la manufacture de Sèvres.

N**ouailher** le **Jeune** (Actif au 18e siècle)*. Peintre de fleurs sur porcelaine à la manufacture de Sèvres de 1758 à 1760.

Pierre II **Nouailher** dit **Chabrou** (1657 ou 1665-1717)*. Actif à Limoges. Ornements de fleurs sur émail.

André ou René **Nourisson** (Actif vers 1635-1650) (7650/16.800 €). Peintre de fruits et de Vanités.

Princesse Eugénie Adelaïde Louise **d'Orléans** (1777-1847)*. Aquarelles de fleurs. Elève de Redouté.

Jacques Charles **Oudry** (1720-1778) (13.750/38.150 €). Peintre de gibier, de fleurs, de fruits, de trophées de chasse et autres à Paris, Bruxelles et Lausanne.

Jean-Baptiste **Oudry** (1686-1755) (10.700/**553.600 €**). Peintre de fleurs, de fruits, d'oiseaux, de gibier et de livres notamment. Travailla à Paris et à Beauvais.

P

Les artistes les plus en vue : Jean-Valette Penot, Jean-Michel Picart, Jean Pillement, Jean-Jacques Prévost et Jean-Louis Prévost le Jeune. Jean Valette Penot (1710 après 1777) étudia à l'Académie de Toulouse et se spécialisa dans le trompe-l'œil, un genre très apprécié de ses contemporains.

Etienne **Page** (Actif au début du 18e siècle)*. Peintre de fleurs. Elève de Monnoyer, mourut jeune à Berlin.

Jacques Nicolas **Paillot de Montabert** (1771-1849) (5350/15.250 €). Natures mortes diverses. Oeuvres cependant rares. Travailla à Paris, à Troyes, dans les Flandres, en Allemagne et en Italie.

Jeanne Françoise **Pallas** Mme **de Valrenseaux** (1734-1829)*. Voir Jeanne Françoise **Parrocel.**

Anne-Ernestine **Panckoucke** née **Desormeaux** (1784-1860) (762/1850 € pour des aquarelles). Elève de van Spaendonck et de Redouté. Aquarelles et gouaches de fleurs.

Henri Joseph **Parent Aubert** (1753-1835) (9150/25.950 €). Peintures et dessins d'oiseaux, de fleurs et de fruits. Travailla à Paris, en Italie, à Berlin, à Saint-Pétersbourg, en Suisse et à Valenciennes.

Joseph François **Paris** (1784-1871) : Voir Italie

Denis **Parmentier** (1612-1672)*. Peintre de fleurs et de fruits à Paris et à Rome.

Philippe **Parpette** (1738 ?-1806 ?) (10.000/20.750 €). Peintre de fleurs, notamment sur porcelaine à la manufacture de Sèvres. On cite également Louise Suzanne Parpette (1776-1825) et Louison, active vers 1800.

Jeanne Françoise **Parrocel** (**Pallas**) Mme **de Valrenseaux** (1734-1829)*. Peintre de fleurs, de fruits et autres natures mortes à Paris.

Adelaïde **Pastoret** née **Piscatory** (1765-1843) (950/ 2591 € pour des aquarelles). Elève de Redouté. Aquarelles de fleurs principalement.

Mme **Peigné** (Active à la fin du 18e siècle)*. Peintre de fleurs. Elève de Chardin et de van Spaendonck. Figura au Salon de 1799.

Auguste **Pelletier** (Actif entre 1800 et 1847 (3100/8400 € pour ses aquarelles). Peintre d'oiseaux.

Jean Valette **Penot** dit **Falgores** ou **Falgous** (1710-Après 1777) (18.300/83.850 €). Peintre de fruits, de légumes, de gibier, d'oiseaux et d'ustensiles ainsi que de tableaux en trompe-l'œil. Travailla à Toulouse et à Montauban notamment.

Jean François **Perdrix** (?-1809)* Peignit quelques trompe l'œil, notamment de massacres de cerfs.

Dominique **Pergault** ou **Pergaut** (1729-1808) (5350/7650 €). Peintre de fleurs, de fruits, d'oiseaux, de fromages et de pains. Travailla à Rome et en Lorraine.

Alexis Nicolas **Pérignon le Vieux** (1726-1782) (4300/6100 €). Peintre de fleurs. Travailla en Italie, en Suisse et à Paris.

Louis Lié **Périn-Salbreux** (1753-1817) (15.250/53.400 €). Natures mortes rares, plus connu comme miniaturiste. Peignit des fleurs et des fruits à Paris.

Catherine **Perrot** ou **Perot**, Mme **Oury** (Active 2e moitié du 17e siècle)*. Peintre de fleurs et d'oiseaux. Académicienne en 1682.

Didier **Petit** (1793- ?)* Peintre de fleurs. Elève de Berjon à l'école des Beaux-Arts de Lyon.

Nicolas **Petit** dit **Petit Aîné** (1724- ?)*. Peintre de fleurs sur porcelaine à la manufacture de Sèvres.

Jacques-François **Peynaud** (1771-1829)*. Peintre de fleurs et de fruits. Travailla à Saint-Malo.

Alexis **Peyrotte** ou **Peyrot** (1699-1769)*. Peintre de fleurs, de fruits, d'oiseaux et de trophées. Travailla à Paris et dans sa région.

Pfeiffer ou **Pfeifer** (Travailla au dernier tiers du 18e siècle)*. Peintre de fleurs sur porcelaine à la manufacture de Sèvres de 1771 à 1800.

Jean-François **Philippine** (1771-1840)*. Peintre de fleurs et de fruits. Travailla surtout à la manufacture de porcelaine de Sèvres.

Jean-Michel **Picart** ou **Picard** (1600 ?-1682) (27.450/**274.450 €**). Peintre de fleurs et de fruits. D'origine flamande. Travailla à Anvers et à Paris où il s'installa dans le quartier de Saint-Germain-des-Prés dans les années 1630.

Protais **Pidoux** (1725-1790)* Peintre de fleurs sur faiënce.

Etienne **Pierre** (Actif au 18e siècle)*. Peintre de fleurs, de fruits et autres. Travailla à Nancy.

Jean-Jacques **Pierre** (Actif 2e moitié du 18e siècle)*. Peintre de fleurs sur porcelaine à la manufacture de Sèvres de 1763 à 1800.

Jean **Pillement** (1728-1808) (9150/68.600 €). Peintre de fleurs. Travailla en Pologne, à Vienne, à Paris, en Angleterre et à Lisbonne.

Auguste **Piquet de Brienne** (1789- ?)*. Peintre de fleurs et de fruits. Elève de Spaendonck. Exposa au Salon de 1814 à 1847.

Pithou (Actif au 18e siècle)*. Peintre de fleurs et de fruits. Peut-être identique à Pithou le Vieux ou Pithou le Jeune, actifs durant la 2e moitié du 18e siècle.

Charles **Plumier** (1646 ?-1704)*. Dessins de plantes. Travailla à Marseille et à Cadix.

Séraphin **Podevin** (1766 ?-1822)*. Dessins de fleurs. Travailla à Cambrai.

Jacques André **du Portail** ou **Portal** (1695-1759) (15.250/76.250 €). Peintre de fleurs et de fruits. Travailla à Paris. Les prix concernent surtout des aquarelles.

Portier (Travailla au début du 19e siècle)*. Peintre d'oiseaux, d'insectes et de coquillages. Exposa au Salon de Paris en 1806 puis de 1814 à 1819.

J. G. **Prêtre** (Actif au début du 19e siècle) (1550/6900 €). Aquarelles d'oiseaux.

Prevost l'Aîné (Actif durant la 2e moitié du 18e siècle)*. Peintre de fleurs et d'oiseaux. Confusion probable avec le suivant.

Jean-Jacques **Prevost l'Aîné** (1735- Après 1782) (11.450/64.500 €). Peintre de fleurs et d'oiseaux à Paris.

Jean-Louis **Prevost** le Jeune (1740 ?- 1810 ?) (18.300/45.750 €). Peintre de fleurs, de fruits et d'oiseaux à Paris. Elève de Bachelier.

Nicolas **Prevost** (Actif vers 1640-1670)*. Natures mortes rares. Peinture de fleurs notamment.

Thomas Etienne **Pringot** (1764 ?- ?)*. Peintre de fleurs. Travailla en Angleterre, en Allemagne et en Touraine.

Q-R

Les peintres les plus représentatifs de cette liste : Pierre-Joseph Redouté et Henri H. Roland de la Porte.

Pierre Antoine **Quilliard** ou **Quillard** (1701-1733) (4600/13.750 €). Etudes de fleurs et de plantes. Travailla à Paris et à Lisbonne.

Daniel **Rabel** (1578 ?-1637)*. Dessins et aquarelles de fleurs et d'insectes. Travailla à Paris.

Pierre **Ranson** ou **Ramson** ou **Rançon** (1736-1786)*. Dessins et gouaches de fleurs, de fruits et de trophées. Actif à Aubusson et à Paris.

Raux (Travailla entre 1765 et 1779)*. Peintre de fleurs sur porcelaine à la manufacture de Sèvres.

Antoine Ferdinand **Redouté** (1756-1809) (5350/13.750 €). Peintre de fleurs, de fruits et d'oiseaux. Né en Flandres, travailla à Paris.

Henri Joseph **Redouté** (1766-1852)*. Peintre d'histoire naturelle à Paris.

Marie-Louise Adelaïde **Redouté** (1792-1822)*. Peintre de fleurs à Paris.

Pierre Joseph **Redouté** (1759-1840) (53.400/**838.500 €**). Peintre et aquarelliste de botanique et notamment de fleurs (6100/7650 € pour des aquarelles). Né en Flandres, Redouté travailla à Paris et fut un des plus grands peintres de fleurs de son époque.

Jean-Jacques **Restieu** (1754-1842) (6900/15.250 €). Natures mortes diverses, notamment avec des céramiques au style clair. Actif à Montpellier.

Adèle **Riche** ou **Riché** (1791- 1878) (3850/11.450 €). Peintre de fleurs et de fruits. Elève de van Spaendonck et de van Dael. Travailla à Paris.

Nicolas **Ricoeur** (Actif entre 1772 et 1787) (3850/10.000 €). Peintre de fleurs à Bordeaux.

Denis René **Riocreux** (1791-1872)*. Peintre de fleurs à la manufacture de porcelaine de Sèvres à partir de 1807.

Risbacq (Travailla au milieu du 18e siècle)*. Peintre de fleurs. Figura à l'exposition de l'Académie de St Luc en 1751.

Nicolas **Robert** (1614-1685) (4600/61.000 € pour des aquarelles et gouaches). Dessins, aquarelles et gouaches de fleurs, de fruits et d'insectes. Actif à Paris.

Paul François **Robert** (1735- ?)*. Peintre de fleurs à la manufacture de porcelaine de Sèvres entre 1757 et 1760. Elève de Bachelier.

Henri Horace **Roland de la Porte** (1724-1793) (33.550/145.000 €). Peintre de fleurs, de fruits, d'instruments et de partitions de musique et autres. Travailla à Paris.

Benjamin de **Rolland** (1777-1855)*. Peintre d'instruments de musique, d'ustensiles de cuisine et autres.

Louise **Rostan** ou **Toscan** pseudonyme de **Duquin de Saint-Preux** (1799 ?- ?) (6900/22.900 €). Peintre de fleurs et d'insectes. Exposa au Salon de Paris en 1827.

S

Les peintres les plus en vue : Cornelis et Gérard van Spaendonck et Sébastien Stosskopf.

Jean **Saillant** (1580 ?- Après 1635)*. Miniatures de fleurs. Travailla à Rome et à Florence entre 1620 et 1635 sous le nom de Saillanti. Peignit des miniatures entourées de guirlandes de fleurs.

Simon Bernard ou parfois appelé **Renard** de **Saint-André** (1613/1614-1677) (13.750/39.000 €). Peintures de Vanités et de fleurs ou de globe avec des livres et des coquillages notamment. Natures mortes rares. Travailla à Rome et à Paris dans un style proche de Christiaan Luycks.

Saint-Armand le Vieux (1723- ?)*. Peintre d'oiseaux à la manufacture de porcelaine de Sèvres entre 1745 et 1755.

Saint-Armand le Jeune (1725 ?- ?)*. Peintre de fleurs à la manufacture de porcelaine de Sèvres entre 1745 et 1755.

Charles Germain de **Saint-Aubin** (1721-1786)*. Etudes de fleurs à l'aquarelle. Actif à Paris.

Elisabeth Dominique **Saint-Urbain** née **Mantenais** (?-1738)*. Peintre de fleurs et de fruits. Travailla à Rome et à Nancy.

Henri **Sallembier** ou **Salembier** (1753 ?-1820)*. Guirlandes de fleurs en décoration. Actif à Paris.

Louis Pierre **Schilt** (1790-1859)*. Peintre de fleurs et de fruits à la manufacture de porcelaine de Sèvres de 1822 jusqu'à sa mort.

Schradre (?-1785)*. Peintre d'oiseaux à la manufacture de porcelaine de Sèvres vers 1770-1785.

Jacausz Nicolas **Sinsson** ou **Sisson** (Actif de 1781 à 1845)*. Peintre de fleurs à la manufacture de porcelaine de Sèvres.

Nicolas **Sinsson** ou **Sisson** (Actif de 1773 à 1799)*. Peintre de fleurs à la manufacture de porcelaine de Sèvres.

Sioux le Vieux (1716- ?)*. Peintre de fleurs à la manufacture de porcelaine de Sèvres de 1752 à 1792.

Sioux le Jeune (1718- ?)*. Peintre de fleurs à la manufacture de porcelaine de Sèvres de 1752 à 1759.

Louis Antoine **Chevalier de Sixet** ou **Sixe** (1704-1780) (3100/6900 €). Natures mortes très rares. Peintre de gibier notamment. Elève d'Oudry, travailla à Evreux.

Claude Florentin **Sollier** (?-1784)*. Natures mortes diverses. Travailla à Paris.

Charles de **Somme** ou **Sommer** (1637-1673) (10.700/25.950 €). D'origine flamande, peintre de la Reine. Tableaux de fleurs et fruits. Travailla à Paris.

Souard (1728- ?)*. Peintre de fleurs sur porcelaine à partir de 1752 à Sèvres.

Souré (1736- ?)*. Peintre de fleurs, notamment à la manufacture de porcelaine de Sèvres vers 1755.

Cornelis **van Spaendonck** (1756-1840) (30.500/**152.450 €**). Né en Hollande. Peintre de fleurs, de fruits, d'oiseaux, de gibier et d'insectes. Travailla à Paris et à la manufacture de porcelaine de Sèvres.

Gérard **van Spaendonck** (1746-1822) (36.600/**457.350 €**). Né en Hollande. Travailla à Paris dès 1770. Aquarelles, miniatures et peintures de fleurs et de fruits. Actif également à la manufacture de Sèvres (7650/ 61.000 € pour des aquarelles).

Pierre **de Sparvier** (1663-1731)*. Peintre de fleurs. Travailla à Bologne et à Florence.

Sébastien **Stoskopf** (1596 ou 1597 ?-1657) (30.500/**274.450 €**). Peintre de fruits, de livres, de poissons, de Vanités, d'ustensiles et de déjeuner ainsi que de trompe-l'oeil. Né à Strasbourg. Elève du miniaturiste Friedrich I Brentel puis de Daniel Soreau. Influencé par Flegel. Il travailla à Paris jusqu'en 1640 puis à Strasbourg.

Pierre Hubert **Subleyras** (1699-1749) (30.500/76.250 €). Natures mortes diverses. Œuvres cependant rares. Travailla à Uzès, Toulouse, Paris, Rome et Naples.

Surugue l'Aînée (Active durant la 2e moitié du 18e siècle)* Gouaches de fleurs et de papillons. Exposa ses œuvres en 1776 et 1779 à Paris.

T

Le peintre le plus représentatif : Guillaume-Thomas R. Taraval.

Tabary (1711- ?)*. Peintre d'oiseaux à la manufacture de porcelaine de Sèvres à partir de 1754.

Taillandier (Travailla de 1780 à 1798)*. Peintre de fleurs à la manufacture de porcelaine de Sèvres, elle réalisa notamment la décoration du service des tiné à l'impératrice Catherine II de Russie.

Charles **Tandart** (1736- ?)*. Principalement peintre de fleurs à la manufacture de porcelaine de Sèvres à partir de 1755.
Jean-Baptiste **Tandart** (1729- ?)*. Peintre de fleurs à la manufacture de porcelaine de Sèvres à partir de 1756.
Guillaume-Thomas - Raphaël **Taraval** (1701-1750) (24.400/72.500 €). Peintre d'oiseaux morts. Travailla à Paris puis à Stockholm de 1732 jusqu'à son décès.
Claude Antoine **Tardi** ou **Tardy** (1733-1795)*. Peintre de fleurs à la manufacture de porcelaine de Sèvres.
Marie-Anne **Tardieu Hortemels** (1732-1829)*. Gravures de botanique. Travailla à Paris.
Pierre-François **Tardieu** (1711-1771)*. Gravures d'histoire naturelle. Travailla à Paris.
Jean-Joseph François **Tassaert** (1765-1835 ?)*. Gravures de fleurs d'après Redouté. Travailla à Berlin et à Paris.
Edmond **Taupier** (Actif à la fin du 18e et au début du 19e siècle)*. Peintre de fleurs et de fruits.
Maurice Hippolyte **Taupin** (1795- ?)* Peintre de fleurs et de fruits. Elève de Van Spaendonck.
Teissier (Travailla au 17e siècle)*. Exécuta des fleurs à la manufacture des Gobelins de Paris.
Jean **Teissier** (Actif vers 1770)* Scènes avec natures mortes. Actif à Paris.
Louis **Tessier** (1719 ?-1781) (5350/8390 €) .Travailla à la manufacture des Gobelins de Paris. Dessins et gravures de fleurs ou de légumes ainsi que tableaux en trompe-l'oeil. Illustra des livres d'histoire naturelle.
Jean **Ternus** (1795 ?-1829)* Peintre de fleurs.
Thévenet Fils (Actif entre 1752 et 1758)*. Peintre de fleurs sur porcelaine à la manufacture de Sèvres.
Thévenet Père (actif entre1741-1777)*. Peintre de fleurs sur porcelaine à la manufacture de Sèvres.
Augustin Alexandre **Thierriat** (1789-1870) (10.700/38.150 €). Peintre de fleurs à Lyon.
Jean **Touzé** (1747-1809)*. Natures mortes diverses. Travailla à Paris.
Victor **Tridon** (Actif à la fin du 18e et au début du 19e siècle)*. Spécialiste du trompe-l'œil.
Pierre Jean-François **Turpin** (1775-1840)*.Aquarelles et dessins de fleurs et de plantes. Travailla à Vire et à Paris.

V-W-Y

Les artistes les plus en vue : Anne Vallayer-Coster et Baudouin Yvart.

Anne **Vallayer-Coster** (1744-1818) (61.000/**335.400 €**). Peintre de fleurs et de fruits principalement. Elle fut reçue académicienne en 1770 et commença à exposer au Salon de 1771. Cette artiste figure parmi les grands peintres de natures mortes de la fin du XVIIIe siècle.
Etienne **Vallier** (Actif au 18e siècle)*. Peignit des chaudrons, des pâtés et des homards entre autres.
Jacques **Vauquer** ou **Vauquier** (1621-1686)*.Dessins et gravures de fleurs. Travailla à Blois.
Jean-Robert **Vauquier** (Actif au début du 18e siècle)*. Peintre de fleurs et de fruits.
Antoine Charles **Vauthier** (1790-Après 1831)*. Dessinateur et peintre d'histoire naturelle, notamment de papillons à Paris.
Antoine **Vernet** (1689-1752 ou 1753)*. Peintre de fleurs. Travailla à Avignon.
Antoine François **Vernet** (1730-1779)*. Peintre de fleurs et de fruits. Travailla à Avignon et à Paris.
Jean-Nicolas **Vernezobre** (Actif au 18e siècle)*. Peintre de fleurs et de fruits à Paris.
Alexandre Paul J. **Véron** dit **V. Bellecourt** (1773- Après 1838) (6900/12.250 €). Peintre de fleurs. Elève de Spaendonck. Actif à Paris.
Louis **Vidal** (1754 ?-1807) (7650/27.450 €). Travailla à Lille. Peintre de fleurs, fruits et gibier.
Vieillard le Jeune (Actif entre 1765 et 1793)*. Peintre de fleurs sur porcelaine à la manufacture de Sèvres.
Vieillard le Vieux (Actif entre 1752 et 1790)*. Peintre de fleurs sur porcelaine à la manufacture de Sèvres.
Louis Jean-Pierre **Vieillot** (1748-1831)*. Gravures d'oiseaux.

Joseph Marie **Vien** (1716-1809) (6100/15.250 €). Natures mortes très rares. Travailla à Montpellier, Paris et Rome.

Marie-Thérèse **Vien** née **Reboul** (1728 ou 1738 ?-1805)*. Peintre de volatiles. Miniatures notamment. Travailla à Paris.

Louise-Elisabeth **Vigée-Lebrun** (1755-1842)*. (Pas de cote pour des tableaux de fleurs). Peignit des gouaches de fleurs à la fin de sa vie. Travailla à Paris, en Italie, à Vienne, à Berlin, à Saint-Pétersbourg et à Londres.

Charlotte **Vignon** (Active au milieu du 17e siècle)*. Peintre de fruits (raisins notamment). Fille présumée de Claude Vignon.

Vincent Fils (Actif de 1786 à 1800)*. Peintre de fleurs sur porcelaine à la manufacture de Sèvres.

Henriette Antoinette **Vincent** née **Rideau du Sal** (1786-1830)*. Peintre de fleurs et de fruits. Elève de van Spaendonck et de Redouté. Peignit de nombreuses aquarelles. Travailla à Paris.

Benoit **Violand** (Actif vers 1635-1640)*. Peintre de fleurs à Grenoble.

François Xavier ou Saverino **Vispré** ou **T.X** (1730 ?-1790 ?) (4600/9200 €). Peintre de fruits et autres natures mortes, notamment de peintures en trompe-l'oeil. Travailla à Londres durant de nombreuses années.

Victor **Vispré** (Actif entre 1750 et 1790)* Peintre de fruits. Ce frère de François Xavier Vispré travailla à Dublin et à Londres.

Pierre François Christophe **Vitry** (Actif entre 1752 et 1775)*. Peintre de fruits et autres à Paris.

Pierre **Vitry** (1707-1780)*. Natures mortes diverses ; Actif à Paris.

Jean-Louis **Voille** (1744-Après 1804) (6900/15.250 €). Portraits avec fleurs.

J. **Voison** (Travailla durant la 2e moitié du 18e siècle)*. Natures mortes diverses. Scènes de cuisine. Travailla à Paris.

Arnould de **Vuez** ou **Devuez** (1642-1724 ?)*. Natures mortes diverses. Travailla à Vienne, Rome, Constantinople, Paris et Lille.

Bon J.B **Wackis** (Actif à la fin du 17e siècle)*. Peintre de fleurs.

Wanpool (Actif à la fin du 18e siècle)*. Exposa des natures mortes au Salon de Paris de 1791 à 1798.

Joseph Léopold **Weydinger** (1768- ?)*. Peintre de fleurs sur porcelaine à la manufacture de Sèvres.

Baudouin **Yvart** (Actif 2e moitié du 17e siècle) (15.250/.45.750 €). Natures mortes avec pièces d'orfèvrerie. Travailla à Paris.

ALLEMAGNE :

A-B-C

Les peintres les plus recherchés : Johann Daniel Bager Jacob S. Beck, Christian Berentz et Pieter Binoit.

Suzanna-Rebekka-Elisabeth **Adlerflycht** (1775-1846)*. Peintre de fleurs.

Christoph Ludwig **Agricola** (1667-1719) (4500/9650 €). Peintre de fleurs, de fruits, de plantes, d'oiseaux, de coquillages et d'insectes. Produisit également de nombreuses gouaches (762/3850 €). Travailla à Ratisbonne et à Naples.

Karl-Joseph-Aloys **Agricola** (1779-1852) (1550/6900 €). Peignit principalement des gouaches de fleurs sur vélin. Travailla à Karlsruhe et à Vienne.

C.G **Albert** (Actif durant la 2e moitié du 18e siècle)*. Peintre de gibier et d'oiseaux sur porcelaine à la manufacture de Fürstenberg.

Franz **Ammama** ou **Amama** (Actif 2e moitié du 17e siècle)*. Peintre de fleurs et d'oiseaux. Peignit souvent des miniatures. Travailla à Hambourg et à Altona.

Johann-Samuel **Arnhold** ou **Arnold** (1766 ?-1828)*. Peintre de fleurs et de fruits, notamment à la manufacture de porcelaine de Meissen. Publia un traité sur la peinture des fleurs et des fruits.

Jonas **Arnold** (?-1669)*. Peintre de plantes et de fleurs. Actif à Ulm, il peignit de nombreuses variétés de tulipes.

Sebastian **Assenberg** (?-1672)*. Peintre de fleurs. Travailla à Cologne.

Elias **Baeck** dit **Heldenmuth** (1679-1747)*. Natures mortes diverses. Travailla à Rome, Venise, Laibach et Augsbourg.

Johann Daniel **Bager** (1734-1814) (10.700/73.200 €). Peintre de fruits, d'insectes et de reptiles. Travailla à Francfort.

Theodor **Bang** (Actif au début du 17e siècle)*. Gravures de fleurs et de fruits. Travailla à Nuremberg vers 1610.

Johann Friedrich Ludwig **Bantelmann** (1774-1842)*. Peintre de fleurs à Hambourg.

Philipp-Anton **Bartsch** (1742-1788)*. Peintre de fleurs et d'oiseaux à Breslau.

Ferdinand **Bauer** (1744-1829)*. Peintre de plantes, de fleurs et de fruits. Travailla à Vienne, à Londres et à Hietzing. Confusion possible avec Ferdinand Lukas Bauer (voir Autriche)

Georg Willem **Bauerfeind** (1735-1763)*. Etudia à Copenhague. Natures mortes très rares.

Johann Christoph **Bayer** (1738-1812)*. Peintre de fleurs, de fruits et de plantes, notamment à la manufacture de porcelaine de Meissen. Travailla également à Copenhague.

Jacob Samuel **Beck** (1715-1778) (4600/27.450 €). Peintre de fleurs, de gibier et autres à Erfurt.

Jan **Beeck** (?-1516)*. Peintre de fruits. Travailla au couvent de St Laurent près de Lüttich.

Cornelius **de Beet** (1772 ?- ?)*. Peintre de fleurs et de fruits. S'installa aux Etats-Unis après 1810.

Christian **Berentz** (1658-1722) (9150/137.250 €). Peintre de fleurs, d'insectes, de fruits, de plats d'orfèvrerie et de verres remplis de vin. Travailla à Hambourg et à Rome notamment.

Basilius **Besler** (1561-1629) (5350/22.900 €). (Pour des aquarelles). Aquarelles et gravures de fleurs et de plantes. Actif à Nuremberg.

Pieter **Binoit** (Vers 1590-1632) (152.450/**503.200 €**). Fleurs, fruits et autres natures mortes. Ce peintre travailla à Francfort entre 1610 et 1624 et figura parmi les grands représentants du genre.

Anna Katharina **Block** née **Fischer** (1642-1719)*. Peintre de fleurs à Regensburg.

Johann **Boeckhorst** dit **Lange Jan** (1605-1668) (6900/10.700 €). Natures mortes rares. Travailla en Italie et à Anvers.

Adelaïde-Friedericke **Braun** (1787-1836)*. Peintre de fleurs et de fruits à Mayence.

B. **Brüning** (1725 ?-1778 ?)*. Natures mortes diverses. Actif à Hambourg.

Barthel **Bruyn L'Ancien** (1493 ?-1553 ou 1557 ?) (76.250/**228.700 €**). Peintre de Vanités (crâne dans une niche au musée de l'Hermitage à Saint Pétersbourg)

Johann ou Jan **Careel** (Actif entre 1760 et 1780) (15.250/30.500 €). Peintre de fleurs d'origine néerlandaise. Travailla à Nuremberg.

Peter **Caulitz** (1650 ?-1719)*. Travailla à Berlin en 1681 et devint peintre de la cour de Brandebourg en 1695. Natures mortes diverses.

Adalbert **de Chamisso** (1781-1838)*. Dessins de plantes et peintures sur porcelaine à la manufacture de Berlin. D'origine française.

Elisabetha **Coentgen** née **Mund** (1752-1783)*. Peintre de fleurs à Francfort.

Dominicus **Custos** (1560 ?-1612)*. Dessins et gravures de fleurs et de plantes. D'origine flamande (fils de Pieter Balten), travailla à Augsbourg à partir de 1584.

Robert **Custos** (Actif à la fin du 16e et au début du 17e siècle)*. Gravures de plantes et de fleurs. Travailla à Augsbourg.

D-E-F

L'artiste le plus en vue dans cette liste : Georg Flegel.

Balthasar **Denner** (1685-1749) (4600/8400 €). Peintre de fruits et autres natures mortes. Se forma à Altona et à Dantzig puis travailla à la cour de Danemark, en Angleterre et en Allemagne. Elève d'Ammama.

Johann **Dentzel** (Actif vers 1590-1600)*. Miniatures de fleurs, d'insectes et d'oiseaux sur livres de chœur. Actif à Ulm.

Franz Joseph **Dichtl** (Actif au 18e siècle)*. Peintre de fleurs à Regensburg vers 1750.

Martin **Dichtl** (Actif au 16e siècle)*. Une de ses natures mortes se trouve au musée de Gratz.

August Ferdinand **Dietrich** (Actif vers 1780)*. Peintre de fleurs. Travailla notamment à la manufacture de porcelaine de Meissen.

Barbara Regina **Dietzsch** (1706-1783) (4600/21.350 €). Peintre de fleurs et d'insectes à Nuremberg.

Johann Albrecht **Dietzsch** (1720-1782) (2900/4600 €). Peintre de fleurs.

Johann Jakob **Dietzsch** (1713-1776) (10.700/41.200 €). Actif à Nuremberg. Natures mortes diverses, notamment avec des coquillages.

Johann Siegmund **Dietzsch** (1707-1775)*. Actif à Nuremberg. Natures mortes diverses.

Margaretha-Barbara **Dietzsch** (17161795) (2900/15.250 €). Peintre de fleurs et d'oiseaux à Nuremberg.

W. M. **Dittmers** (Travailla vers 1660)*. Natures mortes diverses. Actif à Hambourg.

E. **von Baron Donop** (Actif début du 18e siècle)*. Peintre de fleurs et autres natures mortes.

Johann **von Dorne** (Actif au début du 19e siècle) (3850/6900 €). Peintre de fleurs. Travailla à Louvain.

Balthasar-Anton **Dunker** (1746-1807)*. Dessins de natures mortes. Travailla à Berne notamment.

Albrecht **Dürer** (1471-1528)*. Natures mortes très rares. Travailla à Nuremberg et à Venise.

Georg **Dürr** ou **Dhürr** (?-1651)*. Illustrations de livres, oiseaux et fleurs. Actif à Freiberg et à Dresde.

Georg Sebastian **Ebner** (1776- ?)*. Peintre de fleurs à Nuremberg.

Modestin **Eckhardt** (1684-1768)* Peintre de trompe-l'œil. Travailla notamment à Berlin.

Georg Dionysius **Ehret** (1708-1770) (7650/106.750 €). (Principalement pour des aquarelles). Peintures et aquarelles de fleurs et de botanique, travailla à Francfort et en Angleterre à partir de 1736.

Johann Conrad **Eichler** (1668-1748)*. Natures mortes diverses. Travailla à Rome, à Nuremberg et à la cour de Brunswick.

Joseph Franz Maria **Eichler** (1724-1783) (1550/4600 €). Plutôt connu comme copiste d'œuvres de J. Fyt et de M. d'Hondecoeter.

George-Christoph **Eimmart le Vieux** (1603-1658)*. Natures mortes diverses. Travailla à Ratisbonne.

Nikolaus Friedrich **Eisenberger** (1707-1771)* Gravures de plantes.

Maria **Eisler** ou **Eisller** (1694- ?)*. Peintre de fleurs et d'oiseaux à Nuremberg.

Ottmar **Elliger le Vieux :** voir **Suède.**

Ottmar **Elliger II** (1666-1735) (12.250/33.550 €). Peintre de fruits. Travailla à Amsterdam, Mayence et Saint-Pétersbourg. Natures mortes très rares.

Christoph **End** (Actif au 17e siècle)*. Peintures de plantes.

Johann Franciscus **Ermels** (1621 ou 1641 ?- 1693)*. Natures mortes diverses. Travailla à Nuremberg à partir de 1660.

Johann **Falch** (1687-1727)*. Peintures d'insectes, de reptiles et autres à Augsbourg.

Franz Xaver **Fernbach** (1793-1851)* Natures mortes diverses. Travailla à Munich, Landshut et Vienne.

Johann Thomas **Fischer** (1603-1685)*. Peintre de fleurs à Nuremberg.

Georg **Flegel** (1563/66-1638) (18.300/**838.500** €). Peintre d'ustensiles, de fruits, de poissons, de victuailles, d'oiseaux, d'insectes, de Vanités et de fleurs à Francfort. Se forma probablement aux Pays-Bas

Franz Friedrich **Frank** (1627-1687)*. Elève de Jan Ulrich Franck. Natures mortes diverses. Actif à Augsbourg.

Johann Wilhelm **Frank** (1720-1762) (6100/19.850 €). Peintre de fleurs, de fruits et d'oiseaux.

Carl **Friedrich** (1787-1840)*. Peintre de fleurs. Travailla à Dresde.

Carolina Friederika **Friedrich** (1749-1815) (18.300/56.450 €). Peintre de fleurs, de fruits et autres natures mortes. Travailla à Dresde.

David **Friedrich** (1719-1766)*. Peintre de fleurs. Natures très rares. Travailla à Dresde.

Johann Christian Jacob **Friedrich** (1746-1813) (6100/13.750. €). Peintre de fleurs à Friedrichstaadt.

Johann Heinrich August **Friedrich** (1789-1843) (8400/16.800 €). Peintre de fleurs, de fruits et de volatiles (d'après Hondecoeter dans ce genre). Travailla à Dresde.

Caroline **Friesner** (?-1830)*. Peintre de fleurs et de fruits à Breslau.

Magdalena **Fürst** ou **Fürsten** (1652-1717)*. Peintre de fleurs. Travailla à Nuremberg et à Vienne.

G-H-J-K-L

Les peintres les plus recherchés : Johan Georg Hintz et Caspar Hirschel, Hans Hoffmann étant un cas à part.

Elias **Galli l'Ancien** (Actif au 17e siècle)* natures mortes diverses. Travailla à hambourg et dans le Jutland.

Christian Gottlieb **Geissler** (1729-1814)*. Sujets d'histoire naturelle. Travailla à Augsbourg et à Genève.

Nicolaes **Gillis** (Actif au 17e siècle)*. Voir **Pays-Bas**.

Dorothea Maria Henrietta **Graff** épouse **Gsell** (1678-1743)*. Peintre de fleurs. Accompagna en 1698 sa mère M.S Mérian au Surinam où elle produisit des gravures d'insectes, de plantes, d'oiseaux et de fleurs.

Johann-Andreas **Graff** (1637-1701)*. Peintre de fleurs. Elève de Jacob Marrel. Travailla à Nuremberg, à Vienne et à Rome.

Johanna Helena **Graff** épouse **Herold** (1668- ?)*. Aquarelles et gravures d'insectes. Fille de J. A. Graff et de Maria Sibylla Merian.

Johann Friedrich **von Grooth** (1717 ?-1791 ?)* Peintre de gibier

Johann Friedrich **Grüber** (Actif entre 1662 et 1681) (15.000/90.000 €) Ce peintre de natures mortes avec crustacés ou instruments de musique travailla surtout à Stuttgart.

Johann Jacob Norbert **Grund** (1755-1815 ?) (10.700/22.900 €). Natures mortes diverses. Travailla à Florence et à Prague.

Leonhard **Haeberlein** ou **Heberlin** (1584-1656)*. Peintre de fleurs et de fruits. Travailla à Ulm et à Nuremberg.

Johann Baptist **Haelszel** ou **Halszel** (1712-1777) (3000-5000 €). Peintre de fruits et de fleurs. Travailla à Vienne.

Michael Christoph Emmanuel **Hagelgans** (1725-1766) (2750/4600 €). Natures mortes rares (une œuvre au château de Kranich près de Darmstatd). Travailla à Vienne et à Darmstatd.

Johann Jacob **Haid** (Actif au 18e siècle)*. Gravures de botanique. Actif à Augsbourg, Haid travailla pour le fameux ouvrage *Plantae Selectae* de Christoph Jacob Trew (1695-1769) et Benedict Christian Vogel (1745-1825).

Johann Michael **Hambach** (Actif à la fin du 17e siècle) (3100/15.250 €). Peintre de tableaux en trompe-l'œil et de tables mises à Cologne.

Franz **de Hamilton** (Actif 2e moitié du 17e siècle) (4600/7650 €). Natures mortes diverses et peintures de gibier à plumes en trompe-l'oeil. Travailla à Clèves puis à Potsdam.

Anton Friedrich **Harms** (1695-1745) (2600/6100 €). Natures mortes rares. Peintre de gibier à Brunswick et à Cassel.

Johann Christoph **Harsdorffer** (?-1710)*. Natures mortes diverses.

Christian Ferdinand **Hartmann**(1774-1842)*. Natures mortes diverses. Travailla à Rome, à Stuttgart et à Dresde.

Johann Gottfried **Hartwig** (Actif au milieu du 18e siècle)*. Peintre de fleurs. Travailla aussi sur porcelaine.

Haslinger ou **Haslingue** (Actif au 18e siècle)*. Peintre de fleurs et de fruits. Travailla à Linz.

Christoph **Heckel** (1792-1858)*. Natures mortes diverses. Travailla à Vienne.

Margaretha **de Heer** (Active au 17e siècle)*. Peintures d'insectes à Friedland. Active entre 1636 et 1657.

Hefele (?- 1710 ?)*. Aquarelles de fleurs et d'insectes, travailla en Hollande et Angleterre.

Wolfgang **Heimbach** (1613-1678 ?) (9150/76.250 €). Ce peintre sourd-muet produisit des natures mortes avec fruits, pichets et verres. Actif en Hollande, en Italie, à Prague, au Danemark et à Oldenbourg.

Catharina Elisabeth **Heinecken** née **Oesterreich** (1683-1757)*. Peintre de fleurs à Lübeck et à Lützen.

Ignaz-Franz **Heinitz von Heinzenthal** (1657-1742)*. Peintre de fleurs et de fruits. Né à Vienne, travailla à Weimar.

Herrmann ou **Hermann** (Travailla à la fin du 18e et au début du 19e siècle)*. Natures mortes diverses.

Johann Andreas **Herrlein** (1720-1796) (6100/8400 €). Peintre de fruits à Fulda.

Daniel **Hertzog** (Actif au début du 17e siècle)*. Natures mortes diverses.

Hiddinga (?-1793)*. Aquarelles de fleurs. Actif à Hambourg.

Gerloff **Hiddinga** (?-1766)*. Peintre de fleurs à Hambourg. Elève d'Amama.

Johan Georg **Hintz** ou **Hainz ou Hintszch** (1630 ?-1688 ou après 1700 ?) (15.250/61.000 €). Natures mortes de fleurs, de fruits, de déjeuner, d'apparat et de Vanités. Travailla à Hambourg.

Caspar **Hirschel** (1698-1743) (24.400/42.700 €). Peintre de fleurs et de fruits. Elève d'Angermayer, travailla à Prague.

Johann Gustav **Hoch** (1716-1779)*. Etudes de crustacés. Travailla à Mayence.

Joseph Anton **Hoffinger le Vieux** (Actif au 17e siècle) (3850/15.250 €). Natures mortes diverses.

Hans ou Johann **Hoffmann** (1530 ?-1591-92) (**609.800/3.049.000 €**). Peintre de fleurs, d'oiseaux et d'insectes. Travailla à Prague pour l'empereur Rodolphe en 1584. Deux natures mortes à l'huile connues de sa main. Produisit surtout des aquarelles.

Ambrosius **Holbein** (1493 ?-1519 ou 1526 ?)*. Natures mortes très rares. Vanités dans certaines scènes notamment (deux têtes morts dans une fenêtre au musée de Bâle)

Hans **Holbein Le Jeune** (1497 ?-1543)*. Natures mortes très rares. Vanités et fleurs dans certains tableaux de portraits. Il représenta aussi exclusivement des crânes dans des petits tableaux. Travailla à Augsbourg, à Bâle et à Londres.

Johannes Simon **Holtzbecher** (Actif vers 1690)*. Natures mortes diverses. Actif à Hambourg.

Peter **Isselburg** ou **Yselburg** ou **Eisselburg** (1568 ou 1580 ? - 1630)* Gravures de botanique. Elève de C. de Passe.

Juriaen **Jacobsen** ou **Jacobsz** (1625 ? –1685 ?)*. Natures mortes diverses. Travailla à Amsterdam et en Suisse.

Justus **Juncker** (1703-1767) (6100/33.550 €). Peintre de fleurs, de fruits et autres à Francfort. Elève de Flegel, de van Huysum et de de Heem.

Georg **Kaiser** (1767-1835 ?)*. Natures mortes diverses. Travailla à Neubourg sur le Danube.

David **Kandel** ou **Kannel** (Actif au milieu du 16e siècle)*. Dessins de plantes et de fleurs. Peintures rares. Travailla à Strasbourg.

Adam **Keller** (1767-1791)*. Peintre de fruits et autres à Bamberg.

Johann Christoph **Keller** (1737-1795)*. Gravures de plantes.

Jacob **Kempener** (Actif au 17e siècle)*. Peintre de fleurs. Travailla à Cologne.

Johann Simon **Kerner** (1755-1830)*. Gravures de plantes.

Friedrich **Kettler** (1718-1783)*. Peintre de fleurs et autres.

Wolfgang **Kilian** (1581-1662)*. Gravures de botanique. Travailla à Augsbourg

Friedrich **Kirschner** (1748-1789)*. Gravures de fleurs, fruits et insectes notamment. Travailla à Augsbourg.

Christian Friedrich Carl **Kleemann** (1735-1789)*. Peintre d'histoire naturelle, notamment d'insectes, à Nuremberg.

Johann Zacharias **Kneller** (1644-1702) :Voir **Grande-Bretagne.**

Johannes **Knieb** (1735-1796)*. Peintre de fleurs à Francfort.

Georg Wolfgang **Knorr** (1705-1762)*. Dessins et gravures de plantes et de fleurs. Actif à Nuremberg.

Johanna Christina **Kuesel** (1665- ?)* Gravures de fleurs.

Barthelemey De **La Rocque** (1720 – Après 1760) (1500/3000 €). Peignit des œuvres en trompe l'œil.

Johann Gerlach **Lambert** (1740-1804)*. Peintre de fruits et de fleurs. Travailla à Francfort.

Johann Christian **Langendorf** (Actif au 18e siècle)*. Peintre de fleurs sur porcelaine à la manufacture de Zerbst.

Johann Christoph Andreas **Langendorf** (1733-1781)*. Peintre de fleurs sur porcelaine à la manufacture de Zerbst à partir de 1762.

Lautter (Travailla au 18e siècle) (4600/15.250 €). Natures mortes diverses.

David **Leclerc** (1679-1738)*. Peintre de fleurs. Travailla pour les cours de Darmstadt et de Cassel puis à Paris, à Francfort et en Angleterre.

Joseph **Lerch** (1740-1810 ?)*. Peintre de fleurs et d'oiseaux à la manufacture de porcelaine de Nymphembourg.

Johann **Leypold** (Actif au début du 17e siècle)*. Gravures de botanique.

Lichteisen ou **Lichteis** (1740- ?)*. Frère d'Anton. Natures mortes diverses.

Anton Bartholomaus **Lichteisen** ou **Lichteis** (1744- ?)*. Natures mortes diverses.

Johann Friedrich **Löber** (1709-1772)*. Peintre de fleurs à Weimar.

Johann Friedrich **Lommatzsch** ou **Lommatsch** (1782-1837)*. Peintre de fleurs, de fruits et d'oiseaux à Dresde.

Loos (?-1750 ?)*. Peintre de fleurs à Hambourg.

Christian Gottlieb **Lorek** (1788- ?)*. Peintre d'histoire naturelle. Actif à Koenigsberg.

Adam Friedrich **von Löwenfinck** (1714-1754)*. D'origine alsacienne, peintre de fleurs sur porcelaine à Meissen, Fulda, Höchst et Haguenau.

Christian Wilhelm **von Löwenfinck** (1753- ?)*. Né à Strasbourg, peintre de fleurs sur porcelaine à la manufacture de Höchst.

Karl Heinrich **von Löwenfinck** (1718- ?)*. Peintre de fleurs sur porcelaine à la manufacture de Meissen.

Seraphina Maria Susanna M. **von Löwenfinck** (1728-1805)*. Peintre de fleurs sur faïence à Haguenau, Ludwigsburg et Strasbourg.

M

Les artistes les plus représentatifs dans cette liste : Johann Martin Metz et Abraham Mignon.

Johann Christoph **Malcke** ou **Malke** (1725-1777)*. Peintre de fleurs et de fruits à Dresde.

Johann Christian von **Mannlich** ou **Menlich** (1740-1822)*. Né à Strasbourg, peintre d'oiseaux.

N.**Marcel** (1628-1683)*. Natures mortes diverses. Actif à Francfort.

Jacob **Marrel** ou **Moral**,ou **Morrel**, ou **Murel** ou **Marellus** (1614-1681) (61.000/**427.000 €**). Peintre de fleurs et de fruits. Elève de Flegel. Travailla à Francfort puis étudia avec Jan Davidsz de Heem. Travailla également à Utrecht.

Anna Margaretha **Martinengo** (1630 ?-1721 ?)*. Peintre de fleurs et d'insectes à Francfort.

Johann Gottfried **Martini** (Actif entre 1716 et 1759) (9150/18.300 €). Spécialiste d'aquarelles en trompe-l'œil.

Theodor **Mattenheimer** (1787-1850 ?) (6900/19.850 €). Peintre de fleurs, de fruits, d'oiseaux et d'insectes et autres natures mortes. Travailla à Munich et à Vienne.

Diedrich Jakob Christian **Matthes** (1780-1833)*. Peintre de fleurs et de fruits à Hambourg et à Saint-Pétersbourg.

Elisabeth Christina **Matthes** née **Höll** (1749-1797)*. Peintre de fleurs à Hambourg.

Nikolaus Christopher **Matthes** (1729-1796) (9150/19.850 €). Natures mortes diverses. Actif à Hambourg et à Nuremberg.

Rosina Christina Ludovica **Matthieu** (1748-1795)*. Natures mortes diverses. Actif à Brunswick, à Cassel et à Bologne.

Broderus **Matthisen** ou **Mathisen** (?-1666)*. Natures mortes rares. Peintures de Vanités et de petit déjeuner. Actif à Husum.

Anton **Mayer** (Actif entre 1764 et 1816)*. Peintre de fleurs sur porcelaine à la manufacture de Nymphembourg.

Susanna **Mayrin** ou **Mayr** née **Fischer** (1600-1674)*. Découpages au ciseau de fleurs peintes sur parchemin. Active à Augsbourg.

Maria Sibylla **Merian** (1647-1717) (15.250/61.000 € pour des aquarelles). Peintre de fleurs, de fruits, d'insectes, de légumes et oiseaux. Elle publia également des gravures d'insectes, de plantes, d'oiseaux et de fleurs. Elle voyagea au Surinam en 1698 puis en Amérique.

Caroline M. **Metz** née **Martin** (1749-1827) (3100/7650 €). Peintre de fleurs, de fruits et d'insectes. Travailla en Angleterre.

Gertrud **Metz** (1746- ?)*. Peintre de fleurs, de fruits et d'insectes. Travailla en Angleterre et à Düsseldorf. Influencée par Rachel Ruysch.

Johann Martin **Metz** (1717-1790) (6100/45.750 €). Peintre de fleurs, de fruits et autres natures mortes. Travailla à Rome, à Cologne et à Londres.

Joseph **Meurer** (1740 ? -1817)*. Natures mortes diverses.

Johann Gottlieb **Mietze** (1746-1819)*. Peintre de fleurs.

Abraham **Mignon** (1640-1679 ?) (76.250/**1.349.000 €**). Peintre de fleurs, de fruits, d'insectes, de reptiles, de volailles, d'oiseaux, de plantes et de natures mortes de déjeuner. Elève de Jacob Marrell. Travailla à Francfort et à Utrecht à partir de 1659. Là, il étudia avec Jan Davidsz de Heem et ne retourna à Francfort qu'en 1676. Il fut l'un des plus grands peintres de fleurs de son temps.
Johann August **Milhauser** ou **Milhausser** ou **Milhäusser** (1725-1800)*. Aquarelles d'insectes. Actif à Dresde.
Johann **Minck** ou **Münch** (Actif entre 1665 et 1701)* Peintures en trompe-l'œil. Travailla à Munich jusqu'en 1690 et à Nuremberg.
Hans Georg **Mosbach** (Actif au 18e siècle)*. Planches gravées d'ornements en forme de bouquets.
Anna Barbara **Murrer** (1688-1721)*. Peintre de fleurs et de fruits. Travailla à Nuremberg.

N-O-P

Maximilian Pfeiler est le seul peintre notoire dans cette liste.

R.S **de Necker** (Travailla vers 1700)*. Peintre de fleurs à Augsbourg.
Caspar **Neuner** (Actif au début du 18e siècle)*. Peintre de fleurs sur porcelaine à la manufacture de Nuremberg en 1721.
Samuel **Niedenthal** ou **Nietenthal** (1620-Après 1682)*. Peintre d'oiseaux à Erfurt.
G. F. H. **Niegelszohn** (Travailla au 18e siècle)*. Dessins d'insectes. Actif à Berlin.
Johann Christian Benjamin **Nothnagel** (1734- ?)*. Peintre de fleurs. Travailla notamment en Hollande.
Franz Joseph **Oettgens** (Actif vers 1750)*. Peintre de fleurs à Augsbourg.
Daniel Christian **Ostertag** ou **Osterdag** (Actif vers 1760)*. Travailla à Augsbourg. D'origine néerlandaise croit-on.
Amalia **Pachelbel** ou **Pachelblin** épouse **Beer** (1688-1723)*. Peintre de fleurs à Nuremberg.
Paulus **van Paetz** (Actif au 17e siècle)*. Natures mortes rares. Peintures de Vanités notamment.
Pieter Simon **Pallas** (1741-1811)*. Gravures de botanique.
Christoph **Paudiss, Pudiss, Paudies** ou **Pauderit** (1618 ou 1625 ?-1666/67)*. Natures mortes diverses. Travailla à Dresde et en Bavière.
Maximilian **Pfeiler** ou **Feiler** (Actif à la fin du 17e et au début du 18e siècle) (9150/21.350 €). Peintre de fleurs, de fruits, d'instruments de musique et autres. Travailla notamment à Vienne.
Johann Baptist **Pfürzel** (Actif au 18e siècle)*. Peintre de fleurs sur porcelaine également.
Johann Georg **Pickhardt** ou **Piccart** ou **Picker** (?-1728) (7650/13.750 €). Peintre de fleurs.
J. **Pillich** (Travailla vers 1680-1695)*. Natures mortes rares. Peintures de poissons notamment.
Esther Maria **Preissler** (?-1780 ?)*. Spécialiste de gravures de fleurs.
Johann Daniel **Preissler** (1666-1737)*. Peintre de fleurs à Nuremberg.
Ursula Magdalena **Prestel** (1777-1845)*. Peintre de fleurs à Londres et à Bruxelles.
Johann Balthazar **Probst** (1673-1750)*. Gravures d'oiseaux. Actif à Dresde.
Richard **Purniki** ou **Purnicki** (1770-1838)*. Peintre de motifs de fleurs et de fruits à Mannheim et à Munich.

Q-R

Ludger Tom Ring n'a produit que peu de natures mortes. A signaler : Willem F. van Royen et *Carl Borromaus Ruthart.*

Gabriel David Christopher **Querfurt** (?-1765)*. Peintre de fleurs à Hambourg.
Johann Georg Konrad **Rahner** (Actif 2e moitié du 18e siècle)*. Peintre de fleurs et de fruits. Travailla aussi à la manufacture de porcelaine de Frankenthal.
Philip **Von Rantz** (Actif entre 1730 et 1755) (10.000/20.000 €) Surtout connu comme peintre d'oiseaux
Christian **Reder** ou **Reuder** ou **Reuter** dit **Leandro** (1656-1729) (6900/13.000 €). Natures mortes rares. Peintures de fruits notamment.

Franz Michael **Regenfus** (1712 ? -1780)*. Gravures de coquillages et d'escargots. Travailla à Copenhague, à Hambourg, en Angleterre, en Hollande, à Venise et à Rome.

Friedrich **Rehfeld** (1749 ? -1825)*. Peintre de fleurs actif à Berne à partir de 1780.

Anna Margarethe **Reinermann** née **Hollenbach** (1781 ? - Après 1855)*. Peintre de fleurs et de fruits à Francfort.

Carl Christlieb **Reinthaler** (?-1770)*. Natures mortes rares. Peintures de fleurs.

Christophine **Reinwald** née **Schiller** (1757-1847)*. Travailla en amateur. Peintre de fleurs à Meiningen.

Renner (1790- ?)*. Peintre de fleurs à Dresde.

Johann Conrad **Reuttimann** ou **Reutimann** (Actif entre 1675 et 1682)*. Natures mortes diverses.

Carl Gottlieb **Richter** (1765-1834)*. Peintre de fleurs.

Christian **Richter** (? -1667) (4300/7400 €). Peintre de fleurs et autres. Travailla pour les Ducs de Weimar et de Gotha notamment.

Therese Caroline **Richter** (1777-1865)*. Peintre de fleurs, de fruits, de légumes et de poissons. Travailla à Dresde.

Johann Elias **Ridinger** (1698-1767) (4600/9200 €). Peintre de gibier notamment. Actif à Ulm et à Augsbourg.

Ludger Tom **Ring II** (1522 -1584) (114.350/**4000.000** €). Natures mortes rares. Peintre de fleurs. (Nature morte avec des roses, des pivoins et autres fleurs dans un vase en faïence, 34 x 24,5 cm, vendue 3.130.000 dollars chez Sotheby's le 22 avril 2015 à New York)

Wilhelm **Robart** (Actif à la fin du 18e siècle) (4600/10.700 €). Peintre de fleurs, fruits et gibier. Travailla à Augsbourg de 1770 à 1780 puis à Paris vers 1785.

August Johann **Roesel von Rosenhof** (1705-1759)*. Dessins et aquarelles d'insectes.

Katharina Barbara **Roesel von Rosenhof** (Active au 18e siècle)*. Aquarelles et gravures d'insectes.

Johann **Röhr** (Actif 2e moitié du 18e siècle)*. Scènes de marchés avec natures mortes. Actif à Dresde.

H.G **Roloff** (Actif entre 1757 et 1820)*. Peintre de fleurs à la manufacture de porcelaine de Fürstenberg.

Peter **Roos** (1675 ? -1727 ?)*. Dates de naissance et de décès incertaines. Natures mortes diverses. Travailla à Londres.

Johann Wolfgang. **Rorschach** ou **Roschach** (1664 ? -1730)*. Peintre de fleurs et de fruits à Francfort.

Matthias Bartolomaus **Röser** (1757-1804)*. Peintre de fleurs. Travailla notamment à Paris.

Martin **Rössler** (Actif au 18e siècle)*. Gravures de botanique. Travailla à Copenhague.

Michaël **Rössler** (1705-1777)*. Gravures de botanique. Travailla à Copenhague.

Jakob **Rothfuchs** (Actif au début 18e siècle)*. Natures mortes diverses.

Johann Joseph **Rottenmundt** (? -1785 ?)*. Sujets d'histoire naturelle. Travailla à Ratisbonne.

Willem Frederik. **van Royen** (1645 ? -1723) (27.450/83.850 €). Peintre de fleurs, de fruits, d'oiseaux, de volailles et de gibier. Né à Haarlem. Travailla à la cour de Potsdam à partir de 1689 puis à Berlin.

Willem **van Royen** (1714-1742) (1850/6100 € pour des aquarelles). Peintre d'oiseaux notamment.

Philipp Otto **Runge** (1777-1810) (7650/18.300 €). Natures mortes rares. Peintures de fleurs notamment. Travailla à Copenhague, à Dresde et à Hambourg.

Carl Borromaus **Ruthart** (1630 ?-1703) (22.900/61.000 €). Natures mortes rares. Travailla à Anvers, à Ratisbonne et à Rome.

S

Le peintre le plus recherché dans cette liste : Ernest Stuven.

Wilhelm **Salzmann** (Actif à la fin du 18e siècle)*. Illustrations pour des ouvrages d'histoire naturelle.

Joachim **von Sandrart** (1606-1688) (3100/5350 €). Natures mortes rares. Elève de Daniel Soreau à Hanau.

Suzanne Maria **von Sandrart** épouse **Alt** (1707-1769)*. Miniatures de gibier et d'oiseaux. Active à Nuremberg.

Conrad **Sartorius** (?-1531)*. Peintre d'enluminures de fleurs et de plantes.

Philipp **Sauerland** (1677-1750 ou 1762 ?) (3100/5350 €). Natures mortes rares. Peintre de gibier notamment. Travailla à Berlin et à Breslau.

Wilhelm **Schadow** (1788-1862) Peintre de fruits actif à Düsseldorf notamment

Johann Peter **Schalla** (1720-1796)*. Natures mortes diverses. Actif à Hambourg.

Christian Gottlieb **Schallehn** (1753-1835)*. Peintre de fleurs à Hambourg.

Andreas **Scheits** ou **Scheidts** ou **Schentz** (1665-1735)*. Natures mortes rares. Travailla en Hollande et à Hanovre.

J. Eleazar Zeizig **Schenau** ou **Schönau** (1737 ? -1806) (12.250/22.900 €). Natures mortes très rares. Peintre de fruits notamment. Actif à Dresde.

Bartholomaus Franz **Schild** (1749- ?)*. Peintre de fleurs à Bonn.

Christian **Schkuhr** (1741-1811)*. Planches de botanique.

Adam Johann **Schlesinger** (1759-1829)*. Peintre de fruits, d'escargots, de papillons et autres à Berlin et à Worms.

Johann **Schlesinger** (1768-1840)*. Natures mortes diverses. Actif à Mannheim.

J. W. **Schleuen** (Travailla au 18e siècle)*. Gravures naturalistes.

Ernst Friedrich **Baron von Schlotheim** (1764-1832)*. Dessins d'histoire naturelle. Actif à Gotha.

Carl **Schmidt** (1770-1850)*. Peintre de fleurs sur porcelaine à la manufacture de Gotha.

Johann Wolfgang **Schmidt** (Actif au 18e siècle)*. Peintre de fruits et de fleurs à Vorchheim.

Johann Jacob **Schmitz** (1724-1810) (6100/13.750 €). Peintre d'oiseaux notamment.

Michael J.**Schnitzler** (1782-1861) (3850/5800 €). Peintre d'oiseaux. Travailla à Munich, à Stuttgart, à Augsbourg et à Ulm. Travailla à la manière de Hondecoeter.

August **Scholz** (1771 ? -1838)*. Peintre de fleurs et d'insectes à Breslau.

Schreitmuller (Travailla au 18e siècle)*. Peintre de fleurs à la manufacture de porcelaine du château de Bruckberg près d'Ansbach.

Christian Friedrich **Schubart** ou **Schubert** (Actif entre 1730 et 1760)*. Peintre de fleurs et de fruits à Dresde.

Albert **Schuhmacher** ou **Schomaker** (? -1746)*. Peintre de fleurs à Brême.

Joachim Christian **Schulz** (1721-1786)*. Peintre de fleurs à Berlin. Elève d'Aug. Dubuisson.

Johann Daniel **Schulze** (1786-1836)*. Peintre de fleurs à Francfort et à Berlin.

August **Schumann** (? -1677)*. Travailla à Dresde. Natures mortes rares. Tableaux avec instruments de musique notamment.

Anna-Maria **van Schurman** (1607-1678)*. D'origine néerlandaise. Peintre de fleurs et de fruits. Travailla à Utrecht, Cologne, Middelburg, Altona et en Frise occidentale. Elle fut une des femmes les plus remarquables de son temps.

Johann Michael **Schwabeda** (1734-1794) (4600/10.700 €). Peintre de fleurs et de fruits à la cour d'Ansbach notamment.

Hendrick Wilhelm **Schweikardt** (1746-1797) (8400/19.850 €). Scènes de marchés avec fruits. Travailla à La Haye et à Londres.

Richard **Scoidon** (Actif vers 1700 ?)*. Natures mortes rares. Peintre de fleurs et autres.

Johann Stephen **Seeber** (1708 ? -1792)*. Gravures de fleurs. Travailla à Dresde.

Johann Michael **Seligmann** (1720-1762)*. Gravures de botanique. Actif à Nuremberg.

Adolf **Senff** (1785-1863) (6100/16.800 €). Peintre de fleurs et de fruits à Dresde et à Rome.

Johann Friedrich **Seubert** (1780-1859)*. Peintre de fleurs à Stuttgart.

Peter **Sieberg** (Actif 2e moitié du 18e siècle)*. Natures mortes diverses. Travailla à Hambourg.

Johann **Siegfried** (Actif au 18e siècle)*. Peintre de fleurs. Travailla longtemps en Angleterre.

August Wilhelm **Sievert** (1705-1751 ?)*. Peintre de fleurs à Ludwigsburg.

Katharina **Sievert** (Active vers 1750)*. Natures mortes diverses.

Dominicus **van der Smissen** (1704-1760)*. Natures mortes rares. Travailla à Altona.

Zacharias **Sonntag** (? -1737)*. Natures mortes diverses. Travailla à Darmstadt.

Diedrich **von Sosten** (? -1695)*. Natures mortes diverses. Actif à Hambourg. Premier maître de F.W von Tamm.

Ernst C. **Specht** (? -1801 ou 1806)*. Natures mortes diverses. Travailla à Gotha.

Johann Christian **Sperling** (1690 ou 1691-1746) (11.450/27.450 €). Peintre de fleurs et de fruits. Travailla à la cour d'Anspach.

E. A. **Spohrer** (Active entre 1790 et 1825) (5350/9200 €). Peintre de fruits à Francfort. Elève de J.D Bager.

Rudolf Gottlob **Stein** (1697- ?)*. Peintre de fleurs. Travailla également à la manufacture de porcelaine de Meissen entre 1727 et 1739.
Matthias **Steinle** (Actif vers 1685)*. Gravures de fleurs. Travailla à Breslau.
Stephan Christian **Baron von Stengel** (1750-1822)*. Dessins d'insectes. Actif à Bamberg.
Joseph **Stephan** (1709 ? -1786)*. Peintre d'oiseaux et de volatiles à Munich.
Ignaz **Stern** dit **Stella** (1680-1748) (13.750/24.400 €). Natures mortes très rares. Travailla en Italie.
Gabor ou Gabriel **Stettner** (1740-1815)*. Peintre de fleurs à Ofen.
Cornelius **Stoop** (Actif au 17e siècle)*. Peintre de fleurs et de fruits à Hambourg.
Heinrich **Stravius** (1630 ? -1690)*. Peintre de gibier, d'oiseaux morts et d'attributs de chasse entre autres. Travailla à Hambourg.
Christian Frederick **Stricker** (1780-1840)*. Peintre de fleurs à Francfort.
J. **Strupp** (Travailla durant la 2e moitié du 18e siècle)*. Peintre de fleurs.
Jakob **Sturm** (1771-1848)*. Peintre de plantes à Nuremberg.
Ernst **Stuven** ou **Stuvens** (1660-1712) (30.500/114.350 €). Peintre de fleurs, de fruits, d'insectes, d'oiseaux et autres. Disciple d'Abraham Mignon, élève de Willem van Aelst, il travailla à Hambourg, à Utrecht et à Amsterdam.

T

Les artistes les plus représentatifs : Franz Werner von Tamm et Catharina Treu.

Franz Werner **von Tamm** dit **Dapper** (1658-1724) (9150/ 91.500 €). Peintre de fleurs, de fruits, de gibier et d'oiseaux notamment. Etudia à Rome et à Vienne où il s'installa.
Alexander **Telorac** (1749-1792)*. Peintre sur porcelaine à la manufacture de Ansbach-Bruckberg. Fruits et guirlandes de fleurs.
Augusta ou Julia **Tettelbach** ou **Tugendreich** (1785- Après 1828)*. Peintre de fleurs et de fruits à Dresde.
Moritz ou Ernst Moritz Gustav **Tettelbach** (1794-1870)* Peintre de fruits et de fleurs. Il peignit un millier d'aquarelles de plantes pour le Roi Frédéric Auguste II de Saxe.
Carl Gottlieb **Thiele** (1741-1811)*. Peintre de fleurs et de plantes sur porcelaine à Meissen.
Carl Heinrich **Thiele** (1780 ? - ?)*. Peintre de fleurs sur porcelaine à Meissen.
Johann Carl **von Thill** (1624-1676)*. Peintre de fleurs, de fruits et autres natures mortes. Travailla à Nuremberg. Oeuvres plutôt rares.
Johann Heinrich Wilhelm **Tischbein** (1751-1829) (7650/26.700 €). Natures mortes rares. Peintre de fleurs, de fruits et autres à Hambourg, à Cassel, à Dresde, à Berlin et en Suisse.
Aegid **Touchemolin** (Actif à la fin du 18e et au début du 19e siècle)*. Gravures de fleurs. Travailla à Ratisbonne.
Catharina **Treu** ou **Trey** Mme **Konig** (1743-1811) (15.250/76.250 €). Peintre de fleurs, de fruits et d'insectes à Düsseldorf et à Mannheim.
Marquard **Treu** ou **Trey** (1713-1796)*. Natures mortes rares. Travailla à Bamberg.
Nicolaus Johann **Treu** ou **Trey** (1734-1786) (3850/6100 €). Scènes avec fleurs. Travailla à Paris, à Rome et à Wurzburg.

U-V

Heinrich **Ulrich** (1572 ? - 1621)*. Gravures de botanique. Actif à Nuremberg.
Jonas **Umbachs** (1624 ? -1693)*. Tableaux de gibier et d'intérieurs de cuisine. Travailla à Augsbourg.
Henriette **Urlaub** née **Muller** (Active vers 1800) (1500/3000 €) . Gravures et gouaches de fleurs.
Gottfried **Valentin** (1661-1711)*. Peintre de gibier et d'oiseaux à Leipzig.
Heinrich **von Valkenburg** (Actif au 17e siècle)*. Peintre de fleurs à Augsbourg.
Joseph Leopold **Wiser** (Actif vers 1800-1815) (1500/2500 €). Peignit des trompe l'œil à l'aquarelle.

Benedikt Christian **Vogel** (1745-1825*. Gravures de plantes.
Gottfried Wilhelm **Völcker** ou **Völker** (1775-1849)*. Travailla également comme peintre de fleurs et de fruits à la manufacture de porcelaine de Berlin.

W-Z

Gotthardt Wedig est le seul peintre vraiment significatif dans cette liste.

Jakob Samuel **Walwerth** (1750-1815)*. Planches de botanique. Actif à Nuremberg et à Bâle.
Franz Anton **Waxschlunger** ou **Wachslunger** (1706-1731)*. Natures mortes diverses. Travailla à Munich.
Johann Georg **Waxsclunger** (Actif 2e moitié du 17e siècle)*. Biographie incertaine. Serait selon certaines sources le père du suivant. Natures mortes diverses.
Johann Georg **Waxschlunger** ou **Wagenschlunger** (Actif fin du 17e, 1ere moitié du 18e siècle) (3850/5350 €). Peintre d'oiseaux et de gibier. Travailla à Munich jusqu'en 1725.
Johann Paul **Waxschlunger** ou **Waslunger** ou **Wagenschlunger** (1660 ? -1724)*. Peintre de fleurs, de fruits et de gibier. Travailla à Munich.
Gotthardt **Wedig** ou **Wedige** (1583-1641) (6900/41.950 €). Natures mortes avec verres, pichets et aliments. Actif à Cologne.
David Friedrich **Weller** (1759-1789)*. Peintre de fleurs. Travailla également à la manufacture de porcelaine de Meissen.
Johann Armandus **Winck** ou **Wink** (1748 ou 1752 ? -1817 ou 1820 ?) (22.900/.74.700 €). Peintre de fleurs et de fruits.

Willem Ernst **Wunder** (1713 ou 1717 ? - 1787 ?) (7650/13.750 €). Peintre de fleurs et de fruits.
Johann George **Ziesenis** (1717-1776) (3100/10.700 €). Natures mortes de volatiles entre autres. Travailla notamment à Copenhague

GRANDE-BRETAGNE :

A-B

A signaler : Francis Barlow.

J. **Abbot** (Actif vers 1770)*. Exposa à la Society of Artists. Natures mortes diverses.
R. **Abraham** (Active durant le premier tiers du 19e siècle)* Peintre de fleurs.
Frances Mathilde **Adams** (1784 ? -1863)*. Peintre de fleurs à Londres active entre 1806 et 1832
Eleazar **Albin (Weiss)** (?-1740 ?)*. D'origine allemande. Dessins d'insectes et d'oiseaux. Actif à Londres.
Henry **Anderton** (1630-1665)*. Natures mortes diverses. Oeuvres plutôt rares. Travailla à Rome et à Londres.
Henry C.**Andrews** (Actif entre 1799 et 1830)*. Gravures et dessins de fleurs. Travailla à Londres.
Mrs **Anning** (Active entre 1762 et 1776)*. Peintre de fleurs à Londres.
F.M **Anning** (Travailla à la fin du 18e siècle)*. Peintre de fleurs. Elle exposa à la Royal Academy.
Edward **Arnold** (Actif vers 1770-1775)*. Exposa à la Society of Artists en 1773. Natures mortes diverses.
George **Arnold** (Actif de 1770 à 1791)*. Exposa des natures mortes à la Society of Artists durant une vingtaine d'années.
E.**Atkinson** (Actif à la fin du 18e siècle)*. Exposa des natures mortes à la Royal Academy entre 1793 et 1797.
Thomas **Atwood** (Actif entre 1762 et 1766) (4600/7650 €). Peintre de fleurs. Exposa à la Society of Artists.
T. **Ausiter** (Travailla à la fin du 18e siècle)*. Peintre de fleurs. Exposa à la Royal Academy entre 1783 et 1786.

Miss **Baker** (Active au début du 19e siècle)*. Peintre de gibier. Exposa à la Royal Academy entre 1810 et 1830.
John **Baker** (1736 ? -1771)*. Peintre de fleurs et de fruits. Exposa à la Society of Artists et à la Royal Academy entre 1762 et 1771.
Miss E. **Barber** (Active au début du 19e siècle)*. Peintre de fleurs à Birmingham.
James **Barbut** (Actif entre 1775 et 1787)*. Peintre d'insectes. Exposa à la Royal Academy.
James **Barenger** (1745-1813)*. Aquarelles d'insectes. Exposa de 1793 à 1799 à la Royal Academy.
Baringer (Actif vers 1770-1775)*. Exposa des natures mortes à Londres en 1773.
Samuel **Barker** (?-1727)*. Peintre de fleurs et de fruits dans le style de Monnoyer.
Francis **Barlow** (1626-1702) (12.250/65.750 €). Peintre d'oiseaux et de volailles.
Miss **Barnett** (Active au début du 19e siècle)*. Peintre de fleurs. Exposa à Londres en 1814.
Joseph **Barney** (1751- Après 1827)*. Peintre de fleurs et de fruits. Exposa à la Society of Artists à partir de 1777 puis à la Royal Academy de 1784 à 1827. Peintre de fleurs du Prince Régent à partir de 1815.
Joseph **Barney junior** (? - Après 1851)*. Peintre de fruits et de fleurs à Greenwich et Southampton. Exposa à la Royal Academy et la British Institution à partir de 1815.
Ann **Beesley** (Exposa de 1774 à 1783)*. Peintre de fleurs à Londres. Exposa à la Free Society.
Robert **Beesley** (Exposa de 1763 à 1783)*. Natures mortes diverses. Travailla à Londres.
Bellamy (Travailla à la fin du 18e et au début du 19e siècle)*. Peintre de fleurs à Londres.
Elizabeth **Blackwell** (Active 1ere moitié du 18e siècle)*. Gravures de fleurs. Elle produisit un recueil de 500 planches publié en 1737 et réédité en 1757 et 1794.
Benjamin **Blake** (?-1830) (3100/6100 €). Peintre de gibier et autres natures mortes. Travailla à Londres.
James **Bolton** (?-1799)*. Peintre de fleurs, actif à la fin de sa vie à Halifax.
Richard **Bonington** (1768-1836) (3100/6100 €). Père de Richard Parkes Bonington, cet artiste peignit quelques tableaux de fleurs, notamment en guirlandes. Il exposa à la Royal Academy entre 1797 et 1808 puis à la Liverpool Academy entre 1811 et 1813.
William **Brasier** (Actif entre 1690 et 1710) (4600/10.700 €). Natures mortes diverses.
George **Brookshaw** (1751-1823) (152/381 € pour des gravures). Gravures de fruits.
Peter **Brown** (Actif à la fin du 18e siècle)*. Peintre de fleurs. Il exposa à la Royal Academy de 1770 à 1791.
J. **Burgess** (Travailla à la fin du 18e et au début du 19e siècle)*. Exposa des natures mortes à la Royal Academy entre 1803 et 1811.
Miss **Burton** (Exposa entre 1773 et 1778)*. Peintre de fruits notamment. Exposa à la Society of Artists.
Anne Frances **Byrne** (1775-1837)*. Peintre de fleurs et de fruits. Elle exposa à la Royal Academy.

C-D

Le peintre le plus recherché : Charles Collins.

Mrs **de Castro** (Active 2e moitié du 18e siècle)*. Peintre de fleurs. Exposa en 1777 et 1778 à la Royal Academy.
Mark **Catesby** (1679-1749)* Gravures de fleurs et de plantes. Travailla aux Etats-Unis entre 1712 et 1719 puis y retourna durant les années 1720 avant de revenir définitivement en Angleterre.
Cauley (Travailla au milieu 18e siècle)*. Aquarelles de fleurs. Exposa à la Society of Artists en 1768.
J. **Caulton** (Travailla entre 1800 et 1810)*. Peintre de fleurs et d'insectes. Exposa à la Royal Academy.
Rev. H. **Chatfield** (Actif à la fin du 18e siècle)*. Exposa des natures mortes à la Royal Academy de 1781 à 1801.
John **Clayton** (1728-1800)*. De nombreuses natures mortes de sa main furent détruites dans un incendie en 1769.
Joseph **Cole** (Actif entre 1770 et 1782)*. Peintre de fleurs. Exposa à la Royal Academy.

Edward **Coleman** (1784 ? - Après 1848) (2000/3100 €). Peintre d'oiseaux morts notamment. Exposa à la Royal Academy à partir de 1813.

Charles **Collins** (1680-1744) (22.900/61.000 €). Natures mortes d'oiseaux, de gibier et de trophées de chasse.

George **Cooke** (1781-1834)*. Gravures de botanique. Travailla à Londres.

Joseph Teal **Cooper** (1682-1743) (11.450/16.800 €). Auteur de diverses natures mortes.

Richard **Cooper** (1705 ? -1764)*. Peintre de fleurs. Travailla dans le Yorkshire et à Edimbourg.

Philippa **Crabtree** (Active au 18e siècle) (1850/5800 € pour des aquarelles). Exposa des peintures de fleurs à la Royal Academy en 1786 et 1787.

Marmaduke **Cradock** (1660-1717) (7650/16.800 €). Peintre de volatiles notamment. Travailla à Londres.

Mary-Ann **Croft** (Active à la fin du 18e et au début du 19e siècle)*. Exposa des natures mortes à la Royal Academy entre 1804 et 1814.

John **Curtis** (1791-1862)*. Gravures d'insectes. Travailla à Londres.

William **Curtis** (1746-1799)*. Planches d'histoire naturelle. Travailla à Londres.

Alexander **Dalziel** (1781-1832)*. Ce peintre de natures mortes travailla à Wooler (Northumberland).

P. **Dean** (Travailla vers 1785-1795)*. Peintre de fleurs à Londres.

Mary **Delany** née **Granville** (1700-1788)*. Peintre de fleurs à Londres.

V. **Dogarth** (Travailla au début du 19e siècle) (1100/2450 €). Peintre de fleurs.

Edward **Donovan** (1768-1837)*. Gravures d'oiseaux et d'insectes.

Miss E. **Dubuisson** (Active entre 1802 et 1840)*. Exposa des natures mortes à la British Institution, à la Royal Academy et à Suffolk Street de 1805 à 1840.

John **Dunstall** (Actif entre 1650 et 1670)*. Gravures de fleurs, de fruits et d'oiseaux. Travailla à Londres.

E-F-G

William Gowe Ferguson est le peintre le plus représentatif du genre dans cette liste.

Richard **Earlom** (1743-1822) (762/2750 €) (Pour des gravures). Gravures de fleurs d'après van Huysum et van Os. Signa parfois Henry Poirche. Fut le premier à utiliser la pointe dans la gravure à la manière noire.

C. A. **Edwards** (Travailla à la fin du 18e siècle)*. Peintre de fleurs à Horton (Bucks).

George **Edwards** (1694-1773) (1850/4600 €). Peintures de fleurs, de fruits et d'oiseaux. Publia de 1747 à 1751 une histoire naturelle des oiseaux.

John **Edwards** (Exposa de 1763 à 1812)*. Peintre de fleurs à Brentford. Exposa également à la Royal Academy.

Sydenham Teast **Edwards** (1768-1819) (3850/10.700 €). Produisit notamment des études d'insectes au crayon (2900/10.700 €) et peignit des fleurs à Londres. Exposa de 1792 à 1813 à la Royal Academy et publia en 1812 « La Nouvelle Flore Britannique ».

W. H. **Edwards** (Actif de 1790 à 1850)*. Peintre de fruits à Londres. Exposa à la Royal Academy et à Suffolk Street de 1793 à 1850.

Stephen **Elmer** (? -1796) (4600/10.000 €). Peintre d'oiseaux, de volatiles et de gibier à Londres.

William **Elmer** (Actif à la fin du 18e et au début du 19e siècle) (6100/.10.700 €). Travailla en Irlande. Peintre de fruits et autres.

Henry **Fletcher** (Actif au 1er tiers du 18e siècle)*. Gravures de fruits

Samuel **Galloway** (Actif à partir de 1825)* Peintre de fleurs. Exposa à la Royal Academy et à Suffolk Street à partir de 1827.

William **Gowe Ferguson** (1632-1695) (5350/18.300 €). Peintre de fleurs, d'oiseaux, de gibier et de trophées de chasse. Travailla en Ecosse et à Londres.

Mrs Marianne **Fillonière** (Actif de 1766 à 1776)*. Peintre de fleurs à Londres.

Mrs **Finlayson** (Active au 18e siècle)*. Peintures d'oiseaux. Travailla à Londres.

Bert. **Flesshier** (Travailla au 17e siècle)*. Peintre de fleurs et de fruits. Peut-être confondu avec Benjamin Flessiers, artiste flamand qui étudia à Amsterdam en 1629.

Peter **Giacobbe** (Actif en Angleterre au début du XIXème siècle) Peintre de fleurs, gouaches principalement

Robert **Griffier** (1688-1750) (15.250/38.150 €). Natures mortes diverses.

Gerard **van der Gucht** (1696-1776)*.Gravures de fruits.

H-I-J-K

Henry Howell et Thomas Keyse sont les artistes les plus recherchés dans cette liste.

Dorothea **Hamilton** née **Forth** (? -1780)*. Peintre de fleurs et d'insectes. Travailla à Londres en amateur.

Jacob ou James **de Hamilton** (1640 ?-1720 ?)*. Peintre de fleurs, de fruits et autres natures mortes. Premier de la dynastie des Hamilton qui travaillèrent à Bruxelles, en Allemagne et à Vienne. Fuya le régime de Cromwell vers 1660 pour aller travailler à Bruxelles.

Richard **Hand** (? - Avant 1817)*. Peintre de fruits.

Miss **Harrington** (Active à la fin du 18e siècle)*. Peintre de fleurs.

John **Harris** (? -1834)*. Peintre d'oiseaux et d'insectes à Londres.

Moses **Harris** (1731- ?)*. Dessins de fleurs et d'insectes.

Moses **Haughton le Jeune** (1772-Après 1848) (3100/6100 €). Peintre d'oiseaux morts. Travailla notamment à Londres.

William **Hayes** (1735-1802) (1100/3100 €). Peintures, aquarelles et gravures d'oiseaux.

John **Heather (**Exposa entre1763 et 1765**)*.** Peintre de fleurs. Exposa à la Free Society of Artists.

Heathley (Travailla à la fin du 18e et au début du 19e siècle)*. Natures mortes diverses.

Peter **Henderson** (Actif fin 18e début 19e siècle)*. Peintre, aquarelliste et graveur de fleurs.

James **Hewlett** (1789-1836)*. Peintre de fleurs à Bath.

Miss **Hills** (Active à la fin du 18e siècle)*. Peintre de fleurs à Londres.

R. P. **Hodge** (Travailla de 1769 à 1780)*. Exposa des tableaux de fruits à la Free Society.

Miss **Hodgson** (Active de 1770 à 1795)*. Exposa des tableaux de fleurs à la Free Society. Travailla principalement à Scarborough.

Edward **Hodgson** (1719-1794)*. Exposa des tableaux de fleurs et de fruits de 1762 à 1791 à la Royal Academy et la Free Society.

Sir William Jackson **Hooker** (1785-1865)*. Peintures, aquarelles et gravures de fleurs (304/1850 €- par gravure). Elève de Ferdinand Bauer, travailla à Londres.

Miss **Hooper** (Active vers 1760)*. Exposa des tableaux de fleurs en 1762 à la Free Society.

Henry **Howell** (Actif entre 1660-1720) (10.000/30.500 €). Spécialiste du trompe-l'œil.

Hoyoit (Travailla entre 1771 et 1783)*. Exposa des tableaux de fleurs à la Free Society.

Louis Leonart **Hübner** (?-1769) (4600/7650 €). Natures mortes diverses, notamment de fleurs et d'oiseaux. Travailla à Berlin et en Angleterre où il exposa à l'Union Coffee House de Norwich où il s'était installé en 1740.

John **Hunt** (1777-1842 ?)*. Gravures d'oiseaux.

William Henry **Hunt** (1790-1864) (3100/9200 €). Peintre de fleurs, de fruits et d'oiseaux à Londres.

William **Ireland** (Actif de 1764 à 1783)*. Exposa des tableaux de fruits à la Free Society et à la Society of Artists.

Miss **James** (1759- ?)*. Exposa des tableaux de fleurs dès l'âge de 14 ans à la Society of Artists.

William **Jefferys** (? -1805)*. Exposa des tableaux de fruits entre 1766 et 1775 à la Society of Artists.

Anne **Jenkins** (Active à partir de 1786)*. Exposa des tableaux de fleurs à la Royal Academy et à Suffolk Street.

William **Jones of Bath** (Actif 2e moitié du 18e siècle) (5350/10.700 €). Exposa des tableaux de fruits à Londres de 1764 à 1771 (Society of Artists, Royal Academy et Free Society).

Mary **Kearse** née **Lawrence** (Exposa de 1794 à 1830) (650/3100 €). Peintre de fleurs à Londres. Produisit également des gravures (305/686 €- par planche) et des aquarelles de fleurs.

Elizabeth **Kerr** (Active 2e moitié du 18e siècle)*. Exposa des tableaux de fleurs à la Free Society en 1763.

Henry **Kettle** (Actif au 18e siècle)*. Exposa à la Society of Artists, notamment des anamorphoses d'animaux.

Henry **Key** (? -1799 ?)*. Peintre de fleurs.

Thomas **Keyse** (1722-1800) (6000/22.900 €). Peintre de fleurs et autres à Londres.

Kilburn (Exposa entre 1770 et 1775)*. Présenta des tableaux de fleurs à la Society of Artists et à la Free Society.

Anne **Killigrew** (1660 ? -1685 ?)*. Natures mortes diverses. Travailla à Londres.

Wilhelmina **King** (Active durant la 2e moitié du 18e siècle)*. Exposa des natures mortes entre 1770 et 1775.

William **King** (Actif vers 1760)*. Peintre de fleurs à Totteridge.

Sir Godfrey **Kneller** (1646-1723) (3850/8400 €). Allemand d'origine. Natures mortes rares. Travailla à Amsterdam, à Rome, à Venise et à Londres.

Johann Zacharias **Kneller** (1644-1702) (4600/7400 €). Allemand d'origine. Natures mortes diverses. Travailla à Rome et à Londres.

L-M-N

Balthasar Nebot est le peintre le plus significatif dans cette liste.

Anna **Ladd** (1746-1770)*. Peintre de fruits. Exposa en 1770 à la Society of Artists.

Aylmer Bourke **Lambert** (1762-1842) (305/762 € par gravure). Gravures de botanique.

James **Lambert** le **Jeune** (1760 ? - Après 1833) (3100/5350 €). Peintre de fleurs à Londres. Exposa à la Free Society et à la Royal Academy entre 1769 et 1778.

John **Lambert le Vieux** (1619-1683)*. Peintre de fleurs et de fruits à Guernesey.

John **Latham** (Actif à la fin du 18e siècle) (2900/6100 €). Exposa des tableaux de fleurs et d'oiseaux à la Royal Academy de 1787 à 1791. Travailla surtout à Dublin.

Anna **Lee** (? -1790 ?) (2450/6100 €). Peintre de fleurs et d'histoire naturelle. Travailla à Londres.

William **Leslie** (? -1812)*. Peintre de fleurs et de fruits à Londres.

John William **Lewin** (Actif à la fin du 18e et au début du 19e siècle)*. Gravures et aquarelles d'oiseaux. Travailla notamment en Australie.

William **Lewin** (1747-1795 ?)*. Peintures et aquarelles de fleurs, d'oiseaux et d'insectes. Figura à la Free Society of Artists en 1764 et 1782.

Charles **Lewis** (1753-1795) (3850/6450 €). Peintre de fruits, d'oiseaux et de gibier.

John **Lewis** (Actif 2e moitié du 18e siècle)*. Exposa des natures mortes à la Society of Artists entre 1762 et 1776.

Martin **Lister** (1638 ? -1711)*. Dessins et gravures d'histoire naturelle.

William Home **Lizars** (1788-1859)*. Gravures de botanique.

Conrad **Loddiges** (1738-1829)*. Dessins et gravures de botanique. Cet artiste, né en Hollande, s'installa à Londres vers 1760.

George **Loddiges** (1784-1846)*. Dessins et gravures de botanique. Miss J. Loddiges et W. Loddiges travaillaient avec lui à la même époque.

William **Lodge** (1649-1689)*. Gravures d'histoire naturelle.

Lynden (Travailla à la fin du 18e siècle)*. Exposa à Londres en 1783 des aquarelles de fleurs et d'oiseaux.

James **Mannin** ou **Manning** (? -1779)*. Travailla à Dublin. Peintre de fleurs.

Alexander **Marshal** (Actif 2e moitié du 17e siècle)*. Aquarelles de fleurs.

Peter **Mazell** (Actif de 1762 à 1797)*. Gravures de botanique. Travailla à Londres.

Margaret **Meen** (Active 2e moitié du 18e siècle)*. Exposa des tableaux de fleurs à la Royal Academy en 1775 et 1785.

Juan ou John **Melec** (15e siècle)*. Enluminures de fleurs sur manuscrits et missels. Aurait été actif à Bercelone.

Dorothy **Mercier** (Active 2e moitié du 18e siècle)*. Exposa en 1762 à Londres des miniatures et aquarelles de fleurs.

James **Millar** (Actif de 1770 à 1790).(1250/2450 €). Exposa à Londres. Natures mortes diverses. Travailla principalement à Birmingham.

John **Miller** (1750 ? - ?)*. Peintre et graveur de fleurs. Membre de la Society of Artists à partir de 1766.

John **Miller** (Johann Sebastian **Mueller)** (1715 -1790?)*. Actif entre jusqu'en 1790, Miller était originaire de Nuremberg. Il produisit notamment des aquarelles et des gravures de botanique (121/228 € pour les gravures).

Antonio **Montingo** (Actif vers 1670-1680)*. Peintre de fleurs à Windsor.

Henry **Morton** (Exposa à partir de 1807)*. Peintre de fleurs à Londres.

J.**Morton le Vieux** (Exposa de 1791 à 1807)*. Peintre de fleurs à Londres.

Mary **Moser** épouse **Lloyd** (1744-1819) (3100/10.700 €). Exposa des natures mortes de fleurs et de fruits entre 1758 à 1792 dont 32 années de suite à la Royal Academy. (2900/10.700 €- pour des gouaches).

Elizabeth **Neal** (Active vers 1660-1670)*. Peintre de fleurs. Travailla aux Pays-Bas.

Balthasar **Nebot** ou **Nebott** (Actif au 18e siècle) (7650/15.250 €). Scènes de marchés avec natures mortes. Travailla à Londres.

W. **Newton** (Travailla vers 1780-1785)*. Peintre de fruits à Londres.

Frederick Polydore. **Nodder** (? -1800)*. Peintre de plantes et de fleurs. Illustra d'importants ouvrages de botanique entre 1786 et 1800.

R. P **Nodder** (Travailla de 1786 à 1820)*. Exposa des tableaux de fleurs à la Royal Academy. Peignit également des plantes.

F. **Noël** (Travailla au début du 19e siècle)*. Exposa des tableaux de fleurs de 1800 à 1805.

O-P

Archer James **Oliver** (1774 ? -1842)*. Peintre de fruits.

Jeffrey Hamet **O'Neal** (Actif à la fin du 18e siècle)*. Peintre de fleurs et d'oiseaux. Travailla à Londres.

Peter **Paillou** (Actif à la fin du 18e siècle) (3100/15.250 €). Dessins, aquarelles et gravures de botanique. Travailla à Londres de 1763 à 1805.

C. **Parker** (Travailla durant le 1er tiers du 19e siècle) (3850/10.000 €). Natures mortes diverses.

John **Parker** (Actif 2e moitié du 18e siècle)*. Exposa des fleurs en 1765 et 1766 (notamment à la Free Society).

William **Parsons** (1736-1795)*. Peintre de fruits à Londres.

Mrs Eglington Margaret **Pearson** née **Paterson** (? -1823)*. Peintures d'oiseaux, exposa à la Society of Artists en 1775.

William **Pegg** (Actif au 18e siècle)*. Peintre de fleurs et autres sur porcelaine à la manufacture de Derby.

William **Pether** (1731-1795)*. Aquarelles et gravures de botanique.

Robert **Petty** (1740-1789)*. Travailla à Hambourg. Peintre de fleurs, de fruits et d'oiseaux.

Henry **Pingo** (Actif vers 1770-1775)*. Peintre de fleurs à Londres.

John **Plott** ou **Plot** (1722 ? -1803)*. Dessins d'histoire naturelle. Travailla à Londres.

William **Pollard** (Actif au début du 19e siècle)*. Peintre de fleurs sur porcelaine à la manufacture de Swansea.

Clara Maria **Pope** née **Leigh** (1750 ? -1838) (650/2000 € pour des aquarelles). Exposa à la Royal Academy à partir de 1796. Spécialisée dans les aquarelles de fleurs.

Thomas Somerville **Pope-Stevens** (? -1818) (3100/6100 €). Peintre de fleurs. Travailla en Irlande.

A.**Power** (Travailla à la fin du 18e et au début du 19e siècle)*. Peintre de fleurs à Londres.

Ellen **Power** (Active vers 1700)*. Peintre de fleurs. Produisit également des aquarelles.

R-S

Philip Reinagle, G. William Sartorius et Joshua Shaw sont les peintres les plus intéressants dans cette liste.

Philip **Reinagle** (1749-1833) (18.300/61.000 €). Peintre de gibier et de sujets de chasse. Il produisit également des tableaux, des aquarelles et des gravures de fleurs. Travailla à Londres et à Rome.

Joseph **Rhodes** (1782-1854) (3100/9200 €). Natures mortes diverses. Travailla à Leeds.

Daniel **Richardson** (Actif fin du 18ᵉdébut du 19ᵉ siècle) (2750/7650 €). Exposa des tableaux de fleurs et de fruits entre 1783 et 1830 à la Royal Academy. Vécut à Dublin de 1809 à 1820.

Samuel **Roberts** (Actif entre 1778 et 1782)*. Natures mortes diverses. Travailla à Londres.

Thomas **Robins Junior** (1745-1806) (1850/9200 € pour des aquarelles). Peintre et aquarelliste de fleurs et d'insectes à Bath.

George **Roth** (Actif au début du 19ᵉ siècle)*. Exposa des natures mortes de poissons de 1810 à 1815 à la Royal Academy.

Rubensten ou **Riebenstein** (? -1763 ?)*. Natures mortes diverses. Travailla à Londres.

G. William **Sartorius** (Actif 2ᵉ moitié du 18ᵉ siècle) (6100/22.900 €). Exposa des natures mortes à la Free Society de 1773 à 1779. Peignit des fruits, des oiseaux ou des papillons.

Miss M. **Sartorius** (Active au début du 19ᵉ siècle)*. Exposa des natures mortes à la British Institution en 1813.

Henrietta **Sass** (Active entre 1797 et 1813)*. Peintre de fleurs. Travailla à Londres.

Katharina **Schweickardt** (Active au 18ᵉ siècle)*. Peintre de fleurs.

Scott (Travailla vers 1770)*. Peintre de fleurs à Londres.

Prideaux John **Selby** (1788-1867)*. Gravures d'oiseaux.

James **Sharples le Jeune** (1789-1839)*. Natures mortes diverses. Travailla à Bristol.

George **Shaw** (1751-1813)*. Gravures d'histoire naturelle

Joshua **Shaw** dit **Shaw of Bath** (1776-1860) (11.450/76.250 €). Peintre de fleurs et autres. Travailla à Manchester, à Londres, à Philadelphie et dans le New Jersey.

Sheldon (Travailla vers 1775-1780)*. Peintre de fruits à Londres.

William **Shuter** (Actif entre 1770 et 1779)*. Peintre de fleurs à Londres.

Emma **Sillett** (Active fin du 18ᵉdébut du 19ᵉ siècle)*. Peintre de fleurs et de fruits à Norwich.

James **Sillett** ou **Selleth** (1764-1840) (7650/13.750 €). Peintre de fleurs et autres à Norwich.

Gustav **Sintzenich** (Actif au début du 19ᵉ siècle)*. Exposa des tableaux de fleurs et de fruits à la Royal Academy de 1809 à 1836.

Sketchley (Travailla vers 1780)*. Peintre de fleurs à Londres.

James **Smith** (Actif 1ere moitié du 18ᵉ siècle)*. Gravures de fruits.

William **Smith** (1707-1764) (4600/7650 €). Peintre de fleurs et de fruits. Exposa à Londres de 1762 à 1776.

James **Sowerby** (1757-1822)*. Peintures de fleurs, dessins et gravures de botanique, notamment pour le célèbre jardinier Robert Sweet (1783-1835).

Isaac **Spackman** (? -1771)*. Peintre d'oiseaux à Londres.

Stackhouse (Travailla à la fin du 18ᵉ siècle)*. Peintre de fleurs et de fruits à Londres.

John **Stanney** (Actif entre 1726 et 1730) (5000-12.000 €). Peintre de vanités (oeuvres rares sur le marché) (Une Vanité en trompe l'oeil avec un crâne, un sablier, une pipe, un coquillage et une lettre sur un entablement vendue à Londres chez Sotheby's le 3 mai 2017)

Thomas **Steele** ou **Steel** (1769-1850)*. Également peintre de fleurs et de fruits sur porcelaine à Swinton.

Gertrude **Stepanoff** (? -1808)*. Exposa des tableaux de fleurs à la Royal Academy de 1783 à 1808.

George **Stevens** (Actif à partir de 1808) (3850/5350 €). Exposa des natures mortes à Londres jusqu'en 1865.

Robert **Streater** ou **Streeter** ou **Streter** (1624-1680)*. Natures mortes diverses. Travailla à Londres.

H. **Sumpter** (Actif au début du 19ᵉ siècle)* Natures mortes diverses. Exposa à la Royal Academy et à la Society of Artists de 1816 à 1847.

Patrick **Syme** (1774-1845)*. Peintre de fleurs, de botanique et d'entomologie. Travailla à Edimbourg et exposa à la Royal Academy en 1817.

T-V-W

Simon **Taylor** (? -1772)*. Peintre de thèmes botaniques.

William **Taylor** (Actif de 1811 à 1859)*. Natures mortes diverses. Travailla à Londres.
H. **Terasson** (Actif au début du 18e siècle)*. Gravures d'entomologie. Travailla à Londres.
A. **Thomas** (Travailla vers 1783)*. Peintre de fleurs à Londres.
Robert John **Thornton** (1768 ? -1837)*. Gravures de fleurs.
John **Vandermere** (1743-1786)*. Travailla en Irlande. Natures mortes diverses.
Willem **Verelst** (? - Après 1756) (3100/5350 €). D'origine néerlandaise. Peintre de gibier et autres à Londres.
A.**Videbant** ou **Viedebant** (? -1805 ?) (2900/4600 €). Né à Berlin. Peintre de fleurs et de fruits à Londres.
William **Waldron** (Actif entre 1772 et 1801)*. Peintre de fleurs. Travailla exclusivement en Irlande.
Henry **Walton** (1746-1813) (15.250/68.600 €). Scènes de marchés avec légumes. Travailla à Londres.
Parry **Walton** (? -1699)*. Natures mortes diverses. Travailla à Londres.
James **Ward** (1769-1859) (7650/30.500 €) Ce peintre animalier peignit occasionnellement des fleurs et des fruits.
Simon **Watts** (Actif entre 1760 et 1780)*. Gravures de botanique. Actif à Londres.
Westfield **Webb** (? -1772)*. Peintre de fleurs à Londres.
Weston (Actif au 18e siècle) (1000/ 4000 €). Peignit des trompe l'œil à l'aquarelle.
Charles **White** (1751-1785)*. Dessins d'histoire naturelle.
Charles **White** (1780- ?)*. Peintre de fleurs à Londres.
Benjamin **Wilkes** (Actif au début du 18e siècle)*. Gravures d'insectes.
Ellen **Williams** (1790- ?) (1550/3100 €). Peintre de fleurs. Travailla à Dublin.
James **Williams** (Actif de 1763 à 1776)*. Natures mortes diverses. Travailla à Londres.
Mary **Williams** (1788- ?)*. Peintre de fleurs à Dublin.
Solomon **Williams** (? -1824)*. Natures mortes rares. Travailla en Irlande.
Peter de **Wint** (1784-1849) (1500/ 5000 € pour des aquarelles). Etudes de plantes.
Edward **Withers** (Actif 2e moitié du 18e siècle)*. Peintre de fleurs sur porcelaine à la manufacture de Derby jusqu'en 1775.
Elizabeth **Wright** (Active 2e moitié du 18e siècle)*. Exposa des natures mortes de 1772 à 1776.
Louisa **Wright** (Active 2e moitié du 18e siècle)*. Peintre de fruits. Exposa de 1770 à 1777 à Londres.
William Weston **Young** (Actif fin du 18e début du 19e siècle)*. Peintre d'oiseaux à la manufacture de porcelaine de Swansea.

DANEMARK :

Les peintres les plus recherchés : Johannes Ludwig Camradt, Christoffer Eckersberg, Jens Juel et Ernst Löffler.

Christian-Frederik **Albrecht** (1766-1789)*. Peintre de fleurs.
Magdalena Margarethe **Baerens** ou **Barens** née **Schaffer** (1737-1808)*. Peintures et gouaches de fleurs. Active à Copenhague.
Oluf-Olufsen **Bagge** (1780-1836)*. Gravures de botanique et dessins de fleurs.
Frederik Christian **Camradt** (1762-1844) (3100/7650 €). Peintre de fleurs à Copenhague.
Johannes Ludwig **Camradt** (1779-1849) (7650/24.400 €). Peintre de fleurs. Travailla à Copenhague où il fut très estimé.
Johann-August **Diederich** (1768-1830)*. Peintre de fleurs et de fruits à Copenhague.
Christoffer Wilhelm **Eckersberg** (1783-1853) (4600/45.750 €). Natures mortes diverses. Oeuvres cependant rares. Travailla à Rome, à Paris et à Copenhague.
Elisabeth **Fosie** (Active au 18e siècle)*. Fleurs et de fruits à l'aquarelle. Travailla à Copenhague.
Jacob **Fosie** (? -1763)*. Peintre de fleurs et de fruits à Copenhague.

Johanna M. **Fosie** plus tard épouse **Westengaard** (1726-1764)*. Fleurs et fruits à l'aquarelle. Travailla à Copenhague.
Michael **Fosie** (1724-1794)*. Fleurs et fruits à l'aquarelle.
Claudius Ditlev **Fritzsch** (1763-1841)*. Peintre de fleurs et de fruits. Travailla à Copenhague.
Johan Laurentz **Jensen** (1800-1856) (15.250/76.250 €). Peintre de fleurs, de fruits, de coquillages et d'oiseaux. Etudia à la manufacture de Sèvres en 1822 et devint membre de l'Académie de Copenhague en 1825.
Jens **Juel** (1745-1802) (15.250/53.400 €). Peintre de fleurs. Travailla à Hambourg, à Rome, à Paris, à Genève et à Copenhague.
Peter **Lehmann** (1786-1846)*. Peintre de fleurs et d'oiseaux à Copenhague.
Ernst Heinrich **Löffler** (1723-1796) (24.400/64.500 €). Peintre de fleurs. Travailla notamment à Copenhague.
Christian-Friedrich **Müller** (1744-1814)*. Gravures d'histoire naturelle.
Elias **Meyer** (1763-1809) (2000/3500 €). Peintre de fleurs à Copenhague.
Hermania Sigvardine **Neergard** (1799-1874) (24.400/95.000 €). Peintre de fleurs, de fruits et de plantes.
George Christian **Oeder** (1728-1791)*. Gravures de botanique.
Hans Christian **Overgaard** (1778 ? -1832)*. Natures mortes diverses. Travailla à Copenhague.
Hermann **Peters** (1742-1805)*. Natures mortes diverses. Travailla à Frederichstadt.
Nikolaï **Peters** (1766-1825) (2900/4600 €). Natures mortes diverses. Travailla à Frederichstadt, à Copenhague et à Flensburg.
Helena **Roquers** (Active au 17e siècle)*. Natures mortes diverses.
Caroline Mathilde **Ryding** (1780- ?). Peintre de fleurs à Christianfeld en Slesvig.
Sophie Hedwig Princesse de Danemark (1677-1735)*. Peintures de fleurs à Copenhague.
Katherine Amèlie **Svendsen-Engel** (1777- ?)* Peintre de fleurs actrive à Copenhague.
Christian **Thran** (Actif au milieu du 18e siècle)*. Dessins d'horticulture. Travailla à Karlsruhe.
Otto Christian **Trolle** (1736-1796)*. Peintre et dessinateur de fleurs à Copenhague.
Oluf Jepsen **Weise** ou **Weyse** (1750 ? - Après 1796)*. Dessinateur de fleurs.

SUISSE :

A-B

Johann Rudolf. Byss est le peintre le plus représentatif du genre dans cette liste. Celui-ci compléta son éducation artistique lors de voyages en Allemagne, en Italie, en Hollande et en Angleterre. Son style se rapproche des peintres néerlandais de fleurs et de fruits.

Marguerite **Aigroz** née **Darier** (1662- ?)*. Peintre de fleurs à Genève.
Alexandre Maurice **Almeras** (1784-1841) Peintre de fleurs
Jakob **Bosshardt** (1790-1852)*. Natures mortes diverses. Actif à Neubrunn-Turbenthal (Canton de Zurich).
Franz-Josef **Byss** (1667- ?)*. Natures mortes diverses. Travailla à Soleure.
Johann Leonhardt **Byss** (1680-1757)*. Natures mortes diverses. Travailla notamment à Soleure.
Johann Rudolf **Byss** (1660-1738) (22.900/64.500 €). Peintre de fleurs, de fruits et d'oiseaux. Travailla à Prague, à Vienne, à Mayence, à Bamberg, à Soleure et à Würzburg.
Maria Helena **Byss** (1670-1726)*. Peintre de fleurs. Travailla à Soleure et à Bamberg.

D-E-F-H-K-L

Jean-Etienne Liotard est le peintre le plus important dans cette liste mais celui-ci a peu produit de natures mortes. A signaler : Johann R. Loutherburg.

Johannes **Düniz** ou **Dunz** (1645-1736)*. Peintre de fleurs et de fruits. Travailla à Berne.

Carl Martin **Eglin** (1787-1850)*. Natures mortes diverses. Travailla à Munich et à Lucerne.

Johann Rudolf **Feyerabend** dit **Lelong** (1779-1814) (2900/6450 €). Produisit essentiellement des gouaches de natures mortes (fleurs, fruits, Vanités entre autres). Travailla à Bâle et probablement en France.

Anna **Füssli** (1749-1772)*. Peintre de fleurs et d'insectes à Zurich.

Elisabeth **Füssli** (1744-1780)*. Peintre de fleurs et d'insectes à Zurich.

Hans Caspar **Füssli** (1743-1786)*. Peintre de fleurs et d'insectes à Zurich.

Johann Caspar **Füssli** (1707-1782)*. Natures mortes en trompe-l'œil notamment. Œuvres rares sur le marché. Travailla à Vienne, en France, en Italie et en Allemagne.

Johann Rudolf **Füssli** (1737-1806)*. Natures mortes rares. Travailla à Zurich et à Paris.

Bernhard **Halder** (1656-1701)* Natures mortes rares. Elève de Jan van Huysum, travailla notamment à Hambourg.

Moses Ludwig **Hess** (1778-1851)*. Natures mortes diverses. Travailla à Genève.

Magdalena **Hoffmann** plus tard épouse **Stuewarts** (? -1671)*. Peintre de fleurs. Travailla à Amsterdam.

Samuel **Hoffmann** ou **Hoffman** (1592 ? -1648) (7650/15.250 €). Peintre de fleurs, de fruits et de gibier. Travailla à Anvers, en Hollande et à Francfort.

Albrecht **Kauw le Vieux** : Voir **France.**

Johann Heinrich **Kunkler** (1756-1836) (1850/4600 €). Natures mortes diverses. Travailla à Francfort et à Saint-Gall.

Anna-Maria **Kuster-Reinhart** (1753-1829)*. Peintre de fleurs, de fruits et d'insectes. Travailla à Düsseldorf, à Amsterdam et à Winterthur.

Jonas-David **Labram** ou **L'Abram** (1785-1852)*. Dessins de plantes et d'insectes. Travailla à Bâle.

Joseph **Lander** (1725-1790)*. Natures mortes diverses. Travailla à Lucerne et à Munich.

Beat Franz Maria **Lang** (1713- ?)* Illustrations d'ouvrages d'histoire naturelle. Actif à Lucerne.

Jean-Etienne **Liotard** (1702-1789) (**457.350/1.829.500 €**) (Pour ses scènes de genre et ses portraits). Produisit des natures mortes au pastel à la fin de sa vie. Travailla à Paris, à Rome, à Constantinople, à Venise et à Genève.

Johann Rudolf **Loutherburg** (1652-1727) (13.750/27.450 €). Natures mortes diverses, notamment de Vanités et de trompe-l'oeil. Travailla à Bâle.

M-P-R-S-T

Anna **Meyer** (1787-1812)*. Peintre de fleurs et de fruits à Zurich.

Conrad **Meyer le Vieux** (1618-1689)*. Natures mortes diverses. Travailla à Francfort, à Augsbourg et à Zurich.

Johann **Meyer** (1614-1666)*. Peintre de fleurs à Zurich.

Joseph **Plepp** ou **Flep** (1595-1642)*. Peintre de fleurs et de fruits. Travailla à Berne et à Bâle.

M.**Prêtre** (Actif au début du 19e siècle)*. Peintures d'histoire naturelle. Actif à Genève.

Jean **Preudhomme** ou **Prudhomme** (1732-1795) (6100/19.850 €). Natures mortes diverses. Peignit notamment du gibier d'eau et des victuailles. Travailla à Neufchâtel.

Johannes Caspar **Reinard** (17e siècle) (7650/10.700 €). Peintre de fleurs et de pièces d'orfèvrerie sur de riches étoffes. Travailla à Lucerne.

Joseph Leonhard **Rosenkranz** (Actif durant la 2e moitié du 18e et le début du 19e siècle)* Produisit quelques tableaux en trompe l'œil. Actif à Fribourg.

Johann Jacob **Schalch** (1723-1789) (3100/15.250 €). Natures mortes rares. Actif à Schaffhouse.

Johann Rudolf **Schellenberg** (1740-1806)*. Peintre de fleurs et de fruits. Travailla à Bâle, Berne et Winterthur.

Johann Friedrich **Scherer** (1741-1810 ?)*. Peintre de fleurs. Travailla notamment à la cour de Brunswick.

Dorothea **Schultess** (1776-1853)*. Peintre de fleurs à Zurich.

Leonhard **Schultess** (1775-1841)*. Peintre de fleurs amateur. Travailla à Zurich.

Johann **Simler** ou **Simmler** (1693-1748)*. Peintre de fleurs.

Andreas ou Johann **Sprecher von Bernegg** (1764-1841)*. Peintre de fleurs et de fruits.

Pierre **Tresal** ou **Thresaur** ou **Tresard** (1594 ?-1666)*. Natures mortes diverses. Travailla à Genève.

Johann Heinrich **Troll** (1756-1824)*. Peintre de fleurs et de plantes. Travailla à Dresde, à Paris, à La Haye, à Rome et à Winterthur.

Idelfons **Troxler** (1741-1810)*. Peintre de fleurs et de fruits, notamment de raisins. Actif à Lucerne principalement.

Alexander **Trüssel** (1735-1824)* Peintre de fruits à Sumiswald.

V-W-Z

Benedikt Michael **Vogelsang** (Actif durant la 2e moitié du 17e siècle)*. Peintre de fleurs à Soleure.

Johann Rudolf **Werdmüller** (1639-1668)*. Etudia la peinture de fleurs à Francfort.

Joseph **Werner le jeune** (1637-1710 ?)*. Animaux entourés de fleurs et de fruits. Travailla à berne, à Francfort, en Italie et en France.

Paul ou Franz Paul **Werner** (1682- ?)*. Peintre de volailles, de fleurs et de plantes. Travailla à Berne.

Johann Emanuel **Wyss** (1782-1837)*. Peintre de plantes.

Gaspar Tobias **Zollinkofer** (1774-1843)*. Dessins d'insectes. Travailla à Saint-Gall.

AUTRICHE :

A-B-C-D-E-F-G-H

Franz **Altmutter** (1746-1817)*. Peintre de fleurs et de fruits. Travailla à Vienne, en Hongrie, à Gratz et à Innsbruck.

Bartholomeus **Assteyn** (1607 ? - Après 1667) : voir **Hollande**

Ferdinand Lukas **Bauer** (1760-1829)*. Gravures et aquarelles de fleurs et de plantes. Bauer voyagea en Australie au début du 19e siècle et travailla en Autriche et en Angleterre (650/2591 €- par gravure).

Franz Andreas **Bauer** (1758-1840)*. Peintures, gravures et aquarelles de fleurs (274/609 € par gravure). Travailla notamment en Angleterre.

Charlotte, Grande Duchesse d'Autriche (1752-1814) (12.250/30.500 €). Peintre de fleurs. Imita notamment Gérard van Spaendonck.

Jacob **Codemann** (1688 ? -1747) (7650/13.750 €). Natures mortes diverses. Travailla à Vienne.

Franz-Theodor **Dallinger** (1710-1771) (4600/7650 €). Peintre de fruits. Travailla à Linz et à Prague.

Gaspard **Depein** (Actif durant la seconde moitié du 17e siècle) (5000/9000 €) Produisit des œuvres en trompe l'œil représentant des lettres manuscrites, des gravures ou des peintures. Vraisemblablement d'origine française. Travailla à Vienne.

Johann Baptist **Drechsler** (1756-1811) (12.200/**152.450 €**). Peintre de fleurs et de fruits avec parfois des insectes. Travailla à Vienne dans le genre de Huysum.

Johann Anton **Eismann** (1604-1698) (12.200/19.850 €). Spécialiste de peintures en trompe-l'œil. Travailla à Salzbourg et à Venise.

Vital **Gaml** (1759-1811)*. Peintre de fleurs à Salzbourg.

Johann Georg **Gutwein** (?-1718) (9150/19.850 €). Spécialiste de peintures en trompe-l'œil. Travailla à la cour du Lichtenstein.

Konrad **Haab** ou **Hab**(Actif 2e moitié du 18e siècle)* Peintre de fleurs sur porcelaine à la manufacture de Vienne de 1762 à 1787.

Anton Ignaz **Hamilton** (1696-1770)*. Peintre de fleurs et de gibier. Travailla à la cour de Saxe-Weimar et à celle du roi Auguste III de Pologne.

Carl Wilhelm **de Hamilton** (1668-1754) (7650/38.150 €). D'origine flamande. Peintre de fleurs, de plantes, d'oiseaux, de reptiles et de volatiles. Travailla notamment à Augsbourg.

Ignaz **Hofer** (1790-1862)*. Peintre de fleurs, de fruits et autres à Gratz.

Johann Valentin **Hoffmann** (Actif au milieu du 17e siècle)*. Natures mortes diverses. Travailla à Vienne.

K-L-M-N

A signaler : Joseph Nigg.

Johan **Knapp** (1778-1833)*. Peintre de fleurs et de fruits. Elève de Dreschler. Travailla à Vienne.

Josef **Leithner** ou **Leitner** (Actif 2e moitié du 18e siècle)*. Peintre de fleurs sur porcelaine à la manufacture de Vienne dont il devint un des principaux artistes en 1785.

Andreas **Luining** ou **Lüning** (Actif fin du 16e siècle)*. Gravures de fleurs, d'insectes et d'oiseaux. Travailla à Vienne.

Joseph **Mansfeld** (1764-1817)*. Natures mortes diverses, notamment avec des trophées de chasse.

Johann Nepomuk **Mayrhofer** (1764-1832) (6900/15.250 €). Peintre de fleurs, de fruits et de papillons. Travailla à Munich.

Rosa **Mück** épouse **Horky** (1762-Après 1797)*. Peintre de fleurs.

Andreas **Nesselthaler** (?-1821)*. Natures mortes diverses. Travailla à Rome, à Naples et à Salzbourg.

J. **Niedermayer** (?-1838)*. Peintre de fleurs à Vienne.

Joseph **Nigg** (1782-1863) (13.750/45.000 €). Peintre de fleurs, de fruits et d'oiseaux. Travailla à Vienne.

O-P-Q-R

A mettre en exergue : Franz Michael *Sigismund von Purgau le vieux et Martin-Ferdinand Quadal.*

Franz **Oehler** ou **Oehlers** (1771-1823)*. Natures mortes diverses. Travailla à Vienne.

Leopold **Parmann** (?-1816) (950/2750 €). Également actif comme peintre de fleurs à la manufacture de porcelaine de Vienne à partir de 1783.

Franz Xaver **Petter Père** (1791-1866) (18.300/45.750 €). Peintre de fleurs et de fruits. Travailla à Vienne.

Jacob **Petter** (1758-1842)*. Peintre de fleurs sur porcelaine à la manufacture de Vienne.

S. A **Pfundtner** (Travailla au 18e siècle)*. Natures mortes diverses.

Johann Peter **Pichler** (Actif fin 18e début du 19e siècle) (3850/10.000 €). Peintre de fleurs et autres.

Josef **von Pichler** (1730-1808)*. Peintre de fleurs à Salzbourg et à Vienne.

Tobias **Pock** (1609-1683)*. Natures mortes diverses. Travailla à Constance et à Vienne.

Probst (1758 ?- Après 1808)*. Peintre de fleurs à Vienne.

Joseph **von Püchler** (1729-1800)*. Peintre de fleurs à Vienne. Confusion possible avec Pichler.

Joseph **Pumperer** (Actif entre 1810 et 1820)*. Travailla comme peintre de fleurs à la manufacture de porcelaine de Vienne.

E. **von Purgau** ou **Burgau** (Actif 1ere moitié du 18e siècle)*. Peintre d'oiseaux et autres natures mortes. Travailla à Vienne et à Linz.

Franz Michael Augustin **von Purgau** ou **Burgau** (Actif vers 1740)*. Natures mortes diverses.

Franz Michael Sigismund **von Purgau** ou **Burgau le Jeune** (Actif au 18e siècle)*. Natures mortes diverses. Travailla à Vienne.

Franz Michael Sigismund **von Purgau** ou **Burgau le Vieux** (1677-1754) (9150/68.600 €). Peintre de plantes, de fleurs, de fruits et de papillons. Travailla à Linz et à Vienne.

Johann Philipp **von Purgau** ou **Burgau** (Actif 1ere moitié du 18e siècle)*. Peintre d'oiseaux notamment. Travailla à Vienne.

Martin-Ferdinand **Quadal** (1736-1811) (9150/18.300 €). Natures mortes diverses, notamment de volailles et de gibier. Travailla à Londres, en France, en Italie, à Vienne et à Saint-Pétersbourg.

Ignaz **Rabel** ou **Rabl I** (Actif au 18e siècle)*. Peintre de fleurs sur porcelaine à la manufacture de Vienne.

Ignaz **Rabel** ou **Rabl II** (Actif de 1762 à 1816)*. Peintre de fleurs sur porcelaine à la manufacture de Vienne.

Jakob **Rabel** ou **Rabl** (Actif au début du 19e siècle)*. Peintre de fleurs sur porcelaine à la manufacture de Vienne.

Karl **Rabel** ou **Rabl** (Actif de 1762 à 1787)*. Peintre de fleurs sur porcelaine à la manufacture de Vienne.

Matthias **Rabel** ou **Rabl I** (Actif au début du 18e siècle)*. Peintre de fleurs sur porcelaine à la manufacture de Vienne.

Matthias **Rabel** ou **Rabl II** (Actif de 1762 à 1790)*. Peintre de fleurs sur porcelaine à la manufacture de Vienne.

Karl **Radlmacher** (Actif de 1812 à 1851)*. Travailla comme peintre de fleurs à la manufacture de porcelaine de Vienne.

Vincenz **Reichel** (1771-1813)*. Peintre de fleurs sur porcelaine à la manufacture de Vienne.

Franz **Reinelli** ou **Reinelly** (Actif de 1785 à 1812)*. Peintre de fleurs sur porcelaine à la manufacture de Vienne.

Georg **Robram** (Actif de 1762 à 1813)*. Peintre de fleurs à la manufacture de porcelaine de Vienne.

Frans **Rosel** ou **Roesel von Rosenhof** (1626-1700)*. Peintre de gibier et d'intérieurs de cuisine à Vienne et à Nuremberg.

S-T

J. M **Sartory** (Travailla durant la 1ere moitié du 18e siècle)*. Peintre de natures mortes à Windischgrätz.

Johann **Scharf** (1765-1794)*. Peintre et dessinateur de fleurs et de plantes à Vienne.

Franz Anton **von Scheidel** (1731-1801) (3850/13.750 € pour ses aquarelles). Peintre de botanique. Travailla à Vienne.

Johann **Schiffauer** (Actif entre 1778 et 1829)*. Peintre de fleurs à la manufacture de porcelaine de Vienne.

Joseph **Schindler** (Actif de 1801 à 1863)*. Peintre de fleurs à la manufacture de porcelaine de Vienne.

Franz Willibald **Schmidt** (1764-1796)*. Peintre de fleurs.

Gaspar **Schmidt** (Actif durant la 2e moitié du 17e siècle)*. Natures mortes diverses. Travailla à Prague.

Paul **Schmidt** ou **Schmid** ou **Schmiedt** (Actif au 18e siècle)*. Peintre de fleurs et de fruits.

Matthias **Schmutzer** (1752-1824)*. Peintre de botanique à Vienne.

Hermann **Schober** (Actif 1795-1836)*. Peintre de fleurs à la manufacture de porcelaine de Vienne.

Michael **Schulz** (Actif fin du 18e début du 19e siècle)*. Peintre de fleurs à la manufacture de porcelaine de Vienne.

Joseph **Schwemminger** (1740-1770)*. Peintre de fleurs à Vienne.

Karl **Schwemminger** (1738-1806)*. Peintre de fleurs à la manufacture de porcelaine de Vienne à partir de 1762.

Adam **Seberger** (Actif entre 1730 et 1750)*. Peintre de fleurs à Linz.

Martin **Sedelmayer** (1766-1799)*. Dessins de plantes. Travailla à Vienne.

Johann **Seitz** (?-1809 ?) (2900/3850 €). Natures mortes diverses ; notamment tableaux avec langoustes.

Michael **Spatz I** (1731 ?-1791)*. Également peintre de fleurs à la manufacture de porcelaine de Vienne.

Michael **Spatz II** (Actif de 1792 à 1821)*. Peintre de fleurs à la manufacture de porcelaine de Vienne.

Johann Gottlieb **Steinburg** (1788-1845)*. Peintre de fleurs. Travailla notamment à Prague.
Johann **Steiner** (Actif 2e moitié du 18e siècle) (3100/6100 €). Peintre de fleurs.
Franz **Stöber** (1760-1834) (2750/5350 €). Peintre de fruits notamment. Travailla à Vienne, en Suisse et en Hollande.
Johann **Streffler** ou **Sträffler** (Actif de 1765 à 1811)*. Peintre de fleurs à la manufacture de porcelaine de Vienne.
Ignaz **Strenzel** (1786-1832)*. Peintre de fleurs à Vienne.
Peter Baron **von Strudel** (1660-1714)*. Peintre de fleurs et de fruits notamment. Travailla à Vienne.
Franz Joseph **Textor** ou **Weber** (1741- ?)*. Peintre de fleurs à Kempten et à Vienne.
Laura **Comtesse Thurn** (Active vers 1800)*. Peintre de fleurs à Gratz.
Claudius **Tobola** ou **Tabola** (Actif 2e moitié du 18e siècle)*. Peintre de fleurs sur porcelaine à la manufacture de Vienne.
Leopold **Tobola** ou **Tabola le Jeune** (1774-1829)*. Peintre de fleurs sur porcelaine à la manufacture de Vienne.
Leopold **Tobola** ou **Tabola le Vieux** (1739-1806)*. Peintre de fleurs sur porcelaine à la manufacture de Vienne.

U-W-Z

Sebastien Wegmayer est le peintre le plus représentatif de cette liste.

Christoph **Unterberger** (1732-1798)*. Peintre de fruits et de fleurs. Travailla à Vienne, à Venise, à Vérone et à Rome.
Ignaz **Unterberger** (1744-1797)*. Peintre de fleurs et de fruits à Rome et à Vienne.
Matthias **Vangus** ou **Fongus** (Actif 1ere moitié du 18e siècle)*. Natures mortes diverses. Travailla à Gratz.
Anton **Wagner** (1781-1860)*. Peintre de fleurs et de fruits à Vienne.
Ferdinand-Georg **Waldmüller** (1793-1865) (15.250/33.550 €). Peintre de fleurs et de fruits.
Sebastien **Wegmayer** (1776-1857) (10.000/45.750 €). Peintre de fleurs et de fruits notamment. Travailla à Vienne.
Nikolaus **Weis** (1657-1737)*. Natures mortes diverses. Travailla à Vienne et à Brixen.
Ulrik **Weis** (?- Avant 1692) (3100/4600 €). Natures mortes rares. Travailla à Brixen.
Ignaz **Wildmann** (1784-1828)*. Peintre de fleurs à Vienne.
Johann Matthias **Wuzer** ou **Wurzer** (1760-1838)*. Peintre de fleurs et de fruits à Salzbourg.
Johann **Zagelmann** (1720-1758)*. Natures mortes diverses. Travailla à Vienne.

PORTUGAL :

Manoel Marques **d'Aguilar** (1767- ?)*. Gravures d'histoire naturelle
Jeronimo de **Barros-Ferreira** (1750-1803)*. Peintre de fleurs à Lisbonne.
Manoel **da Costa** (1755-Après 1812)*. Peintre de fleurs à Lisbonne puis au Brésil. Imita Pillement.
José Francisco I **Ferreira** (Actif au 18e siècle)*. Peintre de fleurs à Belém.
José Francisco II **Ferreira** (Actif fin du 18edébut du 19e siècle)*. Peintre de fleurs à Lisbonne.
Thomasz **Gomes** (1714 ?-1783)*. Peintre de fleurs à Lisbonne.
Francisco Xavier **Lobo** (Actif au 18e siècle)*. Natures mortes diverses. Travailla à Lisbonne.

Manoel **de Mattos** (1750-1818)*. Peintre de fleurs à Lisbonne
Andrès **Monteiro da Cruz** (1770 ?- Après 1843)*. Natures mortes diverses. Travailla à Lisbonne.
José **Bernardès Oliveira** (1700 ?-1781)*. Peintre de fleurs à Lisbonne.
Diego **Pereira** (Actif 1ere moitié du 17e siècle)*. Peintre de fleurs et de fruits à Lisbonne.
Joaquim Manoel de **Rocha** (1727-1786)*. Natures mortes diverses. Travailla à Lisbonne.
Manuel Antonio **Silva** (?-1833)*. Dessins de plantes. Travailla à Ajuda.
Francisco **Vieira de Mattos le Vieux** dit **O Lusitano** (1699-1783)*. Peintre de fleurs à Lisbonne. Etudia à Rome.

ETATS-UNIS :

Les peintres les plus intéressants : John James Audubon, James Peale le vieux et Raphael Peale.

Alexander **Anderson** (1775-1870)*. Dessins et gravures d'oiseaux. Travailla à New York.
John James **Audubon** (1780 ou 1785-1851) (22.900/137.250 €). Peintre et dessinateur d'histoire naturelle. Travailla à Paris, à Londres et à New York. Audubon fut un des plus célèbres peintres d'oiseaux.
John **Johnston** (1753-1818)* Nature morte aux fruits. Actif à Boston.
Charles Bird **King** (1785 ou 1786 ?-1862) (22.900/45.750 €). Natures mortes de gibier, de livres, de fruits, de Vanités et de trompe-l'oeil. Actif à Washington.
Alexander **Lawson** (1773-1846)*. Peintre d'oiseaux né en Ecosse. Travailla à Philadelphie.
Anna Claypoole **Peale** (1791-1878)*. Natures mortes diverses. Travailla à Philadelphie, à Washington et à New York.
James **Peale le Vieux** (1749-1831) (30.500/**300.000** €). Peintre de fruits et autres. Travailla à Philadelphie.
Raphael **Peale** (1774-1825) (68.600/**609.800** €). Natures mortes de fruits et de gâteaux. Travailla à Philadelphie.
Rubens **Peale** (1784-1864) (7650/13.750 €). Natures mortes diverses, notamment de fruits.
Sarah Miriam **Peale** (1800-1885) (8000/ 85.000 €). Natures de fruits. Travailla à Philadelphie, Baltimore et Washington)

MEXIQUE:

Manuel **Basquez** ou **Vasquez** (Actif 2e moitié du 18e siècle) (4600/9200 €). Natures mortes diverses.

POLOGNE :

Michael **Boym** (1612-1659) (1250/4150 € pour des gravures coloriées). Gravures de botanique. Boym était un missionnaire jésuite qui vécut en Chine.
Byczkovski (Travailla au 18e siècle)*. Peintre de fleurs.
Jan Bogumit **Larius** (1776-1842)*. Peintre de fruits notamment.
Maria Josefa **Mniszech** ou **Mniszek** (Active au 18e siècle)*. Produisit des tableaux de fleurs en amateur.
Anna Princesse **Sapieha** née **Zamoyska** (1774-1859)*. Peintre amateur de fleurs à Vilno et à Paris.
Daniel **Schultz** (1680 ?- ?)*. Gravures d'oiseaux.

Daniel Jerzy **Schultz** (1615 ?-1683)*. Peintre de fruits, de gibier, de volailles et autres. Travailla à Dantzig, à Paris, à Breslau et en Russie.
Andreas **Stech** ou **Steche** ou **Steg I** (1635-1695)*. D'origine allemande. Natures mortes rares. Peintre de fleurs notamment à Dantzig.
Karol ou Karl Gottlieb **Schweikart** (1772-1855) (4600/10.000 €). Peintre de volatiles. Etudia à Karlsruhe et Stuttgart. Travailla à Vienne.

BOHEME :

Les peintres les plus représentatifs : Johann Adalbert Angermayer, Tobias Stranover et Wenceslaus Peter.

Jan Voytesch **Angermayer** (Actif fin du 17e début du 18e siècle) (3850/6100 €). Natures mortes diverses.
Johann Adalbert **Angermayer** ou **Angermeyer** (1674-1740) (30.500/64.500 €). Natures mortes de Vanités, de fleurs, de fruits, de reptiles et d'insectes. Elève de Rudolf Byss, travailla à Prague.
Caspar **Hirschel** (1698-1743) : Voir **Allemagne**.
Hoerner (Travailla au 18e siècle)*. Natures mortes diverses.
Jakob Lorenz **Jahn** (1706-1767)*. Peintre de fleurs à Prague.
Johann **Kleinhard** (Actif au 18e siècle)*. Peintre de fleurs à Prague.
J. **Mauch** (Travailla vers 1650)*. Natures mortes diverses.
Joseph **Navratil** (1798-1865) (3000/8000 €). Natures mortes diverses. Travailla à Prague.
Franz Andreas **Pessina** (1723-1790)*. Peintre de fleurs à Prague.
Wenceslaus **Peter** (1742-1829) (1850/45000 €). Peintre d'oiseaux et de volailles. Travailla à Rome.
Norbert **Seckel** (1725-Vers 1800)*. Peintre de fleurs à Prague.
Tobias **Stranover** ou **Stranovius** (1684-1735?) (6900/22.900 €). Peintre de fleurs, de fruits, de légumes, de gibier à plume. Travailla aussi en Angleterre.

HONGRIE:

Jacob Bodgany est le seul grand représentant de la peinture de nature morte en Hongrie.

Andreas **Adler** (1782- ?)*. Peintre de fleurs.
Jacob **Bogdany** (1660-1724) (30.500/**152.450 €**). Travailla en Angleterre. Peintre de fruits, de fleurs et d'oiseaux.
Janos **Szentgyörgyi** (1794-1860)* Peintre de fleurs et de fruits. Etudia à Vienne.
Mihaly ou Michel **Wandza** ou **Wandtza** ou **Vencza** (1781-1854)*. Natures mortes diverses.

NORVEGE :

Jacob Pederson **Lindgaard** (1719-1789)*. Natures mortes diverses.
Halvorsen Espetveit **Tallev** (1708-1787)*. Peintre de roses à Telemark.

SUEDE :

A-E-H

A signaler : Ottmar Elliger.

Anders **Akerman** (1718-1785)*. Gravures de botanique. Travailla à Upsal.

Johann Abraham **Aleander** (1766-1853)*. Gravures de fleurs et de fruits. Travailla à Stockholm.

Ottmar **Elliger le Vieux** (1633-1679) (24.400/**259.200 €**). Peintre de natures mortes de fleurs, de fruits, d'insectes, de homards, d'ustensiles, de déjeuner et d'apparat. Elève de Daniel Seghers, travailla à Anvers, Amsterdam, Hambourg et Berlin.

Pierre-Adolphe **Hall** (1739-1793) (4600/45.750 €). Ce célèbre miniaturiste étudia la peinture à Berlin et à Hambourg puis travailla en Suède avant de venir s'installer en France où il produisit des miniatures pour la famille royale et les grands du royaume. Considéré comme un des plus grands miniaturistes, il produisit notamment des bouquets de fleurs.

Jonas **Hoffmann** (1731-1780) (4600/9200 €). Natures mortes diverses. Travailla en France, en Italie et en Suède.

J-K-L-M-P-S-T

Les peintres les plus en vue : Johann Johnsen et Cornelis van der Meulen.

Johann **Johnsen** (Après 1650-1705 ?) (11.450/32.050 €). Peintre de fleurs et de fruits à Stockholm.

Johan **Klopper** (1670-1734) (11.450/32.050 €). Spécialiste de tableaux en trompe l'œil. Vraisemblablement d'origine hollandaise.

Johan **Lilljedahl** (1756-1811)*. Peintre de fleurs.

Emanuel **Limnell** (1764-1861)* Intérieurs de cuisines

Carl **Linnaeus (Carl von Linné)** (1707-1778)*. Gravures de plantes.

Cornelis **van der Meulen** (Actif entre 1679 et 1689) (15.250/35.100 €). D'origine flamande. Natures mortes diverses.

Anders Emmanuel **Muller** (1762-1829)*. Peintre de fruits et de natures mortes de petit déjeuner.

Johan Wilhelm **Palmstruch** (1770-1811)*. Peintre de fleurs et d'oiseaux.

Johann **Pasch** (1706-1769) (1550/3100 €). Peintre de fleurs et de fruits. Travailla en Hollande, à Paris et en Suède.

Lorenz **Pasch le Jeune** (1733-1805) (5350/10.700 €). Spécialiste de peintures en trompe-l'œil. Travailla à Stockholm.

Carl Gustav **Pilo** (1711/12-1792/93) (15.250/64.500 €) dans un autre genre. Natures mortes très rares. Peintres d'oiseaux morts. Travailla à Stockholm, à Vienne et en Allemagne.

Jacob **Schönfelt** (1707 ?- Après 1766)*. Natures mortes diverses.

Christian **von Thum** (1625-Après 1685)* D'origine allemande, travailla essentiellement en Suède de 1655 à 1686. Natures mortes diverses, notamment de Vanités.

RUSSIE :

Feodor ou Fedor-Jacoblewitsch **Alexeieff** ou **Alexeev** (1754-1824)*. Peintre de fleurs et de fruits à Saint-Pétersbourg et à Vienne.

Vassili Marcovitch **Ilyine** dit **Markoff** (1762-Après 1815)* Peintre de fleurs. Il travailla à la fabrique de porcelaine de Saint-Pétersbourg et fut agréé à l'Académie en 1801.

Karl **Knapp** (1745-1808)*. D'origine allemande. Peintre de fleurs à Saint-Pétersbourg.
Heinrich **von der Minte** ou **Mint** (?-1775)*. Peintre de fleurs et de fruits à Saint-Pétersbourg.
Gregori Nikolaievitch **Teplov** (Actif vers 1730-1750)* Spécialiste du trompe-l'œil
Mathaus **Vitchoos** (1627-1703)*. Probablement le même que Matthias Withoos (1621-1703). Voir **Pays-Bas**.

TURQUIE :

Mehmed (Actif vers 1700-1730) (7650/21.350 €). Aquarelles de tulipes.

INDES :

Ram Das (Actif entre 1775 et 1782) (7650/15.250 €). Aquarelles d'oiseaux.
Shaikh Zayn-al-Din (Actif entre 1770 et 1790) (9150/30.500 € pour ses aquarelles). Aquarelliste de plantes, d'oiseaux et de fleurs. Natif de Patna.

Liste de peintres aux identités ou nationalités ou époques mal ou non définies :

Ernest **van Aelst** (1558-1602)*. Néerlandais. Peintre d'oiseaux et autres natures mortes. Biographie incertaine. Peut-être parent d'Evert van Aelst (1602-1657).
C. **Van Bachout** (Actif au 17e siècle ?)*. Néerlandais probablement. Peintre de fruits et de récipients. Epoque d'activité incertaine.
Barloffa (Epoque et nationalité non déterminées)*. Natures mortes diverses.
Domenico **Bempo** (Actif au 18e siècle) (4600/7650 €). Italien probablement. Natures mortes diverses.
Le Pseudo **Berentz** (Actif vers 1700) (15.250/30.500 €) Italien. Ce peintre de fleurs et de fruits travailla à Rome sous l'influence de Christian Berentz, d'où son surnom.
C. **Bergoys** (Actif à la fin du 17e et au début du 18e siècle) (9150/22.150 €). Néerlandais ? Natures mortes diverses.
Adam **Bernardt** (Actif vers 1664) Néerlandais ou Allemand ? Natures mortes diverses.
Camillo **Berti** (Actif au 18e siècle ?) (2900/4600 €). Italien. Natures mortes diverses.
P. N **Booremans** (Actif au début du 17e siècle)*. Flamand. Biographie incertaine. Natures mortes diverses.
C. A **Bosschaert** (Actif vers 1640-1645)*. Flamand probablement. Biographie incertaine. Natures mortes diverses.
Nicolas **Bosschaert** (Actif au début du 18e siècle)*. Flamand. Peintre de fleurs et de fruits. Pas de biographie concernant ce peintre.
Bouillat (Actif au 17e siècle)*. Peintre de fleurs et de fruits. Biographie incertaine. Français.
Boule (Actif au 17e siècle)*. Peintre de gibier aux Gobelins. Français.
F. A **Brandel** (Travailla au 18e siècle) (4600/9200 €). Allemand ? Natures mortes diverses.
J. **Buiteveld** (Travailla au 18e siècle) (3100/8400 €). Néerlandais probablement. Natures mortes diverses.
P. **von Burgau** (Actif vers 1750)*. Peintre de fleurs et de fruits. Autrichien. Peut-être confondu avec les trois F.M von Purgau ou Burgau ou J.P Purgau ou Burgau.
N. **van der Burgt** (Actif au 17e siècle)*. Néerlandais. Confusion possible avec R. van Burgh, peintre de poissons.
N. **van der Burgt** (Actif au 18e siècle)*. Peintre de fleurs et de fruits. Néerlandais ? Confusion possible avec le précédent.
Nicolas **Casteel** (Actif au 18e siècle)*. Flamand. Peintre de fleurs et de fruits. Biographie incertaine.

Chapron (Actif au 17e siècle)*. Flamand ou Français. Biographie incertaine. Peut-être Claude Chapron, reçu à l'Académie de Saint Luc en 1692.

Nicolas **Crepu** (1680-1742)*. Flamand. Peintre de fleurs et de fruits. Biographie incertaine.

N. **van Dalen** (Actif au 18e siècle)*. Peintre de fleurs et de fruits. Pas de biographie concernant ce peintre. Flamand ou Néerlandais ?

A. S **Darm** (Travailla au 18e siècle) (2900/4600 €). Néerlandais ? Natures mortes diverses.

G.C **Deflans** (17e siècle ?) (4600/9200 €). Flamand ou Français ? Natures mortes avec jambon, saumon, harengs, bouteilles, verres et autres victuailles. Aucune biographie connue pour cet artiste. (ref. Vente Sotheby's, Londres, le 7 juillet 1999 et le 18 avril 2000)

K. **Dottula** (Travailla au début du 18e siècle) (3850/7650 €). Néerlandais ou Allemand. Natures mortes diverses.

H. V **Doudni** ou **Doudne** (Travailla au 17e ou au 18e siècle ?)*. Néerlandais. Peintre de poissons et autres natures mortes.

Edme-Jean Baptiste **Drouet** (Actif 2e moitié du 18e siècle)*. Peintre de fleurs et de fruits. Français.

S. **Feddes** (Travailla au 17e ou 18e siècle ?)*. Néerlandais. Peintre de fleurs et de fruits.

Mariano **Fetti** (Actif au 17e ou 18e siècle ?)*. Italien. Natures mortes diverses. Travailla à Mantoue.

F.I.B (17e ou 18e siècle)* peut-être Franz karl Palcko (1724-1767) ou Francis barlow (1626-1702). Natures mortes diverses.

F.V.H (17e siècle ?) (12.250/32.050 €). Hollandais, peintre d'insectes et de fleurs, suiveur de Balthasar van der Ast (Vente Sotheby's New York, 23 mai 2001)

Inigo **Frohl** (Actif vers 1700) (12.250/24.400 €). Allemand ? Natures mortes diverses.

P. **Galteaux** (?)*. Français. Epoque non déterminée. Peut-être actif au 18e siècle. Peintre de fruits.

Jan Agostino **van der Goes** (?)*. Néerlandais. Epoque d'activité incertaine (17e siècle ?). Natures mortes diverses.

Willem **Hals** (Actif au 17e siècle ?)*. Néerlandais. Natures mortes diverses. Biographie incertaine.

Jacob Heinrich **Helbigk** (Actif au 18e siècle ?) (6900/13.000 €). Allemand probablement. Natures mortes diverses.

J. **Hienck** (?)*. Peintre d'oiseaux. Pas de renseignement connu sur sa nationalité et ses dates de naissance et de décès.

Houly (18e siècle) (9150/13.750 €). Français. Actif vers 1765-1790. Fleurs et fruits sur des entablements.

F. H **van Housen** (Travailla au 18e siècle ?) (7650/13.750 €). Néerlandais ?. Natures mortes diverses.

Louis **Huard** (?-1842) (1250/2591 €). Français. Date de naissance inconnue. Natures mortes diverses.

Frans **Huijgens** (Actif durant la seconde moitié du 18e siècle) (6100/12.200 €). Natures mortes de fruits et autres.

van Husdonck (Actif au 17e siècle)*.Flamand ou Néerlandais. Peut-être en fait Gillis ou Jacob van Hulsdonck. Peintre de fleurs, de fruits et autres.

C. **van Huymen** (Actif au 17e siècle)*. Flamand. Peintre de fleurs et de fruits.

E. G. **Ijmonds** (Travailla au début du 19e siècle) (1850/3100 €). Néerlandais. Exposa avant 1810 ou plus tard ? Nom redécouvert en 1997. Natures mortes diverses.

A. **Kuck** (Actif au 17e ou 18e siècle ?)*. Néerlandais. Période d'activité incertaine. Natures mortes diverses.

Van Lamy (Actif vers 1800) (6100/12.200 €) Peintre de fleurs. Vraisemblablement français. Peut-être identique à Jean-Auguste ou Louis-Auguste Lamy.

Leysens (Actif au 18e siècle ?)*. Flamand. Période d'activité incertaine. Peintre de fruits.

J.R. **Le Blan** (Actif au 18e siècle) (6900/21.350 €). Peintre de plantes, de papillons, d'insectes, de lézards et autres reptiles. Français probablement. Aucune biographie connue sur ce peintre dont une œuvre a été vendue à Londres par Sotheby's le 9 juillet 1998.

Ferdinand **der L(?)uder** (Actif au 17e siècle) (4600/8400 €). Natures mortes de Vanités avec livres, bougies, instruments de musique et autres objets. Allemand sur lequel on ne dispose pas de renseignements.

Maerkerck (Actif au 17e siècle)*. Néerlandais. Peintre de fleurs et de fruits. Pas de biographie établie concernant cet artiste.

V. H **van der Meulen** (Travailla au début du 19e siècle)*. Flamand ou Néerlandais. Dessins de fleurs.

H. **Morell** (Travailla au 18e siècle) (7650/18.300 €). Néerlandais ?. Natures mortes diverses.

J. N **Naumert** (Travailla au 18e siècle)*. Actif vers 1770-1780, nationalité inconnue. Peintre de fleurs.

Joseph **Piaggio** (Actif fin du 18e siècle)*. Spécialiste du trompe-l'œil. Italien apparenté à Antonio Piaggio?

J. **van Pieler** (Actif à la fin du 18e et au début du 19e siècle) (7650/12.250 €). Peintre de fleurs. Nationalité inconnue. Peut-être néerlandais. Un tableau signé de ce nom vendu par Parke-Bernet, New York, en février 1954 et un autre par Sotheby's le 1er octobre 1999 à New York .

Potasch (?)*. Epoque non déterminée. Allemand. Natures mortes diverses.

François **Pret** (?)*. Français, époque inconnue. Peintre de fleurs et de fruits.

Friedrich **Pröbstl** (Actif au début du 19e siècle)*. Peintre de fleurs à Augsbourg. Allemand. Peut-être né après 1792.

P. S. (Actif entre 1650 et 1670) (18.300/32.050 €). Hollandais. Peintre de tableaux en trompe l'oeil avec instruments de musique, partitions, livres, manuscrits ou pichets (Une oeuvre datée « 1663 » de ce peintre non identifié a été vendue chez Sotheby's le 25 mai 2000 à New-York.

G. **Roven** (?)*. Probablement Italien. Peintre de fleurs et de fruits. Aurait été actif au 17e siècle. Une œuvre au musée de Gênes.

V. S. **Sant** (Travailla au 17e siècle)*. Néerlandais ?. Natures mortes aux fromages notamment.

Fabius Johann Christoph **Sartori** (Actif 1ere moitié du 18e siècle) (7650/15.250 €). Peintre de fleurs. Autrichien ou Allemand ? Parenté possible avec le Néerlandais C. Sartori ou Sartorius.

Eli **Schipfer** (Actif au début du 19e siècle) (2000/5000 €). Néerlandais ? Produisit quelques œuvres en trompe l'œil à l'aquarelle.

N. N.**Schneider** (Actif au milieu du 18e siècle)*. Néerlandais. Natures mortes diverses. Biographie incertaine.

T. **Seranvoer** (Epoque inconnue)*. Néerlandais ?. Peintre de fleurs.

S.K (Actif vers 1660) (6100/12.250 €). Allemand probablement. Scènes de banquets avec victuailles.

J. **Sougen** (Epoque inconnue)*. Néerlandais. Peintre de fruits et autres.

Jean-Jacques **Spoede** (1680?-1760 ?) (6100/12.250 €). Flamand probablement. Natures mortes diverses.

Nicolaus **Spycket** (Actif fin du 17e, début du 18e siècle)*. Néerlandais. Aquarelles de fleurs. Ce collectionneur aurait également exercé comme peintre amateur (vente Christie's « Natural History », 19 mai 1998, lot 54).

E.A **Tison** (?)* Français. Période d'activité inconnue (18e siècle ?). Peintre de fruits.

Toman (Actif au 18e siècle)*. Aquarelles et gouaches d'oiseaux. Français ?

William **Torrens** (?)* Britannique. Date de naissance inconnue.Peintre de fruits.

Martine Adriane Marie **van Toulon** (Active au début du 19e siècle)* Néerlandaise. Peintre de fleurs et autres natures mortes. Active à Amsterdam. Date de naissance inconnue.

G. **del Vallejo** (Actif au 18e siècle ?) (10.700/18.300 €). Espagnol ?. Natures mortes diverses.

Elisa **Bonamy de Villemereuil** (Active à la fin du 18e et au début du 19e siècle ?)*. Période d'activité inconnue. Serait née après 1792. Natures mortes diverses.

Gillis **Vinek** ou **Vinck** (Actif fin du 17e début du 18e siècle)*. Flamand probablement. Pas de biographie concernant cet artiste. Natures mortes diverses.

van Voerdt (?)*. Epoque non déterminée. Flamand ? Peintre d'oiseaux.

A. de **Vorster** (Actif à la fin du 17e siècle) (1550/6100 €). Néerlandais ou Flamand. Natures mortes avec des fruits, verre de vin, pichet et instruments de musique.

H.**Vol How** (?)*. Epoque non déterminée. 17e siècle ? Hollandais ?. Biographie incertaine. Vraisemblablement identique à Herman van Vollenhove.

Guillien **de Vries** (1624-1678) (6100/10.700 €). Hollandais ?. Natures mortes diverses.

Mlle **Weenix** (Active au 17e siècle)*. Néerlandaise. Biographie incertaine. Peut-être parente de J. ou de J. B Weenix. Aurait peint des fleurs.

Jacob **Weenix** (Actif au 17e siècle)*. Néerlandais. Vraisemblablement confondu avec Jan ou J. B Weenix.

J.H **Wend** (Actif au 18e siècle) (1500/8000 €). Néerlandais. Produisit entre autres des aquarelles en trompe l'oeil entre 1750 et 1775.

N.**Wyns** (Actif au 17e siècle)*. Peintre de fleurs. Flamand. Biographie incertaine.

Eduardo **Yriarte** (19e siècle) (6100/15.250). Espagnol. Natures mortes avec fruits, pain, tasse, carafe, pot à chocolat à la manière de Chardin.

Le Maître de Beyeren (Actif au début du 17e siècle)*. Néerlandais. Peintre de poissons et de crustacés.

Le Maître de Dordrecht (Actif au 17e siècle) (15.250/27.450 €). Néerlandais, vraisemblablement élève de Willem Claesz Heda. Natures mortes avec coupe d'argent et verre, harengs dans une assiette d'étain et pain notamment.

Le Maître de Flore (Actif au 16e siècle)*. Peintre de l'Ecole de Fontainebleau. Fleurs avec figures, peut-être Italien.

Le Maître de Francfort (Né vers 1460) (76.250/**152.450 €**). Natures mortes de fruits et de pain dans scènes religieuses.

Le Maître d'Hartford (Actif à la fin du 16e siècle) (**152.450/304.900 €**). Italien, actif à Rome. Natures mortes de fruits, de fleurs et d'insectes.

Le Maître Lombard de la Coupe de Fruits (Actif au début du 17e siècle) (30.500/**152.450 €**). Italien. Peintre de fruits et de fleurs notamment.

Le Maître du Metropolitan Museum (Actif à la fin du 17e siècle) (21.350/57.930 €). Influencé par A.Brueghel. Italien. Peintre de fleurs et de fruits notamment.

Le Maître de la Nature Morte Acquavella (Actif 1er tiers du 17e siècle) (18.300/**472.600 €**). Italien. Natures mortes de fleurs et de fruits notamment. Considéré comme le peintre de natures mortes le plus important ayant travaillé à Rome entre 1620 et 1630, il est resté une énigme pour les spécialistes. Il pourrait s'agir de Luca Forte, d'Angelo Caroselli, de G.B Crescenzi ou de Pietro Paolini. Un tableau représentant une nature morte au panier de fruits avec deux enfants mesurant 81.9 x 125.7 cm a été vendu pour 5.912.750 FF (901.392 €) le 28 janvier 2000 chez Sotheby's à New York.

Le Maître à l'œillet (15e-16e siècle)* Nom collectif pour une série de peintres tyroliens, suisses et allemands qui adoptèrent l'œillet comme signature entre la fin du 15e et le début du 16e siècle.

Le Maître au Perroquet (Actif durant la première moitié du 16e siècle) (30.500/91.500 €). Flamand. Peintre de scènes religieuses, il peignit des œuvres incluant des bols de fruits. Actif à Anvers.

Le Maître des Tapis (Actif au milieu du 17e siècle) (15.250/27.450 €). Peintre de fleurs et de fruits disposés sur des tapis. Travailla à Rome.

Le Maître des textes de Vanités (Actif au 17e siècle) (7650/91.500 €). Travailla peut-être à Madrid et également à Naples. Espagnol. Natures mortes de vanités avec fleurs, instruments de musique, livres, globe terrestre, bougeoirs et pièces d'orfèvrerie.

Le Maître des Vanités (Actif durant la 2e moitié du 17e siècle) (76.250/**152.450 €**). Actif à Naples à la fin du 17e siècle. Peut-être identique au Maître des Textes de Vanités.

Le Maître du Vase aux Grotesques (Actif 1er quart du 17e siècle) (8400/68.600 €). Actif en Lombardie. Italien. Natures mortes diverses, notamment de fleurs avec papillons.

Monogramme **A.D** (18e siècle) (1372/2750 €) Français ? Natures mortes de gibier et d'oiseaux.

Monogramme **A. P** (Actif vers 1555)*. Italien. Gravures de plantes.

Monogramme **A.V** (Actif durant le 17e siècle) (3000/ 5.000 €). Italien. Peintre de fleurs, d'agrumes, d'oiseaux et de gibier.

Monogramme **A.W** (Actif à la fin du 17e et au début du 18e siècle)*. Allemand. Peintre de fruits actif à Cologne.

Monogramme **B. B** (Actif 1ere moitié du 17e siècle) (22.900/42.700 €). Néerlandais ? Natures mortes diverses.

Monogramme **C. L.** (Travailla au 17e siècle) (11.450/22.900 €). Néerlandais. Natures mortes diverses.

Monogramme **D.V** (17e siècle) (11.450/22.900 €). Flamand. Peut-être le monogramme de Dingeman van der Hagen (voir ce nom) qui fut actif durant la première moitié du 17e siècle. Peintures de fleurs, de fruits, de légumes et de gibier.

Monogramme **E.M.P** (Actif entre 1745 et 1760) (5000/9000 €). Néerlandais ? Peignit notamment des œuvres en trompe l'œil.

Monogramme **FF ? Gzit ?** (Actif vers 1680) (3100/4870 €). Néerlandais. Une nature morte aux poissons en vente chez Christie's Monaco le 7 décembre 1991

Monogramme **F. H.** (Travailla à la fin du 17e siècle) (1550/3850 €). Nationalité non déterminée avec certitude. Natures mortes diverses.

Monogramme **G. M.** (Travailla au 18e siècle) (3100/6900 €). Allemand. Spécialiste du trompe-l'œil.

Monogramme **G. V. F*.*.*.*.** (Fecit ?) (Actif au milieu du 17e siècle) (3850/6450 €). Néerlandais. Natures mortes diverses.

Monogramme **I.L.** (Travailla vers 1700) (12.250/29.000 €). Actif en Bohème. Natures mortes diverses.

Monogramme **I.S.** (Actif au début du 17e siècle) (6100/16.800 €). Probablement pas Isaac Soreau. Néerlandais. Peintre de fleurs et de fruits notamment.

Monogramme **J. H.** (Travailla vers 1660-1670) (7650/12.250 €). Néerlandais. Natures mortes diverses.

Monogramme **J. B.W** (Actif au 17e siècle) (6900/10.700 €). Allemand. Natures mortes diverses.

Monogramme **J.P** (Actif au 18e siècle) (3000/9000 €). Néerlandais ? Peignit des trompe l'œil.

Monogramme JVOH (Actif fin des années 1660). Néerlandais ? Natures mortes.

Monogramme **K. B. S** (Actif au 18e siècle) (3100/5350 €). Allemand. Natures mortes diverses.

Monogramme **L.** (Actif au 17e siècle) (9150/22.900 €). Peintre de natures mortes avec pichet, pipe, fruits secs, gâteaux, verre de bière et sachet de tabac notamment. Actif à Amsterdam. (cf. vente Sotheby's Londres 23 avril 1998).

Monogramme **P.** ou **F. V. D** (Travailla vers 1630-1640) (26.700/50.350 €). Néerlandais. Natures mortes diverses.

Monogramme **P. D. L.** (Actif au 17e siècle) (4600/12.250 €). Néerlandais. Natures mortes diverses.

Anna **Q.** (Active vers 1650) (4600/10.700 €). Néerlandaise. Peintre de fruits et autres. Peut-être le monogramme de Anna Quast née Splinter, épouse de Pieter Quast (voir Anna Splinter) et de Anna Queborn, épouse de Abraham van Beyeren. Un tableau signé « Anna Q. » a été offert à la vente par Sotheby's le 27 janvier 1999 à New York alors qu'un autre, attribué à Anna Splinter, a été vendu par Christie's le 22 mai 1998 à New York.

Monogramme **Q** (Actif au 17e siècle) (3100/6100 €). Flamand. Natures mortes diverses.

Monogramme **R.D** (Actif vers 1800) (10.000/19.850 €). Néerlandais ?. Natures mortes diverses.

Monogramme **SALV** (17e siècle) (5000/15.000 €) Italien. Nature morte de fleurs.

Monogramme **V. H.** (Actif 2e moitié du 17e siècle) (4600/7650 €). Flamand. Natures mortes diverses.

Monogramme **V. S. Z.** (Actif vers 1600-1620) (6900/13.750 €). Néerlandais. Travailla dans le style de Willem Claesz Heda. Natures mortes avec verre et citrons.

Monogramme **WKH** (Actif vers 1625-1635)*. Néerlandais. Peut-être Willem Claesz Heda. Une nature morte au musée de Guéret dans le style de ce grand maître. Tables mises.

Monogramme **W. V. C.** (Actif vers 1655) (3850/6900 €). Néerlandais. Natures mortes diverses.

Cette liste est encore incomplète.

Bibliographie : « La Nature Morte de l'antiquité à nos jours », catalogue par Charles Sterling avril - juin 1952, catalogues des ventes Christie's et Sotheby's, catalogues des Études Kohn, PIASA, Tajan, Ferri (Drouot-Paris), résultats des ventes guides Mayer, Adec, Annuel des Arts, Bénézit « Dictionnaire des Peintres », Dictionnaire Universel des Peintres de Th. Guedy (Paris, 1897)

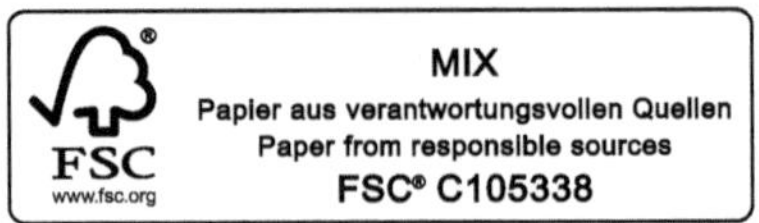

Printed by Books on Demand GmbH, Norderstedt / Germany